金融强国建设与
中国票据市场发展研究

肖小和　主编

中国金融出版社

责任编辑：曹亚豪
责任校对：刘　明
责任印制：丁淮宾

图书在版编目（CIP）数据

金融强国建设与中国票据市场发展研究 / 肖小和主编 . --北京：中国金融出版社，2024. 12. --ISBN 978-7-5220-2608-4

Ⅰ. F832. 51

中国国家版本馆 CIP 数据核字第 2024HD7549 号

金融强国建设与中国票据市场发展研究
JINRONG QIANGGUO JIANSHE YU ZHONGGUO PIAOJU SHICHANG FAZHAN YANJIU

出版发行　中国金融出版社
社址　北京市丰台区益泽路 2 号
市场开发部　（010）66024766，63805472，63439533（传真）
网 上 书 店　www. cfph. cn
（010）66024766，63372837（传真）
读者服务部　（010）66070833，62568380
邮编　100071
经销　新华书店
印刷　北京七彩京通数码快印有限公司
尺寸　169 毫米×239 毫米
印张　20. 25
字数　339 千
版次　2024 年 12 月第 1 版
印次　2024 年 12 月第 1 次印刷
定价　68. 00 元
ISBN 978-7-5220-2608-4

编委会

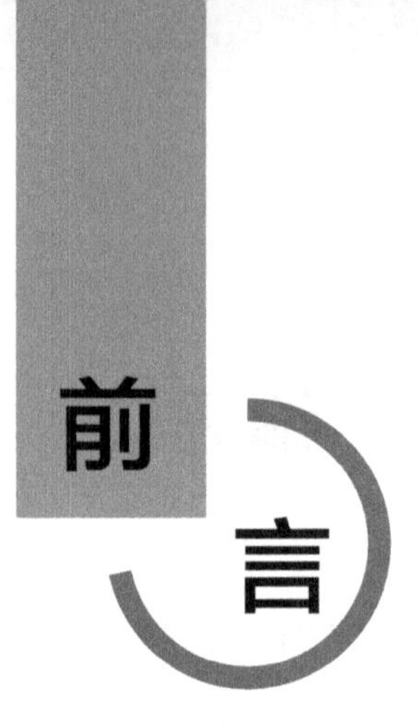

前言

2024年是中华人民共和国成立75周年。新中国成立初期，为了恢复和发展国民经济，上海仍然开展承兑汇票及贴现业务。1953年至1976年，中国实行了计划经济，取消商业信用。因此，计划经济体制下的中国票据市场并未得到真正的发展，票据的功能和作用也没有得到充分的发挥。1978年，党的十一届三中全会吹响了改革开放的号角，标志着中国正式告别了计划经济时代，踏上了探索和发展社会主义市场经济的崭新征程。在这一波澜壮阔的历史进程中，新中国的票据市场迎来了发展的春天，开始逐步展现出蓬勃的生机与活力。其中，1978年到1994年是票据市场的萌芽阶段。在此期间，为了解决“三角债”问题，控制企业债务风险，中国人民银行开始尝试开展票据业务，推动商业信用票据化，并发布了一系列管理办法来推动票据业务的发展。然而，由于当时市场经济体系尚处于起步阶段，相关规章制度尚待完善，票据业务发展进程相对缓慢。随着1995年具有里程碑意义的《中华人民共和国票据法》正式颁布，票据市场开始步入快速发展阶段。在此阶段，中国人民银行在总结前期商业汇票探索经营的基础上继续推进票据市场规章制度建设。《票据法》《支付结算办法》《商业汇票承兑、贴现与再贴现管理办法》等一系列法律法规、部门规章的颁布，明确了我国票据市场的发展方向，我国票据市场的法律框架基本形成。随着2000年11月9日我国首家票据专营机构——中国工商银行票据营业部的成立，票据业务经营更加专业化，票据市场的参与主体更加多元化。也是在这一时期，中央银行再贴现制度逐步完善，再贴现工具开始发挥指挥棒的作用。随着我国市场经济迅猛发展和票据市场制度体系日益完善，我国票据市场迎来了蓬勃发展的黄金时期。2009 年到 2016 年是票据市场的变革发展阶段。2009 年，由中国人民银行建设并管理的具有里程碑意义的电子商业汇票系统（ECDS）正式建成投产，标志着我国票据市场进入了电子化时代。这一时期主要呈现以下四大特点：一是电子商业汇票加快发展；二是票据市场创新不断涌现；三是票据资金化运作趋势明显；四是大额票据风险事件集中爆发。2016 年 12 月 8 日，随着具有里程碑意义的上海票据交易所宣告成立，中国票据市场正式迈入了规范化、创新化的全新发展阶段。上海票据交易所是我国金融市场的重要基础设施，是我国票据领域的登记托管中心、业务交易中心、创新发展中心、风险防控中心、数据信息中心，它的成立对于我国票据市场的发展具有划时代的意义，标志着我国票据市场从此进入集中交易时代。自其成立以来，票据市场秩序开始从无序发展走向有序规范，票据市场经营从回落走向正常，票据市场管理从夯实基础走向创新引领。自成立以来，上海票据交易所推出了一系列卓有成效的业务规则，研发了多项贴近市场的创新业务产品，完善了票据市场业务系统，引入了非银市场参与者，在发挥货币政策工具作用、提升金融市场流动性管理效果、缓解中小微企业融资困境等方面起到了重要作用，并已成为我国金融市场的重要基础设施。上海票据交易所成立之后，票据风险事件明显减少，票据业务操作风险、道德风险等得到有效管控，票据市场在其带领下稳步进入规范发展阶段。

经过新中国成立 75 年特别是改革开放 46 年来的发展，如今票据已经发展成为集汇兑、支付、结算、融资、调控、信用、投资和交易等多种功能于一身的重要金融工具，在促进实体经济发展、推动金融供给侧结构性改革、传导货币政策等方面发挥着不可替代的作用。第一，票据服务实体经济方面。20 多年来，票据签发贴现规模进一步提升，2023 年，商业汇票承兑发生额为 31.3 万亿元，相比 1995 年的 2424 亿元增长了 128 倍，贴现发生额为 23.8 万亿元，相比 1995 年的

2155 亿元增长了 109 倍。截至 2023 年末，商业汇票承兑余额为 18.6 万亿元，与 1995 年的商业汇票承兑余额 865 亿元相比，增长了 214 倍；贴现余额为 13.3 万亿元，相较于 1995 年的贴现余额增长了 886.6 倍。这说明票据支持实体经济的力度不断加大。票据利率中枢总体下移，企业票据融资成本有所下降。票付通、贴现通、供应链票据等票据产品相继推出，加强了票据与供应链之间的联系，通过加强治理及优化制度，市场中融资票、套利票比例进一步减少，票据进一步聚焦服务实体经济。第二，票据服务中小企业方面。2023 年，签发票据的中小微企业达 21.3 万家，占全部签票企业的 93.1%，中小微企业签票发生额为 20.7 万亿元，占全部签票发生额的 65.9%；贴现的中小微企业达 32.0 万家，占全部贴现企业的 96.5%，贴现发生额为 17.5 万亿元，占全部贴现发生额的 73.6%。票据的进一步普及加快了中小企业资金回笼速度，应收账款票据化提速，能够更好地保护中小企业合法权益，票据支付及融资渠道进一步拓宽，在一定程度上缓解了中小企业融资难、融资贵问题。第三，票据服务金融调控方面。人民银行通过定向增加再贴现额度可实现精准滴灌特定企业，截至 2023 年底，再贴现余额为 5920 亿元，相较于 1999 年的再贴现余额 502 亿元增长了近 11 倍；此外，商业银行通过票据业务可以调控本行信贷规模，防止信贷规模出现剧烈波动。截至 2023 年底，再贴现余额约占整体票据贴现余额的 4.5%，较上年同期上升 0.2 个百分点，为发挥信贷调控作用提供了空间。第四，票据市场参与主体方面。当前，参与主体数量进一步增加，涵盖的范围也日益广泛，包括中央银行、商业银行、财务公司、证券公司、基金公司、期货公司、保险公司、信托公司、资产管理公司以及非法人产品等多元化机构。参与主体日趋多元化不仅丰富了市场的交易生态，也使得资金来源更加广泛，为票据市场的繁荣与发展注入了新的活力。第五，票据市场创新能力方面。上海票据交易所的成立为票据创新提供了关键基础，其成立后票据市场创新层出不穷。上海票据交易所陆续推出了票付通、贴现通、供应链票据、标准化票据产品。此外，商业银行也加大了票据产品创新力度，秒贴、票据池、商票保贴、票据保证、票据增信、绿色票据等产品进一步普及，并形成了多样化的票据与产业链相结合的综合性方案。各大票据平台陆续兴起，如“企票通”“军工票”等，还有部分平台创造性地发行电子债权凭证，其与票据非常相似，因此也可称为类票据。第六，票据市场基础设施方面。电票系统已经发展至成熟阶段，极大地提升了票据使用的便利性及安全性。2016 年，上海票据交易所正式成立，标志着票据市场生态的深刻变革，极大地提升了票据流转效率，并有效管控了票据风险。2020 年，上海票据交易所投产上线跨境人民币贸易融资转让服务平台，为票据国际化提供了应用场景及技术支撑。2022 年，新一代票据业务系统投产上线，形成了一个可以统一处理票据全生命周期业务的平台，并且新一代票据业务系统还可以实现票据等分化签发和拆包流转，进一步推动了票据市场创新与发展。第七，票据制度方面。中国人民银行于 2016 年 8 月发布了《关于规范和促进电子商业汇票业务发展的通知》，强制性推广使用电票，极大地推动了电票的普及。2016 年上海票据交易所成立后，人民银行颁布了《票据交易管理办法》，对上海票据交易所新规则下的市场主体、票据行为、交易规则、结算清算等做了详细规范。上海票据交易所成立后发布了一系列票据创新产品交易及管理规则，还推出了商业承兑汇票信息披露制度，为今后的商票大发展奠定了制度基础。《商业汇票承兑、贴现与再贴现管理办法》自 2023 年 1 月 1 日起开始施行，该办法根据新时代票据市场发展现状及定位，在原暂行办法的基础上做了较大调整，包括商业汇票最长期限、信息披露制度、贴现申请人范围、承兑贴现交易背景要求、票据经纪业务等方面，将对后期票据市场发展产生深远影响。第八，票据风险管控方面。市场整体风险进一步收敛，主要归功于电票的普及以及上海票据交易所成立后进行的一系列改革。上海票据交易所将全市场主体、票据业务全生命周期纳入监管，制定统一监管规则，因此成为票据市场的风险管理中心。此外，上海票据交易所还建立了商业汇票信息披露机制，加强信息公开，引导企业重视按时兑付，防止企业超出兑付能

力乱开票，为市场参与主体提供了清晰的风险甄别途径。在管控操作风险和道德风险方面，电票的普及大大降低了纸票时代票据伪造变造、调包等风险。在管控信用风险方面，监管部门通过妥善处理如包商银行等中小银行的票据风险，并拓宽其资本补充渠道，有效地维护了市场的稳定与健康发展。第九，在票据市场研究领域，多家专业机构如中国票据研究中心、江西财经大学九银票据研究院、江西金融学会票据专业委员会、上海市金融学会票据专业委员会、中国银行业协会票据专业委员会、中国支付清算协会票据工作委员会相继成立，致力于通过一系列举措来深化票据应用的理论研究，并促进业界人员之间的沟通交流。这些机构不仅开展课题研究，还举办征文活动、组织研讨会议以及高峰论坛，有效提升了票据知识的普及度，为社会贡献了许多宝贵的研究成果，其中包括备受瞩目的“票据九部曲”系列等。

建设金融强国是中国发展高质量经济、走中国式现代化道路的必然要求，需要完善的金融市场和丰富的金融产品，票据作为一种优质的金融产品，其独特的功能和作用不容忽视。票据作为连接企业与金融机构的桥梁，不仅能够有效降低交易成本，提高资金流通效率，还能够为市场提供多样化的投融资工具。随着金融市场的不断发展和深化，票据市场的规模也将持续扩大，其功能和作用也将得到更加充分的发挥。展望未来，随着金融市场的进一步开放和竞争的加剧，票据市场将迎来更加广阔的发展空间。我们有理由相信，在不久的将来，票据将在服务经济与金融中发挥更加重要的作用，成为推动中国建设金融强国的重要力量。

票据市场的持续健康稳健发展离不开实务界和理论界的共同推进。笔者带领一支专业化、高素质、有情怀、挺执着、愿奉献的票据研究团队，在引领和提升全国票据市场规范发展方面发挥了应有的功能和作用。近年来在推出《中国票据市场发展研究》《中国票据市场框架体系研究》《中国票据市场创新研究》《新时代中国票据市场研究》《中国式现代化票据市场研究》票据研究五部曲，以及《票据基础理论与业务创新》《票据史》《票据学》《中国票据简史》票据基础四部曲之后，又在建设金融强国与票据市场发展、票据服务中国式现代化、票据服务“五篇大文章”等方面进行了大量研究和探讨，得到了《上海证券报》《中国证券报》《证券时报》《中国货币市场》《国际金融报》《现代金融导刊》、中国金融信息中心、中国经济网、第一财经等国家和省部级报刊、媒体的刊载和发表，在业界获得了良好反响，一些政策建议、观点已被相关管理机构、经营机构所采纳和接受。现应各方需求和呼吁，将近年来在公开媒体发表的、总结市场发展规律、探讨未来发展趋势、具有时效性和借鉴意义的30余篇研究文章汇编成册。

《金融强国建设与中国票据市场发展研究》一书内容深入而不失全面、系统而不乏丰富，共分为四篇。第一篇“建设金融强国与中国票据市场发展研究”总结新中国成立75年来特别是近三十年来票据市场发展的历程，展望票据市场未来发展方向，探讨金融强国建设与票据市场发展，探索票据服务科技金融、绿色金融、普惠金融、养老金融、数字金融“五篇大文章”发展的可行性与路径，并介绍深度数科的数智实践。第二篇“票据服务中国式现代化研究”聚焦中国式现代化时代背景，探索如何发挥票据功能作用，助力中国式现代化建设、服务实体经济发展。本篇立足票据市场发展现状，讨论当前票据市场存在的问题，思考新规影响下的票据市场发展变化，探讨应收账款商票化发展路径。第三篇“票据指数、价格与相关研究”概括近年来票据市场发展状况并展望发展趋势，分析近年来全国及各省市社融与经济情况，进一步完善票据发展指数与价格指数体系，构建票据市场风险指数，评估新时代票据市场风险状况，探讨电子债权凭证等类票据发展。第四篇“采访与发言”汇总了笔者近年来参加票据活动的发言材料或特殊时点所发表的思想观点，涵盖资本新规、票据市场基础设施建设、笔者与工商银行四十年及《金融言行》的故事等多方面内容，具有市场热点针对性、思考前瞻性、应用与理论相结合等特点。

《金融强国建设与中国票据市场发展研究》一书旨在拓展读者视野、提高业务能力和理论素养，同时引导社会各界在金融强国建设中共同推进新时代票据市场创新、高质量发展，进一步发挥票据功能作用，服务经济金融、服务企业发展。本书使用对象主要是票据监管者、金融机构票据条线管理层及从业人员、企业财务人员、研究人员，也可供其他读者学习使用。本书如有不足之处，敬请读者朋友批评指正。

本书撰写过程中，得到了许多媒体的关心和大力支持，同时，深度（山东）数字科技集团有限公司、九江银行股份有限公司及中国金融出版社也给予了不少帮助，在此一并表示感谢。

肖小和

2024 年 7 月 1 日

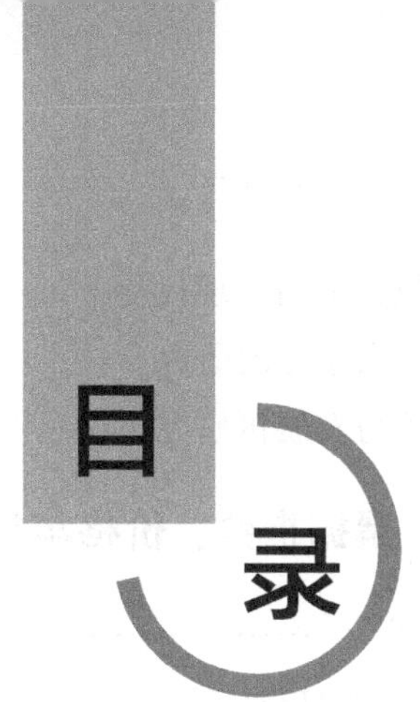

目录

第一篇　建设金融强国与中国票据市场发展研究

第二篇　票据服务中国式现代化研究

第三篇　票据指数、价格与相关研究

第四篇　采访与发言

第一篇

建设金融强国与中国票据市场发展研究

新中国成立75周年中国票据市场发展回顾与未来思考

肖小和　李紫薇[①]

一、新中国成立75周年中国票据市场发展回顾

自新中国成立以来，我国票据市场历经风雨，在不懈的摸索中砥砺前行，从最初的停滞不前到逐步复苏，从单一的运作模式迈向日臻完善的多元化结构，票据市场的功能作用日渐凸显，成为金融体系中不可或缺的重要组成部分。

（一）新中国成立初期的票据市场发展回顾

新中国成立伊始，受此前恶性通货膨胀影响，正常存放汇业务日益萎缩，信用对生产流通的依存和促进关系几乎消失殆尽，工厂负债累累，生产经营近乎停滞，迫切需要资金支持。为了应对这一局面，1949 年 12 月人民银行开始开展票据承兑业务，在上海由借款厂商出票，银行承兑，向私营行庄贴现，帮助一批企业重获新生。然而，随着“一五”计划的实施，国家开始实施高度集中的计划经济体制，商业信用被取消，票据市场发展受到限制。

（二）改革开放至《票据法》出台前的票据市场发展回顾

改革开放后，为了解决“三角债”问题，票据重新登上历史舞台。1979 年，国家开始有计划地发展商业信用，人民银行批准部分企业签发商业汇票。1981 年，在人民银行上海分行及相关分支机构的推动下，第一笔同城商业承兑汇票承兑与贴现业务、第一笔跨省市银行承兑汇票承兑与贴现业务相继落地，为我国票据业务的发展探索奠定了坚实的基础。1982 年，人民银行将试点范围扩大至重庆、河北、武汉、沈阳等地，到 1984 年

---

① 李紫薇所在单位为江西财经大学九银票据研究院、九江银行产业金融创新部（贸易金融部、票据中心）。

全国已有23个省、自治区、直辖市办理了规模不等的票据承兑、贴现业务。为了推动票据市场发展，1984年，人民银行发布了《商业汇票承兑、贴现暂行办法》，决定自1985年4月1日起在全国范围内开展票据承兑、贴现业务，1986年又颁布《再贴现试行办法》，正式开始办理再贴现业务。鉴于"三角债"问题愈发严重，影响了社会资金周转及企业正常生产经营，1986年，人民银行发布运用商业汇票承兑、贴现清理拖欠款的通知，并在北京、上海等10个地区开展试点，1988年又颁发《银行结算办法》，将商业汇票作为企业结算货款的工具加以推广，允许商业汇票背书转让，以及办理贴现、转贴现和再贴现业务。

（三）《票据法》出台后至电子票据推出前的票据市场发展回顾

1995年5月10日，《中华人民共和国票据法》（以下简称《票据法》）正式颁布，历史性地改变了我国票据市场无法可依的局面。1997年颁布的《商业汇票承兑、贴现与再贴现管理暂行办法》和《票据管理实施办法》进一步对票据承兑、贴现、转贴现和再贴现进行了规范。同年9月颁布的《支付结算办法》从支付结算的角度出发，明确了票据当事人和关系人的权利和义务。到20世纪末，已基本形成了以重庆、广州、郑州、南京等中心城市为依托的区域性票据市场。2000年11月9日，中国工商银行票据营业部正式成立，票据市场开始从分散经营走向集中经营和集约化管理。2003年6月，中国外汇交易中心建成"中国票据网"，为金融机构之间的票据转贴现和回购业务提供报价、撮合、查询等服务，解决了票据信息不畅的问题。2007年11月，中国工商银行推出贴现利率与Shibor挂钩的定价机制，票据业务定价方式开始由固定利率向浮动利率转变。

（四）电子票据出现后至上海票据交易所成立前的票据市场发展回顾

2009年上半年，商业银行大量拓展票据业务，票据市场规模快速增长，票据承兑量迅速增加，票据交易十分活跃，票据业务创新层出不穷，票据理财、票据资管等业务也应运而生。2009年10月，中国人民银行电子商业汇票系统（ECDS）正式建成运行，我国票据市场由此迈入电子化时代。随着票据市场快速发展，票据交易十分活跃，新产品及新的交易模式不断涌现。在规避监管的驱动下，票据的信贷属性一度逐渐弱化，资金属性日渐增强，以"消规模"为特征的卖出回购业务大放异彩，票据理财、票据资管等套利业务盛行。各商业银行为了突破政策、资本、资金等约束，实现超额收益，不断创新产品和交易模式，为票据风险案件的爆发埋下了隐患。同时，市场上的“票据掮客”或是利用信息不对称赚取差价，或是利用自有资金，加持杠杆做投机业务等，进一步加剧了票据市场乱象，最终导致2016年票据市场风险案件集中爆发。

（五）上海票据交易所成立后的票据市场发展回顾

2016年12月8日，上海票据交易所成立，自此我国票据市场发展进入了新时代。票据市场的生态环境发生了深刻的改变，2018年1月，上海票据交易所上线试运行数字票据交易平台实验性生产系统并获得成功，实现了数字票据的突破性进展。同年12月，国内首条票据收益率曲线诞生，弥补了我国票据市场定价估值的空白。2018—2020年，上海票据交易所针对性地推出票付通、贴现通、标准化票据、供应链票据产品，在一定程度上提高了票据市场流通效率，满足企业票据支付、融资需求；此外，还上线票据信息披露平台，推出账户主动管理服务，推动商业信用体系建设，降低伪假票据风险。2022年6月，上海票据交易所投产新一代票据业务系统，统一、高效的票据市场业务处理平台正式建成。新系统功能兼容纸电票据的全生命周期业务，实现了票据的“找零支付”，进一步强化了风险防控体系，为票据市场健康发展奠定了基础。这一阶段，票据市场参与主体也在加速提升自身能力，改造优化自身票据系统，实现和上海票据交易所系统无缝对接。同时，修订完善内部制度，加大人员培训力度，以适应票据市场新变化，全市场的风险防控水平大幅提升。市场应用、理论研究热情高涨，研究成果层出不穷，票据市场已发展成为我国金融市场的重要组成部分。

二、新中国成立75周年票据市场发展启示

在中国共产党的英明领导下，票据市场熠熠生辉。它不仅根植于信用体系的坚固基石上，更因支付需求的涌现而蓬勃兴起。融资功能的拓展使其不断壮大，创新的浪潮为其注入不竭活力。票据市场始终以服务实体经济为己任，展现出无限宽广的发展空间与深远的社会价值。

（一）党的领导是根本

在中国共产党的引领下，我国票据市场实现了令人瞩目的跨越式发展，党不仅确立了我国票据市场的发展蓝图和根本准则，更在关键时刻为票据市场指明了方向。在中国共产党的坚强领导下，我国票据市场实现了体量从小到大的飞跃，法制建设从无到有逐渐完善，业务种类从单一走向

多元化，基础设施不断加强。在每一个重要的历史节点，中国共产党都敏锐地捕捉到时代的脉搏，根据国家发展的需要，为票据市场提供有力的制度支撑和政策保障。从1979年人民银行批准部分企业签发票据，标志着新中国票据市场的诞生；到改革开放初期，面对“三角债”问题，国务院果断出手，推动票据作为结算工具广泛应用；再到1995年《票据法》正式颁布，为票据市场的法治化进程奠定了坚实的基础。进入21世纪后，票据市场的发展更加日新月异。2009年，人民银行正式建成投产ECDS，开启了我国票据市场电子化发展的新篇章。2016年，上海票据交易所成立，实现了全国统一的票据交易平台，促进了票据市场的规范化、透明化运营。2020年，人民银行认可并由上海票据交易所建设运营的票据信息披露平台成功上线，不仅为票据信息披露机制的完善迈出了重要一步，更为我国票据市场的未来发展注入了新的活力。可以说，中国票据市场的每一步发展，都离不开党的坚强领导和英明决策。正是在中国共产党的正确引领下，我国票据市场才不断壮大，为经济的繁荣稳定贡献了不可或缺的力量。

（二）法制建设是依据

法制建设是票据市场发展中不可或缺的一环，是票据业务规范化办理的依据，对于促进票据市场健康发展、保障票据正常使用和流通具有重要意义。第一，明确票据法律地位。《票据法》作为票据市场的根本大法，通过立法形式正式确立了票据的法律地位，详细规定了票据的种类、票据行为的种类及特征等关键要素，不仅为票据市场的稳健运行提供了坚实的法制保障，也为市场参与主体提供了明确的指引和保障。第二，规范票据市场行为。票据法律与制度为票据的使用和流通设定了清晰的标准和规则，确保了票据市场的统一性和有序性，有效防范了市场乱象，减少了票据纠纷，促进了票据市场健康发展。第三，保障当事人合法权益。《票据法》赋予持票人付款请求权和追索权，保障了其向票据债务人请求支付票据金额的权利；同时，《票据法》中关于抗辩、利益返还请求等的规定也保护了持票人的合法权益。第四，优化票据融资环境。如《票据法》《商业汇票承兑、贴现与再贴现管理办法》等对于真实贸易背景的规定，以及关于承兑余额及保证金余额比例上限等的相关规定，有利于促进票据回归真实交易，推动票据市场出清。总之，法制建设在票据市场发展中发挥着至关重要的作用，是推动票据市场健康稳健发展的关键。

（三）诚实信用是基础

票据的本质是根植于商品贸易活动中的商业信用，信用不仅是票据的

基础，更是票据市场持续繁荣与发展的先决条件。商业信用的发展推动了票据信用功能发挥，票据信用反过来也促进了商品流通和经济发展。新中国成立伊始，面对几近消失殆尽的信用环境，票据市场发展举步维艰。然而，随着时代的变迁，特别是 1979 年以后，我国金融界开始探索银行信用与商业信用有机结合，以银行信用引导商业信用发展。在这一历史背景下，票据作为解决“三角债”问题的有力工具，再次被提上日程，并凭借独特的信用功能，逐渐在市场中推广开来。进入 21 世纪后，随着我国信用体系建设步伐不断迈进，票据市场取得了进一步发展，尤其是上海票据交易所成立以来，采取了上线商业汇票信息披露平台，推动票据信息披露机制建立等一系列措施来提升票据市场信用环境。部分商业银行也推出票据保证、保贴等增信业务，以提升信用等级尤其是商票的市场接受度与流通性。然而，令人遗憾的是，由于目前票据市场信息披露体系建设尚处于起步阶段，且票据评级及信用评估体系缺位，我国票据市场发展十分不均衡，主要体现在银票市场规模显著高于商票，东南沿海地区票据发展体量与速度远高于中西部地区。因此，有必要持续加快票据市场信用体系建设，以推动票据市场持续繁荣与创新。

（四）服务经济是核心

我国票据市场自建立以来，始终围绕服务实体经济的核心使命，持续推动创新与发展。从支持实体经济融资的角度看，票据融资利率稳步下降、融资余额逐年增长，充分彰显了其强大的融资能力。2023 年末票据融资加权平均利率下降至 1.47%，低于一般贷款加权平均利率 2.88 个百分点，且低于企业贷款加权平均利率 1.28 个百分点，为实体经济提供了更为低成本的融资渠道。截至 2023 年末，票据融资余额为 13.15 亿元，同比增长 2.66%，票据融资占企事业单位贷款的比重达到 8.37%，占短期贷款的比重为 32.27%，成为企业短期融资的重要渠道。从助力中小微企业发展的角度看，2023 年使用票据的企业达 320 万家，其中签发票据的中小微企业达 21.3 万家，占全部签票企业的 93.1%，中小微企业签票发生额为 20.7 万亿元，占全部签票发生额的 65.9%；贴现的中小微企业达 32.0 万家，占全部贴现企业的 96.5%，贴现发生额为 17.5 万亿元，占全部贴现发生额的 73.6%，为中小微企业提供了更为便捷的融资渠道。近年来，上海票据交易所针对性地推出票付通、贴现通、供应链票据等创新产品，推动票据信息披露、账户主动管理等风险防控措施，不断探索提升支持实体经济的直达性，优化改善中小企业用票环境。人民银行通过再贷款、再贴现等工具，确保市场流动性合理充裕，引导金融机构精准投放资金，支持国民经济重点领域、薄弱环节和区域协调发展。截至2023年末，再贴现余额达到5920亿元，充分显示了票据市场在货币政策传导中的重要作用。

（五）开拓创新是动力

开拓创新不仅是票据市场持续繁荣的引擎，更是其深化发展、历久弥新的不竭动力。步入21世纪后，票据市场创新蔚然成风，各大金融机构竞相推出前沿产品与服务，以科技赋能金融，重塑票据市场生态。招商银行“票据通”网上票据业务横空出世，实现了票据交易的数字化飞跃。工商银行推出“易保付”电子信用票据，以信用为核心，为市场注入新活力。票据市场创新不仅在于业务渠道的革新，还在于服务模式的深度定制，如以票易票、商票保贴等个性化服务，精准对接市场需求，促进票据市场多元化发展。与此同时，票据理财、票据资管、票据ABS等新兴业务应运而生，为投资者开辟了新的资产配置渠道。上海票据交易所相继推出票付通、贴现通、供应链票据平台和标准化票据，丰富了票据市场投融资渠道。此外，票据信息披露平台与新一代票据业务系统的上线，更为票据市场信用体系建设以及统一市场发展奠定了基础。招商银行更是凭借全产品一体化经营策略，在票据结算、承兑、贴现、票据池、质押、转贴现、再贴现等多个环节实现了无缝衔接，为客户提供全方位、一站式的票据服务体验。此外，九江银行的绿色票据实践，赣州银行的区块链票据探索，以及众多商业银行推出的极速贴现、票据池等便捷服务，共同推动了票据市场的繁荣与发展，拓宽了票据服务实体经济的边界与深度。央企创新也为票据市场带来了新气象，如央企“企票通”的推出，推动央企票据互联互通；财务公司“军工票”的发行，则是对特定领域融资需求的精准对接。总之，在科技赋能、服务升级、模式创新的共同驱动下，票据市场为实体经济提供了更加高效、便捷、多元化的金融服务。

（六）科技推动是重点

科技日新月异是票据市场繁荣发展的重要驱动力，尤其是步入21世纪后，科技对票据市场的赋能效应显著增强，逐渐拉开了票据业务线上化发展的帷幕。工商银行票据营业部率先垂范，引入内部管理系统，引领票据管理迈入线上化时代。“中国票据网”的应运而生，标志着票据市场信息化、透明化进程迈出坚实步伐。招商银行、民生银行及工商银行等金融机构，依托自身强大的行内系统，相继推出电子票据产品，不仅极大地提升

了票据交易效率，更促进了市场的广泛参与与深度融合。随着信息技术的发展，电子票据横空出世，彻底颠覆了传统票据业务模式，部分金融机构更是将电子化服务的便捷性与差异化服务的精准性巧妙结合，正式开启了“互联网+票据”融合发展的新篇章。如今，金融科技浪潮汹涌澎湃，其对票据市场的深度渗透与重塑达到了前所未有的高度。票据市场的各类参与主体积极拥抱科技变革，不断完善票据系统建设，以科技为翼，赋能业务升级。工商银行运用“工银图灵”机器学习技术，探索票据业务的智能化路径；“企票通”则巧妙融合区块链、大数据、人工智能等前沿科技，加速央企商票的安全流通与高效运转。此外，京东秒贴、同城票据网、深度票据网、果藤科技等平台，依托强大的金融科技实力，积极开展线上票据融资撮合业务，拓宽了票据市场的融资渠道。而云链、欧冶、简单汇等企业，更是利用科技手段深耕供应链领域，为市场注入了新的活力。

（七）防范风险是关键

风险，作为未来损失的不确定性，始终是票据业务经营中不可忽视的挑战。历经七十五载春秋，票据市场见证了参与主体在风险防控领域的不断探索与深化。自改革开放后重启票据业务以来，商业银行作为市场的主力军，率先引领变革，通过重塑业务流程、设立专项岗位以及实施双人复核的交叉验票机制等创新举措，构筑起防范诈骗风险的第一道坚固防线。近年来，随着金融监管体系的日益完善，人民银行等权威机构密集出台了一系列重要文件，如《关于完善票据业务制度有关问题的通知》与《关于切实加强商业汇票承兑贴现和再贴现业务管理的通知》等，旨在进一步强化商业汇票业务监管，细化并规范票据业务操作流程，为票据市场的稳健运行提供坚实的制度保障。尤为值得一提的是，上海票据交易所作为票据市场基础设施，未雨绸缪地构建了一个全方位、多层次的票据市场风险防范体系，不仅加强了风险防控制度建设，还持续完善了市场监测体系，以确保第一时间捕捉市场风险信号，为市场参与者提供及时、准确的风险预警。同时，上海票据交易所不断优化交易机制，推动市场创新，确保票据市场健康有序可持续发展。正是这份对风险的深刻认知，促使票据市场参与者不断寻求突破与创新，将风险防控视为推动市场发展的关键驱动力，以更加稳健的步伐迈向高质量发展的新征程。

（八）理论创新是基本

理论之树常青，源于其不懈的创新之泉，票据市场的蓬勃发展，同样离不开票据理论的持续创新与引领。回溯至1980年，中国人民银行在上海的先驱尝试，不仅重启了票据业务的篇章，更促进了上海市金融学会“票据贴现研究会”的诞生，这一举措标志着我国开始在社会主义框架内，对票据业务的实际应用进行系统性、前瞻性的探索与研究。步入21世纪后，票据理论的创新步伐进一步加快。2002年，中国工商银行票据营业部远见卓识，促成了“中国城市金融学会票据研究会”的成立，借助《票据研究》创刊的机遇，通过多元化的教育培训方式，培育出了一批批票据业务领域的精英与中坚力量。近年来，我国票据市场理论研究呈现出前所未有的繁荣景象，创新成果如雨后春笋般涌现。上海票据交易所、中国票据研究中心、江西财经大学九银票据研究院通过举办票据市场座谈会、票据市场高峰论坛、票据市场研讨会，编纂票据专著，开展丰富多彩的征文活动与课题研究等一系列高层次活动，为票据理论发展与创新提供了肥沃的土壤。与此同时，各类票据专业委员会纷纷涌现，如中国城市金融学会票据专业委员会、中国银行业协会票据专业委员会、中国支付清算协会票据工作委员会、上海市金融学会票据专业委员会、江西省金融学会票据专业委员会等，它们不仅共同将票据理论研究推向了新的深度与广度，更为实践探索注入了源源不断的智慧与力量。

三、中国票据市场未来的思考

票据因支付与融资功能而服务实体经济，因转贴回购特点而服务金融市场，因投资及衍生创新而服务社会。票据的未来，是信用与支付的深度融合，是融资与创新的交相辉映，更是服务实体经济、促进经济繁荣的无限可能。金融强国建设既是国家赋予金融的使命，又是金融服务中国式现代化的目标。票据作为金融市场的重要金融工具之一，无疑要助力发挥好服务高质量经济发展的应有作用。

（一）明确票据市场发展定位

在历史的长河中，票据的角色经历了深刻的演变，每一个时期都被赋予了与时代需求相契合的独特使命。回溯至20世纪70年代，面对错综复杂的“三角债”困境，票据被赋予了疏通企业间账款淤塞、重构支付结算秩序的关键角色，有效缓解了经济循环中的紧张局面。步入21世纪后，随着金融市场的蓬勃发展与票据市场的日益成熟，其内涵与外延得到了前所未有的拓展。票据不再仅仅是支付结算的单一工具，而是逐渐演化为集融资、

交易、调控、投资等功能于一体的信用工具。这一转变不仅丰富了金融市场的层次与结构，更为实体经济注入了强劲的动力，促进了资金高效配置与经济稳健增长。然而，在宏观经济环境复杂多变的背景下，票据业务面临着新的挑战。全球经济波动的涟漪效应波及国内，导致企业需求疲软，银行信贷投放遭遇瓶颈。在此背景下，票据业务在一定程度上被部分银行尤其是中小银行作为调节信贷规模的权宜之计。这虽然暂时缓解了银行内部的信贷压力，却也在无形中削弱了票据市场的内生增长动力，限制了其应有的创新与活力，对票据业务的长期健康发展构成了潜在威胁。因此，亟须重新审视票据市场的定位与功能，推动其回归服务实体经济的本源。通过深化票据市场体制机制改革，促进票据业务规范化、专业化、可持续发展。同时，鼓励金融机构创新票据产品与服务模式，拓宽票据应用场景，全力提升票据市场对于经济高质量发展的支持力度。

（二）推动票据市场国际化发展

票据是社会商品交换和商业信用不断发展的产物，其发展历程映射了全球经济脉络的变迁。从美国、英国、日本和我国台湾地区票据市场的发展经验看，票据业务对国际贸易的推动与深化起到了巨大的促进作用。这些发达市场历经数世纪的精心雕琢，在法律架构、制度设计、规则完善、管理创新与经营智慧等方面积累了丰富的经验。相比之下，我国现代意义上的票据市场虽仅发展几十年，却已展现出蓬勃生机与巨大潜力。在此基础之上构建国际票据交易中心，不仅是对全球票据市场优秀经验的吸纳，更是一次跨越国界的智慧交融，有利于吸引各国多元化的市场参与者，引入国际前沿的运作模式与管理理念，推动票据业务“走出去”，促进优秀经验“引进来”，从而加速我国金融业对外开放步伐，深化金融体制改革的广度与深度。以上海票据交易所为基石，搭建国际票据交易中心，将是推动我国票据市场国际化发展的关键，此举还将有助于提升人民币的国际地位，提升对外开放的整体效能。展望未来，随着国内外对国际票据交易中心建设需求的日益增长，该中心的成立将极大地增强票据跨境交易的稳健性与安全性，吸引全球范围内的机构与资本参与我国票据市场业务，为构建以国内大循环为主体、国内国际双循环相互促进的新发展格局提供强有力的金融支撑与动能。

（三）票据助力金融强国建设

票据作为金融体系中不可或缺的重要组成部分，不仅是推动金融高质

量发展的关键工具之一，也是金融强国建设信用体系的重要支柱。为了积极响应当前经济金融工作的新要求，票据业务需在以下八个维度深耕细作：一是深化供应链票据体系建设，拓宽产业链上下游企业融资渠道，为供应链整体注入强劲活力。二是大力发展应收账款票据化，有效盘活沉淀资金，提升金融资源的使用效率。三是持续加大对民营经济、中小微企业及“三农”领域的票据支持力度，提升票据市场在保障民生、改善民生方面的服务水平。四是聚焦先进制造业，强化票据业务对科技创新、智能制造、绿色发展及中小微企业的资源配置能力，优化资金供给结构。五是积极推动票据市场服务绿色经济，完善绿色票据标准体系与产品序列，配套出台相关政策制度，充分发挥票据在促进生态文明建设和绿色低碳发展中的独特作用，助力可持续发展目标的实现。六是构建票据市场养老金融服务新生态，促进养老产业与票据市场深度融合，探索开发多元化票据产品，为养老产业提供定制化、创新性的金融服务方案。七是深耕票据业务在产业场景中的应用，依托科技赋能，推动票据市场数字化转型，提升票据服务的智能化、便捷化水平，强化票据在现代化产业体系建设中的支撑作用。八是全面加强票据市场风险防控体系建设，建立健全风险预警、监测与应对机制，为金融强国建设筑牢安全防线。

（四）完善票据市场基础设施

上海票据交易所自2016年成立以来一直致力于提升票据市场各类基础设施，为票据市场提供了优质、高效的发展环境。票据市场系统设施经过多年不断的开发与迭代，已成为票据市场业务拓展、风险防控、创新发展的有力支撑。票据市场系统设施已从1.0阶段的初步构建，稳健跨越至2.0阶段的全面升级，不仅极大地拓宽了业务边界，还铸就了风险防控与创新发展的双重引擎，为迈向3.0阶段的宏伟蓝图奠定了不可动摇的基础。展望未来，票据市场系统设施的持续优化将引领市场迈向三个“进一步”的新征程：一是进一步有序发展。系统设施可以进一步强化风险管理相关功能模块，帮助系统参与者管控票据业务风险，及时防堵风险漏洞，防止风险案件发生，促进票据市场更加有序发展。二是进一步快速发展。系统设施可以进一步持续优化系统规则，提升业务处理效率，加强与周边系统的交互，保障票据业务进一步提质增效，促进经济高质量发展。三是进一步加快创新发展。系统设施可以强化对创新的支持，一方面，进一步推动票据创新产品尽快落地，优先推动票据在先进制造业的发展、推动绿色票据发展、推动普惠票据发展、推动应收账款票据化、推动民营企业票据发

展，并最终实现数字票据；另一方面，进一步加快票据市场国际化进程。

（五）加速法律法规修订进程

近年来，伴随着技术手段的不断提升及国内信用环境的不断改善，票据市场信用水平不断提高，创新产品与交易方式陆续推出。同时，金融监管力度不断加大，但监管部门间对《票据法》的理解存在差异，在一定程度上迟滞了票据市场进一步发展壮大。因此，需要与时俱进地对票据法规进行调整和完善。一是建议适度放宽对无因性的管控，增强票据的流通性与交易性，加快推动票据创新性发展。二是建议在《票据法》中单列商业承兑汇票，明确牵头管理部门、考核监测指标体系、票据信息（含各类票据）披露、评级、评估的法律地位等。三是建议将本票纳入《票据法》修改，允许商业本票存在，同时明确管理部门和企业签发本票的监测管理制度。四是建议将类票据归入《票据法》，按照票据要求支持发展。五是建议综合考虑纸质票据、电子票据、数字票据等，在《票据法》中增加票据介质及产品创新等内容。六是建议修改完善转让背书相关条例，满足票据拆分支付需求。七是建议部分保留追索权，仅保留对票据承兑人、收款人和贴现人等关键节点的追索权。

（六）建设票据统一市场体系

构建全国统一的票据市场，是推进中国式现代化的重要路径，对于深化金融体制改革、促进经济高质量发展具有深远意义。为了实现这一目标，需从以下几个方面着力推进票据市场的统一与发展：一是优化市场基础设施，促进区域协同发展。完善票据市场基础设施，加快建设直贴平台。同时，鼓励区域性票据市场的建立与发展，依托各地独特的产业优势与资源禀赋，推动票据业务与区域经济深度融合，促进票据市场均衡、协调发展。二是规范票据贴现市场，构建专业经纪体系。建立健全票据贴现市场监管机制，引入票据经纪制度，明确经纪机构的准入与退出标准，强化行业自律与监管，保障票据市场健康有序运行。三是明确类票据管理，推动平台转型升级。完善类票据法治基础，明确监管主体，统一监管标准，消除监管盲区，推动类票据平台规范化、专业化发展。四是统一票据统计标准，提升数据质量。规范票据市场的统计口径与统计维度，确保数据的准确性与可比性，为政策制定与市场监管提供科学、全面的数据支持。

（七）推动票据信用体系建设

当前，票据信息披露已实现对银行承兑汇票、商业承兑汇票及财务公司承兑汇票等全品类的全面覆盖，不仅深刻净化了票据市场环境，促使票据市场参与主体信用意识提升，还显著加速了票据信息披露向“准确、快捷、全面”的更高标准迈进，为构建更加稳固的社会信用体系奠定了坚实基础。然而，必须清醒地认识到，我国票据市场信用体系建设尚处于起步阶段，市场信用潜力仍待进一步挖掘，尤其是商票信用领域，更是蕴藏着巨大的发展空间与机遇。为了有力促进票据市场与社会信用生态环境深度融合和协同发展，推进更加健康、透明、高效的票据市场信用体系，一方面，建议着手建立统一、权威的信用评级与资信评估体系，并引入增信保险制度，以全方位、多层次的信用评价机制，促进市场参与者的信用透明度与可信度提升。具体而言，可成立一家或几家统一规范、业内公认的信用评估机构，精心设计并持续优化适应票据业务特性的评估指标体系，确保评估结果的科学性、公正性与实用性。另一方面，实施信用定期考评管理制度，通过定期评估与动态监测相结合的方式，确保票据市场信用状况持续向好。在此基础上，大力推行票据担保支付机制与保险制度，为票据交易的安全性与稳定性提供有力保障，进一步降低市场信用风险，增强市场参与主体的信心。

（八）打通票据一体化经营渠道

票据作为一种集支付、融资、结算、投资、交易和调控等多种功能于一体的综合性信用工具，其全生命周期涵盖了从签发、承兑、背书、转让、贴现、转贴现、回购、再贴现，直至最后的到期托收等一系列业务环节。在当前的金融市场中，票据业务的全面性和多样性对银行的管理与运营效率提出了更高的要求。然而，当前银行在票据业务管理上呈现出明显的分散化趋势，特别是票据承兑与转贴现等业务被割裂于不同部门。这种管理方式不仅导致了业务流程的断裂，还严重制约了票据业务整体效能的发挥，不仅增加了运营成本，降低了工作效率，还在一定程度上削弱了银行在票据市场上的竞争力，阻碍了票据业务在全生命周期内的统筹经营，使得银行难以充分发挥票据作为综合性信用工具的优势。为了提升票据业务的管理效率和市场竞争力，银行业金融机构需要打破部门壁垒，构建一体化的票据统筹管理体系，搭建全生命周期票据业务系统，实现票据承兑、贴现、转贴现、再贴现等业务的统一管理和协调。在此基础上，加速推动票据业务创新步伐，精准对接市场发展趋势与实体经济需求，孵化出既具有前瞻性又贴合实际的创新业务产品，为票据市场注入新的活力与动力。

（九）建立票据市场价格机制

随着票据市场的日益成熟与深化，其利率定价机制已自然演化为一套紧密贴合市场真实供需状况的定价体系。然而，鉴于票据兼具信贷与资金双重属性这一独特特性，其价格动态往往展现出波动性与复杂性。为了填补市场定价的空白，上海票据交易所应运而生，并相继创新推出国股银票转贴现收益率曲线及城商银票转贴现收益率曲线，为转贴现与贴现业务的定价提供了坚实的市场基准与参考依据。然而，不容忽视的是，近年来在信贷规模调控、市场情绪波动等多重因素的交织影响下，票据市场的利率波动性显著加剧。转贴现利率多次探底，触及极低水平，极端情景下甚至逼近“零利率”边缘，这一现象不仅严重偏离了市场的真实供求状况，还为空转套利等市场乱象提供了温床，对市场的健康发展构成了潜在威胁。鉴于此，进一步完善票据市场价格机制显得尤为迫切与重要。这就要求相关主体深化票据市场的分层信用价格机制，通过细化信用评级、强化信息披露等手段，提升市场透明度与定价效率；同时，积极推动票据“去信贷化”进程，剥离过多的信贷属性，回归其作为支付、结算、融资、交易工具的本质，从而为市场化价格体系的构建奠定坚实基础，为实体经济的发展提供更加坚实的金融支持。

（十）加速票据市场数字化进程

党的十八大以来，党中央高度重视发展数字经济，并将其上升为国家战略。作为数字经济版图中不可或缺的一部分，票据数字化及数字化票据的推进，不仅是加速数字经济跃升的强劲引擎，更是驱动产业数字化转型与数字产业化深度融合的关键力量，对于完善票据市场基础设施、优化我国信用生态体系具有里程碑意义。票据数字化发展将围绕六大核心领域寻求突破：一是票据数字科技化。充分发挥人工智能、大数据、云计算等金融科技在票据领域的作用，以科技化发展驱动票据市场繁荣创新，以科技化进步促进票据市场整体信用环境提升。二是票据数字信息化。强化票据信息采掘能力，丰富数据挖掘渠道，提升票据数据处理水平，提高数据分析运用能力。三是票据数字规范化。建立多层次的票据市场安全治理体系，完善多元化的票据市场协同治理机制，搭建全方位的票据市场监管体系，提升票据市场信息统一化与规范化程度。四是票据数字标准化。加快票据业务国家标准体系研制，加速推进标准化基础设施改造，推动标准化风险防控标准制定。五是票据数字交易化。进一步完善票据业务交易制度，推动票据数据交易基础设施建设，加快票据基金、票据衍生产品等票据市场创新产品研究。在科技赋能票据数字化发展之后，可适时引入数字票据新介质，并按照票据数字化思路探索数字票据的票据数字化之路。

（十一）大力发展商业承兑汇票

在当前的经济环境中，票据尤其是商票的发展已成为商业信用体系构建的核心驱动力，是商业信用服务经济、服务中小企业发展的重要体现。因此，亟须采取一系列举措，重塑商票的市场形象，激发内在潜力。一是转变市场对于商票信用低、风险大、流通难的固有观念，通过教育与引导，提升市场参与者对商票作为高效金融工具的认知与认同，凸显其在促进资金流动、优化资源配置方面的独特优势。二是构建以商票为核心的应收账款管理机制，将传统的挂账信用转化为更具流通性与法律保障的票据信用，加速应收账款商票化进程，为中小企业提供更加灵活便捷的融资途径。三是聚焦规模以上工业企业，以其应收账款商票为突破口，深入挖掘商票业务在服务实体经济中的巨大潜力，通过精准对接企业需求，推动商票在工业生产链中广泛应用。四是加速电子商票平台建设，在“企票通”等成功实践的基础上，鼓励国有企业及地方政府积极参与，共建商业信用电子商票平台，进而引导企业广泛采用电子商票进行日常经营交易，形成票据流转的闭环生态，显著提升供应链整体运行效率与透明度。五是加强跨领域合作，特别是与各地征信平台深度对接，为商票业务的发展提供坚实的数据支撑，营造更加公平、透明、健康的信用发展环境。六是积极推动商票信用评级体系建立健全，引入科学、公正、权威的评级标准与方法，提升商票市场的整体信用水平与接受度。

（十二）探索票据市场创新体系

票据市场发展需时刻秉持开放与前瞻的理念，开辟票据市场创新的新航道，引领并推动实现票据市场全面升级与空前繁荣。一是推动跨界与跨行业的深度融合，把握时机，积极引入信托、证券、基金、保险等多元金融业态，激发票据市场创新活力，促使更多跨专业、跨产品的组合创新不断涌现。同时，促进资产业务与中间业务深度融合，打造综合化、一体化的金融服务产品体系，满足市场日益多样化的需求。二是探索金融科技与票据市场的结合点，运用金融科技赋能票据市场创新。通过运用大数据、区块链、人工智能等前沿技术，提升票据市场交易效率、降低运营成本、增强风险控制能力，开启金融科技赋能票据市场的新篇章。三是积极拥抱

金融创新，适时重启标准化票据业务，探索标准化票据基金及基金指数，探讨发展票据远期、期权、票据互换等衍生产品，丰富票据市场产品谱系，提升市场的深度与广度。通过这些创新金融工具的引入，为市场参与者提供更加多元化的风险管理工具与投资策略，进一步激发市场活力，推动票据市场向更加成熟、高效、国际化的方向迈进。总之，未来票据市场发展应继续坚持创新驱动，充分发挥票据潜力与活力，助力实体经济发展，通过制度创新，发挥票据前端承兑支付和融资流通功能，走支付便捷化，短贷、应收款票据化之路；依托科技创新，发挥后端交易投资功能，走类债券和类证券化之路；未来票据业务模式创新将会呈现出一体化、平台化、公司化、综合化的趋势。

（十三）加强票据风控体系建设

在推动票据市场稳健可持续发展的过程中，必须盯紧盯牢风险防控这一核心任务。对于票据监管机构而言，不仅要深化风险识别与分析能力，依托金融科技的前沿力量，如区块链、大数据、人工智能等技术，对票据业务实施全生命周期的精准风险管理。同时，应通过持续优化风险检测模型，构建覆盖事前预警、事中监控、事后处置的全方位风险应急管理体系，确保风险隐患能够被及时发现、有效应对。对于金融机构而言，在追求票据业务发展的同时，必须摒弃“重利轻险”“重表轻实”的短视思维，转而拥抱合理审慎、精细管理的经营理念。在拓展工业票据业务时，必须坚守风险底线，严把贸易背景真实性审查关，确保每一笔业务都符合制度规范，从源头上遏制操作风险。此外，还可以推动开展票据评级工作，建立科学的白名单管理制度，有效控制风险敞口，防止部分企业因过度签发而引发兑付危机。企业作为票据市场的主体之一，同样需要增强风险意识，包括坚决抵制伪假票据的签发，加强内部控制机制建设，确保企业内部财务运作的合规性。同时，企业财务人员应不断提升专业素养，熟悉票据风险的各种表现形式，提高外部票据的审查与鉴别能力，为企业稳健发展保驾护航。

（十四）致力于票据市场人才培养

加强票据市场人才培养是提升票据市场运作效率、促进票据市场健康发展的关键举措。一是深化产学研融合发展，以理论引导实践，以实践反哺理论，推动票据市场持续繁荣。积极促进高校、科研机构与票据市场参与主体深度合作，携手开展前沿科研项目，加速科技成果转化，实现理论创新与实践应用良性互动。同时，在票据业务机构设立实践基地，为票据方向学生及从业人员提供实习、实训机会，提升实践能力与业务素养。二是构建多元化合作交流平台，促进智慧碰撞与经验共享。通过举办高端学术研讨会、专题培训、专家咨询会等活动，搭建一个跨越行业界限、汇聚精英智慧的交流平台，推动优秀实践经验共享，为票据市场的持续健康发展提供源源不断的智力支持。三是创新人才激励机制，激发票据市场人才潜能与创造力。针对票据市场中的关键岗位与核心人才，如产品设计人才、科技高端人才、金融优秀人才、交易核心人才、高端研究人才、风险管理人才等，实施更加灵活多元的人才激励策略。通过引入市场化用人机制，结合绩效奖励、职业发展通道拓宽等多种手段，充分激发人才的内在动力与创造潜能，为票据市场的繁荣发展注入强劲的人才动力。

金融强国建设与票据市场发展研究

肖小和　李紫薇

摘　要：2023 年 10 月召开的中央金融工作会议明确提出，要加快建设金融强国，坚定不移走中国特色金融发展之路，推动我国金融高质量发展。票据市场作为我国金融市场的重要组成部分，是助力金融强国建设的重要力量。本文分析了票据市场与金融强国之间的关系，并提出建设金融强国需要发展票据市场，发展供应链票据，发展应收账款票据化，提升票据在民营经济、先进制造业、中小微企业、绿色经济、养老金融、产业金融等领域的服务效能，防范化解票据风险等论点。

关键词：金融强国　票据　票据市场

一、金融强国与票据市场

（一）金融强国的内涵及意义

金融强国是指一个国家在金融领域具有强大的实力和影响力，能够在全球范围内发挥重要的经济作用。金融强国是在统筹国内国际两个大局的战略背景下提出的，其根本目的是服务中国式现代化，这也决定了建设金融强国必须坚定不移地走中国特色金融发展之路。金融强国建设旨在构建更加均衡、稳健、创新的国家金融体系，在追求规模的基础上更加注重质量、效益和创新。

金融是国民经济的血脉，是国家核心竞争力的重要组成部分，全面建成社会主义现代化强国需要强大的金融体系作为支撑。当前，全球政治、经济、科技格局发生了深刻的变化，中国正面临百年未有之大变局，迫切需要金融规模体量优势向金融动能、经济效益转化，通过金融强国建设实现国家经济实力全面提升。金融强国建设是现代化国家金融治理体系的强化和升华，是打造高质量金融供给的需要，是风险防控主题下强化金融监管和统筹力量的必然选择，是全球化背景下完善金融网络体系发展动能的关键，是提升国家金融治理水平与竞争力，推动国家金融行为向现代化和国际化转型的重要体现。

（二）票据市场的概念及作用

票据是集支付、结算、融资、投资、交易、调控等功能于一体的信用工具。票据市场是票据发行、流通和转让的市场，是票据全生命周期活动的场所，由一级市场和二级市场组成。其中，一级市场是企业与企业之间、企业与银行之间的票据签发、流转市场，涵盖承兑、签发、背书、贴现等业务种类；二级市场是金融机构之间的票据流转市场，包括转贴现、再贴现等票据交易品种。

作为货币市场子市场之一，票据市场是短期资金融通的主要场所。票据市场连接着实体经济和金融市场，通过多元化的金融服务，为实体经济提供便利的支付结算方式、便捷的资金融通渠道和低成本资金，票据市场作为货币政策实施和传导的重要平台，有利于货币政策向实体经济倾斜，对于缓解中小微企业融资难、融资贵问题具有重要意义。

（三）票据市场与金融强国的关系

习近平总书记在省部级主要领导干部推动金融高质量发展专题研讨班开班式上明确指出，建设金融强国应当基于强大的经济基础，具备领先于世界的经济实力、科技实力以及综合国力，并提出了金融强国的关键核心要素，即强大的货币、强大的中央银行、强大的金融机构、强大的国际金融中心、强大的金融监管、强大的金融人才队伍。这为建设金融强国提供了根本遵循和行动指南，因此，必须加快构建中国特色现代金融体系，建立健全科学稳健的金融调控体系、结构合理的金融市场体系、分工协作的金融机构体系、完备有效的金融监管体系、多样化专业性的金融产品和服务体系、自主可控安全高效的金融基础设施体系。对于作为金融市场重要组成部分的票据市场来说，一方面，建立健全票据市场、调控、分工协作、监管、产品与服务、基础设施体系是金融强国建设的应有之义；另一方面，金融强国建设也将推动票据市场持续稳健发展。

二、建设金融强国需要发展票据市场

（一）发展供应链票据

供应链金融的发展拓宽了中小企业融资渠道，成为金融强国建设的重要组成部分。供应链票据平台与供应链金融平台对接，实现了对于供应链上下游企业间资金流、商流、物流、信息流的整合，因此相较于传统票据业务而言，其具有全生命周期风险可控的优势。由于供应链企业之间往往具有较长的贸易链条，容易形成“三角债”，企业更倾向于使用票据结算货款。供应链票据将票据嵌入供应链场景，依托平台签发，通过流转带动企业信用传递，凭借科技赋能实现了票据可拆分、任意金额灵活支付。一方面，企业可以根据实际支付结算需求，对票据进行拆分和重组，提高票据支付与流转的便利性。另一方面，通过贴现或标准化票据融资，企业可以实现低成本资金快速回笼。

（二）发展应收账款票据化

盘活被低效占用的金融资源，提高资金使用效率是金融强国建设的重要内容。应收账款不具有确权效果，其流转过程对原始债务人的约束往往较弱，容易发生故意赖账、拖欠等情况，造成对企业的二次盘剥。从资金信用的角度来看，应收账款拖欠主要基于以下两点原因：一是资金短缺，二是信用释放不足。与之不同，票据以《票据法》为法律基础，且具有固定的账期，具有确权性，能够解决企业应收账款确权难、账期长等问题。电票时代，票据尤其是商票加持企业、银行信用可以实现良性发展，既可以解决信用不足的问题，又可以缓解融资难题。因此，票据服务应收账款是解决企业货款拖欠问题以及应收账款理性票据化的有效途径。

（三）发展票据服务民营经济和中小微企业

持续加大对民营经济、中小微企业、“三农”等领域的金融支持力度，提高服务保障水平和改善民生水平是金融强国建设的基本要求。从业务数据来看，2023 年签发票据的中小微企业达 21.3 万家，占全部签票企业的 93.1%，贴现的中小微企业达 32.0 万家，占全部贴现企业的 96.5%，票据市场已经成为缓解中小微企业、民营企业资金矛盾的重要途径。[①] 近年来，票据市场在提升企业票据融资便利性的同时，更加注重企业票据保护，强化票据市场信用约束机制。金融机构在做好票据贴现等常态化金融服务的基础上，优化整合单项产品，推出集支付结算、融资融信、避险等多种功能于一体的综合服务，并通过线上渠道延伸服务触角，适应企业资金需求灵活性高、周转速度快等特点。人民银行通过再贴现政策积极引导金融机构加大对普惠小微、民营企业等重点领域和薄弱环节的支持力度。

（四）发展票据服务先进制造业

金融强国建设要求优化资金供给结构，把更多金融资源用于促进科技

---

① 资料来源：中国人民银行。

创新、先进制造、绿色发展和中小微企业。先进制造业是一国制造业高质量发展的重要标志，对于规模经济和范围经济的形成具有一定的推动作用，有利于推动我国产业链向全球价值链中高端攀升，对于加速形成新发展格局具有重要意义。受企业规模、治理结构等因素限制，制造业企业中有许多企业难以通过股票、债券、银行贷款等方式获得资金，而票据市场具有准入门槛低、期限短、流动性强、操作便捷灵活等优势，是企业获得短期资金的重要来源。2022 年，制造业票据承兑额为 8.76 万亿元，占全市场承兑总量的 31.98%，制造业票据贴现 6.04 万亿元，占全市场贴现量的 31.04%。使用肖小和、余显财、金睿等（2021）的承兑总量可能性分析模型进行测算，2022 年制造业票据理论签发量可达 135.13 万亿元，但实际签发量仅占理论值的 6.48%，制造业承兑汇票签发量仍存在巨大的发展空间。

（五）发展票据服务绿色经济

金融强国建设要求绿色金融乘势而上，完善政策、标准和产品体系，深入推进生态文明建设和绿色低碳发展。绿色票据是为支持环境改善、应对气候变化和资源节约高效利用的经济活动，所提供的以商业汇票为载体的相关金融服务。发展绿色票据，首先要完善绿色票据顶层设计，制定绿色票据发展目标及举措，成立绿色票据发展委员会。其次，确立标准体系制度规范，制定并出台绿色票据管理办法、业务操作细则和信息披露规则，建立绿色票据评价机制、信息统计制度和考核激励机制。完善绿色票据基础设施建设，建设绿色票据认定系统，完善票据业务交易系统，建设绿色票据信息披露平台，金融科技赋能强化绿色票据管理，推动存量绿色票据自动挖掘，加强绿色票据风险管理，设立绿色票据服务试点，加快重点区域、重点行业绿色票据服务试点。

（六）发展票据服务养老金融

金融强国建设要求养老金融健全体系，丰富金融产品服务供给，加大对健康和养老产业、银发经济的支持力度。养老金融是为了满足社会成员养老需求而开展的各类金融活动。票据服务养老金融应该聚焦于养老金融发展的薄弱环节，建立票据市场养老金融服务体系，提升票据对于养老产业的支持力度，推动养老产业与票据市场深度融合，探索并完善票据支持养老产业发展的多元化产品体系，开辟票据市场促进养老产业发展的融资渠道。

（七）发展票据服务产业金融

金融强国建设要求科技金融迎难而上，支持以科技创新引领现代化产

业体系建设，促进发展新质生产力。当前，产业链供应链发展如火如荼，数字经济与传统产业不断加速融合，引领现代产业链向高端价值链迈进。新一代票据业务系统上线、商业汇票信息披露规则推出，为票据市场发展带来了新的历史机遇。票据对于产业链上中小企业的融资需求具有天然的适配性，票据的支付、流通功能为链上中小微企业缓解应收账款占用资金问题提供了重要的解决工具。宋汉光（2022）利用产业链供应链的票据网络模型分析了票据稳定产业链供应链运行的效果，提出票据有助于巩固和加强产业链供应链上的企业联结，有助于提升产业链供应链的弹性和韧性，规范链上企业商业信用行为，提升产业链供应链风险监测能力。

（八）发展票据防范风险

以稳妥有效的风险防控守护金融安全是建设金融强国的基本要求。对于票据监管机构而言，应进一步健全票据风险监测体系，加强风险识别、分析与评估，完善风险监测指标，强化监测结果运用。对于金融机构而言，需要树立合理审慎的经营理念，推动过程化与精细化管理；进一步加强风险管理，将风险防范落到实处；充分审查贸易背景真实性，严格把控操作风险关口；严格控制风险敞口，严防部分企业过度签发所带来的兑付风险。对于企业而言，要增强自身责任意识，在可兑付能力范围内签发票据，强化风险防范意识，加强内部控制。对于企业财务人员而言，应加强专业知识学习，掌握常见票据风险形式，提升外部票据审查力度与鉴别能力。

参考文献

[1] 锚定建设金融强国目标　扎实推动金融高质量发展 [N]. 人民日报，2024-02-20（009）.

[2] 郭洁，薛玉飞. 加快建设金融强国：政策逻辑、内涵要求与中国改革路径优化 [J]. 金融经济学研究，2024，39（1）：1-17.

[3] 习近平在省部级主要领导干部推动金融高质量发展专题研讨班开班式上发表重要讲话　强调坚定不移走中国特色金融发展之路　推动我国金融高质量发展 [J]. 中国经济周刊，2024（2）：6.

[4] 上海票据交易所. 中国票据市场：历史回顾与未来展望 [M]. 北京：中国金融出版社，2018.

[5] 刘典. 金融—科技—产业：金融强国战略的三元结构和历史演进

[J]. 金融经济学研究，2024（1）.

[6] 肖小和，李紫薇. 盘活企业资金　推进应收账款商票化研究[N]. 上海证券报，2023-07-26（07）.

[7] 肖小和，李紫薇. 充分发挥票据功能作用　支持制造业加快发展[J]. 当代金融家，2022（10）：89-91.

[8] 肖小和，余显财，金睿，柯睿. 疫情后加快在制造业推动票据业务发展的思考[EB/OL].（2024-03-10）[2020-07-11]. http：//news. stcn. com/pl/202006/t20200612_2030208. html.

[9] 王文，蔡彤娟. 建设金融强国：概念、定位与政策落点[J]. 金融经济学研究，2024（1）.

[10] 宋汉光. 产业链供应链中票据的应用研究[M]. 北京：中国金融出版社，2022.

做好普惠金融文章发展票据业务的思考

肖小和　毛　磊[①]

一、普惠金融与票据

（一）普惠金融的概念及特点

普惠金融也称包容性金融，是指以可负担的成本为有金融服务需求的社会各阶层和群体提供适当、有效的金融服务。其中，提升金融服务的覆盖率、可得性和满意度，建立与小康社会相适应的普惠金融服务和保障体系，让重点服务对象及时获取价格合理、便捷安全的金融服务是普惠金融的主要目标。目前，我国普惠金融的重点难点依然集中于小微企业、农户、城镇低收入人群等特殊群体。

发展普惠金融主要有利于促进金融业可持续均衡发展，推动经济发展方式转型升级，增进社会公平和社会和谐，引导更多金融资源配置到经济社会发展的重点领域和薄弱环节。同时，大力发展普惠金融，是金融业支持现代经济体系建设、增强服务实体经济能力的重要体现，是缓解人民日益增长的金融服务需求和金融供给不平衡不充分之间矛盾的重要途径，也是我国全面建成小康社会的必然要求。普惠金融重视消除贫困、实现社会公平，但这并不意味着普惠金融就是面向低收入人群的公益活动。中国银行业协会党委书记潘光伟指出，普惠金融不是慈善和救助，而是为了帮助受益群体提升造血功能，要坚持商业可持续原则，坚持市场化和政策扶持相结合，建立健全激励约束机制，确保发展可持续。

（二）票据的概念及特点

商业汇票是指由出票人签发的，委托付款人在见票时或在指定日期无条件支付确定的金额给收款人或持票人的票据，在具有低期限结构、交易灵活性高和手续较为简便等特点的同时，具有支付、结算、融资和信用等

---

① 毛磊所在单位为建设银行吉安分行。

属性，按承兑人不同可分为银行承兑汇票和商业承兑汇票。

对于企业来说，通过开具银行承兑汇票，一方面满足了支付需求，降低了财务成本；另一方面，相对于银行贷款，银行承兑汇票贴现具有低风险的业务特征，而且银行办理业务流程短、环节少、时间快、所需资料少和审批通过率高，可以帮助企业快速实现短期融资。同时，票据贴现利率一般低于同期贷款利率，在一定程度上降低了企业融资成本。

（三）票据与普惠金融的关系

中国式现代化的票据具有普惠特征。党的二十大报告指出“中国式现代化是全体人民共同富裕的现代化”，这是党对全体人民的郑重承诺，也是中国式现代化金融的落脚点。共同富裕的关键在于普惠金融，妥善解决金融弱势群体的金融需求，维护金融服务的公平性，扩大金融服务的覆盖面，提升全社会、全领域的经济发展水平，是发展普惠金融的重要意义。票据能够为企业提供支付便利，票据贴现利率往往低于贷款利率，且手续便捷、流程简便，顺应了当下普惠金融发展要求，能够有效解决中小企业融资难、融资贵问题，因此，普惠性是中国式现代化票据的基本特征。

二、普惠金融与票据发展现状

（一）普惠金融以及票据发展现状

普惠金融方面，近几年，面对新冠疫情和国内外因素叠加、经济发展压力加大、部分地区与人群金融服务质效受到影响等现实难题，金融管理部门坚决贯彻落实党中央、国务院决策部署，加大普惠金融纾困政策支持力度。金融机构强化政策落实，全力保障普惠金融服务不断档、不缺位，有效支持稳企业保就业，促进提升普惠金融服务群体的韧性和信心。银行业通过数字赋能促使服务下沉，发挥点多面广优势延伸服务半径，截至 2023 年 9 月末，全国普惠型小微企业贷款余额为 28.4 万亿元，近 5 年年均增速约为 25%。总体来看，我国普惠金融连续几年取得积极成效，普惠金融覆盖面、可得性和获得感均有显著提升，基本形成了由银行信贷、债券市场、股票市场、风险投资等组成的全方位、多层次金融支持服务体系。其中，银行业是普惠金融服务主体，商业银行、政策性银行抢抓机遇，非银行金融机构、科技公司广泛参与，立足各自功能定位和服务特点，为不同客户群体提供差异化的产品和服务，持续提升供给能力和供给水平。

但是，我国票据服务普惠金融无论是从广度上看还是从深度上看都有巨大的提升空间。我国拥有近 6000 万户企业，其中普惠型小微企业占比很高，但与160万亿元的企事业单位贷款相比，其贷款额占比不到20%，这与普惠型小微企业对经济社会的贡献远远无法匹配，因此，完善普惠金融基础设施和制度环境、提升金融风险防控和治理能力、金融产品与服务创新发展、提高金融供给与需求的匹配度以及支持农村、郊县地区及民生领域方面横向到纵向的普惠金融服务，需要进一步政策制度的推进。

票据方面，票据市场对中小企业的支持持续加强。一是持续培养中小企业用票习惯，中小企业用票占比不断提升。截至2022年底，签发票据的中小企业累计86.6万户，占比92.29%；中小企业签票金额累计14.6万亿元，占比64.95%；贴现的中小企业累计90.8万户，占比96.78%；中小企业贴现金额累计11.5万亿元，占比73.00%。同时，票据利率持续走低，2022年12月加权平均利率已低至1.6%。二是持续改善中小企业用票环境。近年来，上海票据交易所针对性地推出票付通、贴现通、供应链票据等创新型产品，推动票据信息披露、账户主动管理等风险防控措施，不断探索提升支持实体经济的直达性，优化改善中小企业用票环境，有效降低中小企业融资成本，提升中小企业的活力。

（二）票据服务普惠金融的功能和作用

普惠金融改革试验区规划中提出了健全多层次多元化普惠金融体系，强化对乡村振兴和小微企业的金融支持等多项任务措施，积极创新普惠信贷产品，有效降低融资成本以提升普惠金融服务质效。我国现代普惠金融发展的业务模式主要有以下四种：社区银行模式、“互联网+”模式、供应链金融服务模式、银保担联动增信模式。其中，供应链金融服务模式依托供应链产业链寻找业务机会，挖掘占据产业链主导地位的核心企业上下游小微客户集群，依靠核心企业与上下游小微企业的真实交易场景，整合信息流、资金流、物流、商流、单据流、业务流等信息，构筑产业链一体化的信用评价体系，快速响应链上小微企业融资需求。

自2016年成立以来，上海票据交易所针对票据尤其是中小微企业票据流转与贴现效率的问题相继推出票付通、贴现通产品，并根据供应链金融发展需要推出供应链票据产品。依托供应链金融服务模式，供应链票据业务大有可为，供应链票据可依托企业供应链，以核心企业为信用主体，推动应收账款票据化，缓解债务链条问题，并有效缓解链上小微企业的财务压力，同时，票据所具有的得天独厚的融资便利性以及较低的融资成本，能够有效缓解中小企业融资难、融资贵问题。2023年7月，上海票据交易所全面推广新一代票据业务系统，该系统实现了票据的等分化，进一步提升了票据支付结算的便利性，中小企业可利用票据更加灵活地进行支付。

三、票据服务普惠金融的思考

（一）认真研究票据服务普惠金融的政策制度与考核机制

为了进一步提升票据服务普惠金融的能力，应积极引入第三方融资担保、保险机构，通过担保的方式为符合普惠金融服务条件的小微企业开展票据承兑、贴现增信，提高票据的认可度和流动性；充分发挥政府融资担保的作用，通过财政部门、财政资金引入票据市场，并设立准入白名单，通过国家或地方担保基金，为符合国家和本地政策导向的小微企业与涉农企业提供票据融资担保服务，或支持担保机构为缺乏抵押物和信用记录的小微企业提供担保。同时，不断完善票据服务普惠金融的考核机制。

（二）票据是服务小微企业的理想工具之一

票据具有支付结算和融资功能，集承兑、背书转让、贴现等业务于一身，已经成为企业短期融资的重要金融工具。在企业发展的不同阶段，公司的实力和融资需求截然不同，公司需要通过票据的不同功能和作用来获取资金。票据能够在企业发展的不同阶段，为企业带来融资便利，特别是在发展初期以及成长期，依靠银行信用或核心企业信用开具银行承兑汇票或供应链票据，能够缓解贷款融资门槛高、利率高问题，且票据贴现融资手续简便，融资更加迅速。成熟期的企业签发票据，有利于集中管理债务，获得延期付款优势，有利于企业的发展。

（三）发展供应链票据服务小微企业

供应链票据平台依托电子商业汇票系统，与供应链金融平台对接，为企业提供电子商业汇票签发、承兑、背书、到期处理、信息咨询等服务。供应链上下游企业之间产生应收应付关系时，可以通过供应链票据平台直接签发供应链票据，而供应链票据可以在企业间转让，通过贴现或标准化票据融资。供应链票据的核心在于通过将小微企业与核心企业资信捆绑，能够将单个企业的风险转化为供应链整体风险，起到分散金融风险的作用，并降低小微企业融资成本。

（四）推动应收账款票据化服务小微企业

由于应收账款不具有确权效果，其流转过程对原始债务人的约束往往较弱，而中小企业在供应链中议价谈判时往往处于弱势地位，特别是工业

企业涉及生产、销售、回款等多个环节，研发、生产周期普遍偏长，账期不匹配造成的资金短缺是工业企业普遍存在的问题，容易发生故意赖账、拖欠等情况。票据与应收账款的应用场景相似，核心企业通过签发票据能够享受到延期付款的便利，小微企业收到票据后可以通过背书转让或贴现融资，缓解现金流不足的压力。因此，各金融机构应加强对票据的推广使用，重视票据业务的发展和推广，以票据为切入产品进入供应链，推动普惠金融工作更好地为中小企业服务。

（五）积极发展票据服务民营、小微企业

票据服务民营、小微企业需要多方共同发力。政府可根据小微企业实际发展情况提供票据贴现补贴支持，同时引导各大银行重视通过票据业务提升普惠金融服务深度；银行方面应提升自身服务质量，为小微企业提供多元化、定制化服务，根据企业需求灵活组合各类金融工具提升服务质量，而不是局限于贷款单一的形式，更好地发挥银行的优势；小微企业应拓宽思路，了解票据的独特优势，通过多元化的融资渠道，为票据更好地服务小微企业打开门路。

（六）创新票据产品服务小微企业

自2016年成立以来，上海票据交易所先后推出票付通、贴现通、票据信息披露平台等票据创新产品降低市场信息不对称，有效推动了票据市场的发展；此外，上海票据交易所顺应供应链时代发展需求推出供应链票据、标准化票据，大大提升了票据使用的便利性，降低了小微企业通过票据进行融资的成本。各大银行也针对票据业务进行业务创新，如京票的“秒贴”、各大银行的“保贴”、平安银行的“免开户贴现”等，有效提升了票据服务质量，使得小微企业能够享受到更高效更便捷的票据服务。

（七）发挥金融科技作用服务小微企业

金融科技快速发展，为解决普惠金融发展难题注入新动能。大数据、云计算、人工智能、区块链等技术日臻成熟并在金融领域广泛应用，有利于更好地实现普惠金融工作目标。金融科技助力普惠金融有以下几点优势：（1）拓宽服务边界；（2）降低交易成本；（3）提升治理质效；（4）加速推进数字化转型。近年来我国注重数字普惠金融转型，数字普惠金融已成为我国普惠金融服务实体经济的重要形式。票据数字化是发挥金融科技作用使得票据更好地服务小微企业的必由之路。实现票据数字化需要坚持前瞻思维及系统观念，持续推动票据数字化顶层设计，并不断加强市场基础设施、法律制度、系统平台、数据确权与治理等方面的建设，以消除数字鸿沟，优化资金供给，促进宏观调控与精准滴灌相结合，让票据更好地为小微企业服务。

（八）银行业机构积极介入与市场科技平台合作，在获客中推动小微企业票据发展

银行业机构在主动创新、注重金融科技投入的同时，应加强与市场科技平台的合作，充分发挥平台优势。如最早接入上海票据交易所供应链票据平台的简单汇，截至2022年底，通过简单汇办理供应链票据业务的合作金融机构超过100家，开通供应链票据业务的用户超过4000家，签发、背书、贴现累计金额超过440亿元。如今接入上海票据交易所供应链票据平台的供应链平台已达24家，其中不乏银行自主搭建的供应链平台，如“平安好链”。在发展自建平台的同时，各大银行也积极与其他供应链平台合作，切入供应链票据等业务，通过有效市场的市场竞争与合作扩大业务规模，为小微企业提供更优质的票据服务。

（九）推动票据业务服务好“三农”经济发展

自2020年以来，我国将“三农”经济发展目标全面转向推动乡村振兴发展。农业企业供应链上游主要是农业生产原料的生产者，这类企业往往是小微企业或者个体农户，生产现代化水平较低，风险较大，而农业金融具有周期长、季节性强、风险大等特点，其融资需求在时间、数量、方式、偿还期、偿还方式等方面与工业领域的中小企业融资存在本质区别。以票据为普惠金融创新切入点，提升票据服务“三农”经济的能力，银行可以供应链龙头企业为核心，嵌入供应链金融服务模式，构建龙头企业与上下游企业的利益共同体，提供供应链票据服务，如票据托管、委托收款、票据池授信等一揽子结算、融资服务，利用票据解决产业链支付、结算、融资难题，助力农业产业链自愿集中集聚集约发展。此外，借助供应链金融服务模式下的真实贸易背景，将资金注入相对弱势的上下游企业，能有效缓解中小企业小额银行承兑汇票贴现难、贴现贵、纠纷多的难题，让票据真正在服务实体经济中发挥出更好的作用。

（十）防控小微企业票据风险

小微企业往往不具有完善的法人治理结构，也未形成有效的内控机制，因此，在推动票据服务普惠金融的过程中，监管部门、金融机构、企业需共同发力，防范票据风险。监管部门需强化对票据业务的监督管

理，根据市场发展要求及时出台、修订相关法律法规，与执法部门保持高度联动，提升执法力度与效率，营造良好的市场发展环境；银行等金融机构应针对票据业务制定专门的风险管理制度，严格控制信用风险、操作风险，避免票据违规事件发生；企业应完善内部管理机制，法律是企业向好发展的重要保障，只有遵守法律法规，企业才能在享受票据市场服务的同时使自己的利益得到保护。

参考文献

[1] 肖小和，陈龙和．发展票据业务与普惠金融研究［EB/OL］．［2021-09-16］．第一财经．

[2] 江西财经大学九银票据研究院课题组．票据数字化是服务高质量经济发展的必由之路［N］．上海证券报，2022-12-07.

[3] 李钧，李冠青．普惠金融的历史演变及其在中国的发展［J］．经济与管理评论，2023，39（2）：69-82.

[4] 王朝弟．强化现代金融科技赋能助力普惠金融高质量发展［J］．中国银行业，2023（4）：10-12+6.

[5] 廖怡琳．我国数字普惠金融发展现状、问题与对策分析［J］．市场周刊，2023，36（6）：57-60.

[6] 董希淼，杨晶惠．我国普惠金融发展回顾与展望［EB/OL］．［2023-11-27］．中国金融新闻网．

做好科技金融文章
推动票据服务科技发展的思考

肖小和　谢玉林①

一、科技金融与票据

（一）科技金融的概念与特点

科技金融指的是促进科技开发、成果转化和高新技术产业发展的一系列金融工具、金融制度、金融政策与金融服务的系统性、创新性安排，是由向科学与技术创新活动提供融资资源的政府、企业、市场、社会中介机构等各种主体及其在科技创新融资过程中的行为活动共同组成的体系，是国家科技创新体系和金融体系的重要组成部分。

科技金融的发展能够促进实体企业规模增长、创新能力提升、科技成果转化、产业结构优化和生态环境改善。但是，由于科技成果存在难以科学量化和交易难的特点，科技金融具有专属性、依附性、虚拟性、垄断性、溢出性、时效性和期权性等特征。

（二）票据的概念、特点及其与科技金融的关系

票据是指出票人依照《票据法》签发的，由自己或者委托他人在见票时或在指定日期无条件支付确定的金额给收款人或者持票人的有价证券，包括支票、本票和汇票。票据是集支付、结算、融资、投资、交易和调控等功能于一体的信用工具，具有流通性、无因性、货币性等特点，可以有效降低企业融资成本，缓解中小企业融资难、融资贵问题。

中央金融工作会议指出要更加主动地做好科技金融、绿色金融、普惠金融、养老金融、数字金融领域的金融服务。科技金融是高质量发展的引擎，是金融必须要做的，也是应该做的，而且必须要做好，既服务国家发展战略，也为金融体系发展开拓了广阔天地。票据作为金融的一个子系统，必须且有能力为科技金融的发展做出贡献。

---

① 谢玉林所在单位为江西财经大学金融学院。

二、科技金融与票据业务发展现状

（一）科技金融发展现状及存在的问题

近年来，金融业在科技金融方面做了许多工作。据统计，到 2022 年，我国科技金融规模达数万亿元，研究与试验发展（R&D）经费为 3.08 万亿元，与 2018 年相比增长 56.43%；研发投入强度（研究与试验发展经费占 GDP 的比重）达到 2.54%，超过欧盟平均水平；企业研发经费占全社会研发经费的比重达到 77.6%，企业作为创新主体的地位日益凸显。同时，我国发明专利申请量达到 161.9 万件，授权量达到 79.8 万件，连续 12 年位居世界第一。2023 年第三季度末，科技型中小企业获贷率达 47%。

但是，科技金融发展面临一些问题和挑战，包括科技与金融内在逻辑协调问题、科技金融供需结构匹配问题、科技金融服务能力适应问题，以及科技金融支持政策集成问题。具体而言，随着科技的不断发展，技术从发明到实现成果转化的时间持续缩短，急需金融正式介入，为科技发展提供更多的资金。实际情况却是科技金融创新迟滞，技术资本化低下、金融资本低能，在相当程度上影响到了中国创新驱动发展的动力支撑。国家知识产权局发布的统计数据显示，2022 年中国授权发明专利已经达到 79.8 万件，实用新型专利达到 280.4 万件，外观设计专利达到 72.1 万件，受理 PCT 国际专利申请 7.4 万件，专利数量已经连续 10 年位居世界第一。与此不成比例的则是较为低下的科技成果转化率。

目前我国的科技金融投资主体依然较为单一，市场化的风险投资机构、创业投资机构数量不足，科技型企业发债门槛高，债券市场支持科技型中小企业直接融资的作用有限。因此，金融业还需继续加大对科技金融的支持力度。

除了证券等资本市场外，银行、保险、信托、资管等行业在理念、模式、体制、机制、产品、服务、风险和管控等方面都要与时俱进，有新的变革，特别是“金融—科技—产业”融合发展，有赖于金融对新科技、新市场、新赛道、新业态的多维度、多方位、多元化支持。

（二）票据服务科技金融的功能和作用

第一，票据具有支付与融资等功能。初创及成长阶段是科技型企业资金需求最为紧迫的时期，但由于其成长性无法确定，风险较高，基本上无法从银行和资本市场获得融资，只能依靠所有者自筹、风险投资、天使投资等方式进行融资。此时，科技型企业可以使用票据，充分利用票据的短期融资功能，帮助企业走出融资难的困境。第二，票据能够支持科技创新、创造、创业的发展。在科技型企业使用票据解决初期融资问题后，它们就能够投入更多的精力到科技创新实践上，不会因为资金不足而导致有发展前景的科技项目搁置、无法实现成果转化。第三，票据能够支持科技更新改造，支持科技走产业化、专业化、应用化的发展道路。

三、票据服务科技金融的思考

（一）票据是服务科技产业的理想工具之一

2023 年 11 月，人民银行、科技部、国家金融监督管理总局、证监会联合召开科技金融工作交流推进会，提出要建立健全科技金融工作推进制度机制，健全科技金融统计和评估体系，组织开展科技金融服务能力提升专项行动等。

票据作为科技型企业获得低成本短期融资的理想工具之一，在推动科技型企业发展、科技金融发展方面大有可为。无论是在科技型企业初创期，还是成长期、成熟期，票据都可以为其提供低成本的融资。推动科技型企业使用票据，就是把金融资源用于服务实体经济，促进科技创新，就要优化资金供给结构，将更多的资金投入促进科技创新、先进制造和中小微企业发展中。

（二）完善基础设施，建立科技金融中心

鼓励商业银行等金融机构建立科技金融中心，并与票据部门协同，持续完善组织架构，强化票据服务科技金融重点领域，针对本行白名单内的科技型企业适当提高授信额度，加大风险容忍度，对工作人员为科技型企业办理票据业务的给予绩效考评的政策倾斜。充分运用大数据等技术，在数据安全和客户授权的前提下，推动部门间的科技型企业数据信息共享，为票据支持科技金融发展营造适度宽松的环境。

（三）发挥票据服务先进科技行业作用

实现高水平科技自立自强是中国式现代化建设的关键。要强化票据在先进科技行业中的作用，特别是在人工智能、区块链和大数据等领域，要保证科技型企业的专业化程度，增强科技型企业的核心竞争力。一方面，商业银行等金融机构要加强对于科技型企业的信贷投放，细分科技行业市场，强化对于科技型企业的研究与分析，为科技型企业提供全链条、全生命周期的金融服务，助推科技强国建设。另一方面，中小科技型企业

要大胆使用票据，在合规合法的前提下，主动向银行披露科研项目进展情况，加强外部监督，提高企业信用水平，为下一步多渠道融资奠定坚实基础。

（四）发挥票据服务科技咨询培训行业的作用

科技发明和科技成果具有专业性和高门槛性，需要一定的专业知识和专业素养。票据在服务科技金融的过程中，必然会涉及相关的专业领域，但不是所有票据从业人员都对科技型企业有所涉猎。因此，需要拓展票据在科技咨询培训行业中的应用，加强与科技咨询培训行业的合作与交流，实现科技领域资源和信息共建共享，发挥票据服务科技咨询培训行业作用，进而促进科技金融发展。

（五）发挥票据支持服务“专精特新”企业的作用

目前，由于可用于“专精特新”企业技术改造、产业结构升级的中长期贷款产品品种少，而社会融资的中介费、过桥费等费用高，再加上国有资本普遍只关注企业中后期项目，对于初期“专精特新”企业的扶持催长意愿和驱动力不足，因此，“专精特新”企业的融资成本一直居高不下。相对于企业原有的融资渠道，票据贴现既能够为“专精特新”企业提供融资渠道，又能降低企业融资成本，支持“专精特新”企业发展。

（六）发挥票据服务科技创新、创业、创造的作用

2023 年 10 月，中央金融工作会议指出，要做好科技金融、绿色金融、普惠金融、养老金融、数字金融“五篇大文章”。科技金融作为“五篇大文章”之首，体现了建设科技强国、实现科技自立自强的迫切性和科技金融支撑实现这一目标的重要性。中央银行要充分发挥票据再贴现政策的作用，引导金融资源流向科技型企业，帮助中小科技型企业解决初期融资问题，鼓励企业进行科技创新、创造，优化科技型企业营商环境。

（七）创新票据产品，发挥服务科技与产业融合的作用

当前限制我国科技型企业发展壮大的一个重要因素是科技成果转化效率低下。一些科技成果能够改善生态环境，却不能为企业带来盈利或者利润空间较小，极大地遏制了科技创新。因此，要创新票据产品，将科技成果和产业相融合，提高科技成果的转化效率和市场化程度，激发企业创新创造的内生动力，促进科技金融发展。

（八）发挥供应链票据在服务科技更新改造与产业转型中的作用

供应链票据属于电子商业汇票，其出票、承兑、背书、质押、保证、

提示付款和追索等业务环节，均适用票据法律关系，受《票据法》保护。供应链票据具有“可拆分”的特点，能够实现票据的多级流转，有助于解决上下游企业资金流转问题。同时，科技型企业在进行科技更新改造与产业结构升级时，会出现资金紧张，此时它们可将手中持有的供应链票据向商业银行申请贴现，以获得较低成本的融资，缓解流动性紧张问题，无须以更高的代价从其他渠道获得融资。

（九）防控票据在科技产业行业中的风险

科技型企业天然具有高风险、周期长、失败率高等特点，这就对票据风险防范提出了更高的要求。对监管机构而言，必须要有承担风险的准备，对票据支持科技金融发展可能产生的风险有充分的认识，将风险控制在合理范围内，做好风险防控工作。对商业银行而言，要根据银行的实际情况制定适合科技型企业的授信政策，适当提高中小微科技型企业的风险容忍度；加强票据从业人员对科技型企业的跟踪和研究，防范道德风险；充分利用人工智能、大数据等技术对科技型企业的信用风险进行评估。对科技型企业而言，要诚信经营，加强内部控制，防范操作风险，在银行工作人员进行审查时，要主动披露相关信息，减少因信息不对称而带来的风险。

做好绿色金融文章
推动绿色票据发展的思考

肖小和　谢玉林

一、绿色金融与绿色票据

（一）中央金融工作会议有关绿色金融的内容及其意义

中央金融工作会议于2023年10月30日至31日在北京举行。会议指出，高质量发展是全面建设社会主义现代化国家的首要任务，金融要为经济社会发展提供高质量服务。要做好科技金融、绿色金融、普惠金融、养老金融、数字金融“五篇大文章”。

绿色经济发展是国家生态文明建设和可持续发展的未来发展方向，也是人与自然和谐共生、精神文明和物质文明协调发展的必由之路。绿色经济发展离不开绿色金融的支持，因为绿色金融有许多可以为之提供服务的工具和产品，如绿色贷款、绿色基金、绿色债券、绿色保险、绿色证券、绿色票据等，其中，绿色票据是在《票据法》保障下服务绿色经济发展的主要工具之一。

（二）绿色票据的概念及其作用

绿色票据是指为气候、环保、资源优化配置等绿色项目开发、绿色企业项目发展、绿色项目产品创新、营运及风险管理提供的各类票据业务产品与服务的总称。绿色票据是由符合规定条件的绿色企业签发或者申请贴现的票据，包括绿色银行承兑汇票、绿色商业承兑汇票和绿色财务公司承兑汇票。

绿色票据对我国绿色经济发展具有重要作用。一是可以推动我国经济转向高质量发展，强化对绿色企业、绿色项目的资金支持，促进经济发展和环境保护相结合，加快我国生态文明建设。二是可以推动绿色金融发展。绿色金融发展已经成为当今社会的一个重要课题。其中，绿色贷款和绿色债券是目前绿色金融领域的主流，其他绿色融资产品的市场份额相对较少。绿色贷款和绿色债券的审批流程较为复杂且周期较长，因此它们只能满足

绿色企业的中长期资金需求。然而，绿色票据的出现为绿色企业提供了更多的融资渠道，有助于缓解它们的短期资金压力。三是能够推动绿色企业商业信用的发展，完善其信用体系。绿色票据（尤其是绿色商业承兑汇票）对绿色企业的商业信用构建和完善具有重要作用，可以丰富商业承兑汇票、银行承兑汇票的商业应用场景生态。四是能够促进货币政策精准滴灌。中央银行通过控制再贴现规模、利率等要素，引导社会资金流向绿色企业，从而提升了货币政策的精准性、有效性和灵活性。

二、绿色金融与绿色票据发展现状

（一）绿色金融发展现状

2022 年，为了推动可持续发展，各绿色金融改革创新试验区加快实施绿色金融改革，建立健全相关标准体系，实施有力的环保监管，加大对污染源的惩戒力度，拓宽绿色金融的市场空间，推动实现可持续发展。绿色金融供给提质增量。

《中国区域金融运行报告（2023）》显示，截至 2022 年末，全国绿色贷款余额为 22.0 万亿元，同比快速增长，增速达 38.5%，较上年末提高了 5.5 个百分点，其中，东部地区和中部地区绿色贷款余额同比快速增长，增速分别为 45.2%和 41.3%。2022 年，投向具有直接和间接碳减排效益项目的贷款占绿色贷款的 66.7%。

（二）绿色票据发展现状及存在的问题

我国绿色票据发展于 2016 年起步。人民银行克拉玛依市中心支行率先作为，充分利用再贴现政策，对绿色票据给予专项额度，引导资金流向石油、石化等传统产业，促进其产业结构绿色化。随后，“绿色企业名录”在人民银行深圳市中心支行构建成功，对绿色票据再贴现设置专项额度，优先为“绿色企业名录”内的企业办理再贴现业务，创造了国内首份绿色票据白名单。

近年来，绿色票据的相关政策及制度逐渐完善。中国人民银行南昌中心支行于 2020 年 4 月发布了《江西省绿色票据认定和管理指引（试行）》《中国人民银行南昌中心支行关于运用再贴现工具支持绿色票据发展的通知》，一方面有效地提升了认证标准的统一性和规范性，另一方面给予再贴现专项额度以保障绿色票据再贴现。

尽管近年来绿色票据发展取得了长足的进步，但我国的绿色票据仍处于初级发展阶段，还存在一些问题。一是对绿色票据的界定尚未形成统一的标准，且缺少权威的第三方认证机构和评估机构，绿色票据的系统研究和顶层设计亟待完善。二是市场上绿色票据产品相对较少，商业银行和企业之间存在信息不对称，难以判断某项目是否为绿色项目，是否可以贴上绿色标签。三是商业银行对办理绿色票据业务积极性不高。在商业银行向人民银行申请再贴现时，绿色票据与普通票据有所不同，增加了绿色认定环节，需要银行工作人员收集大量佐证材料，增加了工作人员的工作量，但是业务办理成功之后给商业银行带来的盈利不变，因此，商业银行对办理绿色票据相关业务积极性不高。

三、推动绿色票据发展的思考

（一）发展绿色票据是发展绿色金融的组成部分

绿色金融包括绿色债券、绿色贷款、绿色资产证券化产品（绿色ABS）、绿色票据、绿色保险、绿色基金、绿色信托和绿色股权等。绿色票据作为绿色金融的组成部分，其发展势必会带动绿色金融发展。要贯彻中央金融工作会议精神，做好绿色金融文章，离不开绿色票据。

（二）发展绿色票据要转变理念

绿色票据是支持绿色经济发展的重要工具之一，与现有的绿色贷款、绿色债券并不冲突。企业要勇于使用绿色票据，通过签发绿色票据，能够有效地解决企业间的支付需求，并且在企业出现临时性的流动性资金需求时，可以将手中持有的绿色票据向银行申请贴现，以获得较低成本的融资。商业银行要深入贯彻国家发展理念，主动帮助绿色企业“贴标”，积极办理绿色票据贴现，更好地促进绿色票据发展。

（三）发展绿色票据要明确相关标准

目前制约绿色票据发展的因素之一是标准界定问题，这个问题不解决好，绿色票据就无法实现全面放心的发展。相关标准明确之后，一方面，企业签发绿色票据就有了遵循，明白需要达到何种条件才能签发绿色票据；另一方面，商业银行办理绿色票据贴现业务时，能够减少认定流程，再加上中央银行对绿色票据提供优惠利率，使得商业银行为企业办理绿色票据贴现业务的积极性更高。

（四）发展绿色票据要完善基础设施、建立绿色票据平台

绿色票据的发展离不开基础设施的建立和完善。应在上海票据交易所的基础上，由金融监管机构牵头，多部门联合构建绿色票据平台体系，加

快建立银行间绿色票据综合服务平台，实现绿色票据信息、数据共享和不同银行对绿色票据的互认，提升绿色票据服务的精准性和便利性，破解绿色票据领域的信息不对称问题，使绿色票据发展更健康、更规范。

（五）发展绿色票据要选择重点行业试点推进

绿色票据发展不可能一蹴而就，需要一个渐进的过程。在实现绿色票据全面发展之前，要选择在重点行业先行试点，如新能源、环保等行业，结合当前该行业绿色票据发展现状，建立第三方评估和认定体系，统一绿色票据标准。在该行业发展绿色票据的同时，应注意总结经验，为今后在全市场推动绿色票据发展破除障碍。

（六）发展绿色票据要创新绿色产品

商业银行等金融机构要将绿色发展理念同票据业务相结合，创新绿色票据产品，细化绿色企业客户群体，实现差异化服务，开发绿色票据新产品及其衍生品，不断丰富绿色票据产品谱系，为绿色企业提供更多的资金支持。

（七）发展绿色票据要发挥金融科技的作用

金融科技有助于金融机构增强风险管理能力，进而提升企业价值；有助于金融监管当局更加有效地实施风险监管，降低监管成本。发展绿色票据需要发挥金融科技的作用，应充分运用大数据、区块链、人工智能等科技手段，解决绿色票据领域的信息不对称问题，减少绿色票据风险，激发绿色票据的发展活力。

（八）发展绿色票据要有政策、机制支持

一是完善绿色票据法律体系。根据经济发展实际和绿色票据发展现状，加快《票据法》修订进程，增加绿色票据相关条款，确保绿色票据发展有法可依。二是建立绿色票据政策扶持体系。通过政府引导基金、政府担保等方式，为绿色票据发展提供有力保障，对商业银行给予绿色票据业务风险资产计量、风险拨备、不良核销等方面的优惠政策。三是加强顶层设计。监管部门应制定绿色票据发展目标及规划，统一绿色票据认定标准。四是完善绿色企业环境信息披露制度。绿色企业应主动披露环境信息，便于商业银行为企业办理绿色票据业务。

（九）要防范绿色票据风险

绿色票据作为票据业务的一种创新产品，由于发展时间较短，各项制

度不健全，标准未统一，存在“洗绿”“漂绿”等风险。因此，在发展绿色票据的同时，要注意风险防范。一是监管部门要实现对绿色票据业务的穿透式监管，建立绿色票据监管平台，提高监管的有效性。二是引入绿色票据担保机构。如果绿色企业在票据到期时无力偿还债务，担保机构将会支付一定的资金给持票企业，以减轻持票企业的损失，进而降低绿色票据风险。

建设金融强国做好票据服务“五篇大文章”的研究

肖小和　谈铭斐[1]　熊星宇[2]　谢玉林

一、金融强国的提出及其作用

2023 年 10 月 30 日至 31 日，中央金融工作会议在北京举行，分析了金融高质量发展所面临的形势，部署了当前和今后一个时期的金融工作。会议上首次提出金融强国的概念，并强调金融是国民经济的血脉，是国家核心竞争力的重要组成部分，要加快建设金融强国。

金融强国的内涵应当包括内外两个维度，即对内拥有资源配置功能完善、高度发展的金融市场和金融体系，能够为实体经济提供强有力的支撑，同时有效防范金融风险和金融危机，维护金融稳定和金融安全；对外在国际金融领域具有较高的地位，能够参与国际金融规则和标准的制定，具有较强的国际竞争力和品牌影响力，能够在全球范围内拓展金融业务和市场份额。

为何会在这个时候提出金融强国战略呢？第一，我国自改革开放以来积累了雄厚的经济实力，形成了强大的经济基础，并且多年来金融随着经济的发展，经历了多次危机的洗礼，我国已经具备强大的中央银行，拥有一定数量强大的金融机构、充足的金融人才队伍、完善的金融监管体系，这是我们能够提出金融强国战略的底气所在。第二，我国金融业增加值占 GDP 的比重已达到欧美发达国家的水平，初步实现了金融体系“从小到大”的转变，但仔细分析，我国金融体系仍存在一些问题，包括金融行业结构不够均衡、基础设施有待完善、市场机制不够成熟等，面临“大而不强”的困境。第三，金融是国民经济的血脉，不断地为整个社会提供养

---

① 谈铭斐所在单位为赣州银行资金运营中心。

② 熊星宇所在单位为赣州银行资金运营中心。

分，系统地为整体服务。此次“全国金融工作会议”升格为“中央金融工作会议”，充分体现了国家对金融工作的高度重视，体现了党中央对金融工作的集中统一领导。第四，及时纠正当前金融工作中存在的理念偏差，即金融部门为了追求经营效益，更多地站在自身立场上，而不是从国民经济全局的角度出发来开展工作。近几年，人民银行及政府不断引导金融工作回归本源，服务实体经济，取得了一定的成效，但依然不够。

金融强国的提出，不仅是从一国决策的视角重新审视金融发展与国家政治之间的紧密关系，更是从理论的角度为当代金融学的研究创新、价值理念提升提供了新的指引，有利于推动金融业切实履行服务实体经济的职责，支持科技创新，支持“一带一路”，支持产业政策，实现金融资源真正集聚到高质量发展的战略方向、重点领域和薄弱环节上，不断满足经济社会发展和人民群众的金融服务需求；有利于构建中国特色现代金融体系，具体包括科学稳健的金融调控体系、合理的金融市场体系、分工协作的金融机构体系、完备有效的金融监管体系、多样化专业性的金融产品和服务体系、自主可控安全高效的金融基础设施体系六大部分。

与金融强国相适应的金融一定是现代金融，而不是传统金融。现代金融的业态一定是多样的，功能也是多元的，而不是单一的。这种多元化的金融功能包括资源配置、财富管理、便捷支付、所有权分割等。现代金融不仅创造货币流动性，也创造资产流动性。票据作为金融的组成部分，一方面具有支付、结算的功能，可用于企业间日常交易往来，在某种程度上类似于货币，创造了货币流动性；另一方面，将企业的应收账款转化为应收票据，盘活了企业的资产，实现了创造资产流动性的作用。票据与现代金融以及建设金融强国之间是密不可分、相辅相成的。票据的不断发展，能够促进现代金融的发展和金融强国的实现，现代金融的发展和金融强国的实现同样离不开票据。

二、建设金融强国就要做好“五篇大文章”

（一）做好“五篇大文章”的必要性

一是我国加快构建以实体经济为支撑的现代化产业体系的现实需求。从国内看，产业发展中仍然存在不平衡不充分问题，需要加快构建符合高质量发展要求和满足人民日益增长的美好生活需要的现代化产业体系。为了改善产业体系结构性失衡、产业创新驱动力不强、产能利用率总体偏低、资源与生态约束严峻等问题，需要贯彻创新、协调、绿色、开放、共享的

新发展理念，发挥我国在资源禀赋、市场空间、产业体系配套等方面的比较优势，持续推进产业结构优化升级，积蓄新的发展动能。同时，房地产、基础设施建设等传统增长动能也需要转变发展模式，探索高质量、可持续发展道路。从国际看，在全球产业结构和布局深度调整的大背景下，抓住新一轮科技革命和产业变革机遇、建设现代化产业体系成为我国提升国际竞争力、实现战略突围的关键。国际产业分工进一步沿着区域化、本土化、分散化的趋势演进，既往形成的产业链、供应链面临阻断风险。我国亟须畅通产业链、供应链各个循环节点，加强科技创新和技术攻关，提升自主创新能力，促进产业链、供应链整体优化升级。

二是现代化产业体系发展的必然要求。我国产业体系正逐步向科技化、绿色化、数字化和融合化的方向发展。在制造业企业内部不断使用科技手段，促进产业结构迭代升级和重大技术难题攻关；农业产业的科技化则是逐步实现规模化、机械化和信息化生产；服务业的科技化体现在生活性服务业的服务日益精细化和品质化，以及生产性服务业的专业化和向价值链高端延伸。

（二）“五篇大文章”中存在的主要问题

事实上，在中央金融工作会议明确提出要“做好科技金融、绿色金融、普惠金融、养老金融、数字金融五篇大文章”之前，金融机构在这“五篇大文章”上已经有所涉猎，但只停留在“有没有”的层面，极少有金融机构进行深入研究，做好、做强这“五篇大文章”。

科技金融指的是促进科技开发、成果转化和高新技术产业发展的一系列金融工具、金融制度、金融政策与金融服务的系统性、创新性安排，是由向科学与技术创新活动提供融资资源的政府、企业、市场、社会中介机构等各种主体及其在科技创新融资过程中的行为活动共同组成的体系，是国家科技创新体系和金融体系的重要组成部分。据统计，到 2022 年，我国科技金融规模达数万亿元，研究与试验发展（R&D）经费为 3.08 万亿元，与 2018 年相比增长 56.43%；研发投入强度（研究与试验发展经费占 GDP 的比重）达到 2.54%，超过欧盟平均水平；企业研发经费占全社会研发经费的比重达到 77.6%，企业作为创新主体的地位日益凸显。同时，我国发明专利申请量达到 161.9 万件，授权量达到 79.8 万件，连续 12 年位居世界第一。2023 年第三季度末，科技型中小企业获贷率达 47%。

但是，科技金融发展面临科技与金融内在逻辑协调问题、科技金融供需结构匹配问题、科技金融服务能力适应问题，以及科技金融支持政策集

成问题等诸多挑战。此外，目前我国的科技金融发展还存在投资主体依然较为单一，市场化的风险投资机构、创业投资机构数量不足，科技型企业发债门槛高，债券市场支持科技型中小企业直接融资的作用有限，金融业对科技金融的支持力度不足等问题。

绿色金融是指为支持环境改善、应对气候变化和资源节约高效利用的经济活动，即对环境、节能、清洁能源、绿色交通、绿色建筑等领域的项目投融资、项目运营、风险管理等所提供的金融服务。《中国区域金融运行报告（2023）》显示，截至 2022 年末，全国绿色贷款余额为 22.0 万亿元，同比快速增长，增速达 38.5%，较上年末提高了 5.5 个百分点，其中，东部地区和中部地区绿色贷款余额同比快速增长，增速分别为 45.2% 和 41.3%。2022 年，投向具有直接和间接碳减排效益项目的贷款占绿色贷款的 66.7%。虽然绿色金融发展取得了一定的成绩，但也存在许多不足。一是绿色金融意识有待加强。仍存在相当数量的企业对于绿色金融缺少了解、缺乏尝试，对其重要性认识不足。二是绿色金融规范和标准有待完善。绿色金融标准和规范是绿色金融发展的重要基础设施，但目前还存在“国内不统一、国际不接轨”的问题，即国内标准在适用对象、项目范围、精细程度上存在较大差异，和国际通行标准相比，我国绿色金融在绿色项目认定口径、产品设计、信息披露和风险管理等方面要求相对偏低。三是“漂绿”现象频发。“漂绿”是指融资方将通过绿色金融获取的资金用于无法满足环境效益预期的非绿色项目。部分项目借机进行规则套利，披“假绿色”外衣，变相进行传统融资。四是绿色金融发展结构性问题突出。绿色金融主要依赖间接融资，直接融资市场不够活跃。九成以上的绿色资金通过间接融资获得，以绿色信贷为主，直接融资市场几乎是空白。

普惠金融也称包容性金融，是指以可负担的成本为有金融服务需求的社会各阶层和群体提供适当、有效的金融服务。中国人民银行发布的数据显示，2023 年末，我国普惠小微贷款余额为 29.4 万亿元，同比增长 23.5%；全年增加 5.61 万亿元，同比多增 1.03 万亿元。其中，农户生产经营贷款余额为 9.24 万亿元，同比增长 18%；创业担保贷款余额为 2817 亿元，同比增长 5.2%；助学贷款余额为 2184 亿元，同比增长 22.4%。总体来看，我国普惠金融连续几年取得积极成效，普惠金融覆盖面、可得性和获得感均有显著提升，基本形成了由银行信贷、债券市场、股票市场、风险投资等组成的全方位、多层次金融支持服务体系。但是，我国普惠金融服务无论在广度上还是在深度上都有巨大的提升空间。我国拥有近 6000 万户

企业，其中，普惠型小微企业占比很高，但与160万亿元的企事业单位贷款相比，其贷款额占比不到20%，这与普惠型小微企业对经济社会的贡献远远无法匹配，因此，完善普惠金融基础设施和制度环境、提升金融风险防控和治理能力、金融产品与服务创新发展、提高金融供给与需求的匹配度以及支持农村、郊县地区及民生领域方面横向到纵向的普惠金融服务，需要进一步政策制度的推进。

养老金融是指为了应对老龄化挑战，围绕社会成员的各种养老需求所进行的金融活动，旨在通过金融手段满足养老产业回报周期长、投资额度大的需求，为多元化养老提供支撑。目前，就我国的情况来看，养老金融发展依然存在诸多问题：金融服务体系不完善，养老产业信用担保体系不完善，担保机构法律制度环境欠改善，符合养老产业发展特点的服务方式开发不完备，养老产业金融服务门类少，具有养老产业特色的信贷产品匮乏，应收账款、动产、知识产权、股权等抵押贷款创新不足，养老专项债务融资工具、养老产业投资引导基金、养老信托计划、养老设施租赁等服务平台建设不足，运用政策性金融工具并向中小企业、社区养老、居家养老等缺乏资金的群体和领域倾斜的力度不足。

数字金融是以货币信用为核心，通过互联网及信息技术手段与传统金融服务相结合的新一代金融服务业态，是全面提升金融系统效率与质量、深度服务经济社会的应用体系。当前，我国数字经济规模占GDP的比重达到41.5%，数字技术和实体经济日益融合，发展数字金融的宏观环境较好。与此同时，数字金融发展面临诸多难点，需要在促发展、防风险方面采取更多举措，推动数字金融健康持续高质量发展。

三、票据助力“五篇大文章”

（一）票据的概念及功能

票据是指出票人依照《票据法》签发的，由自己或者委托他人在见票时或在指定日期无条件支付确定的金额给收款人或者持票人的有价证券，包括支票、本票和汇票。票据是集支付、结算、融资、投资、交易和调控等功能于一体的信用工具，具有信用、调控、支付、融资和投资的特点。第一，信用特点。狭义的票据包括银行承兑汇票（以下简称银票）和商业承兑汇票（以下简称商票），分别体现了商品交易中延期付款所形成的银行信用关系和商业信用关系，是有利于优化企业资金配置、提升商品交易效率、提高商业信用的信用工具。第二，调控特点。票据的调控特点主

要体现在两个方面，一是中央银行通过再贴现政策可以调控货币市场供需和信贷结构，从而达到调节货币供应量和信贷投向的政策目的；二是商业银行可以通过贴现、转贴现等业务手段调整自身资产负债结构，更好地适应市场需求。第三，支付特点。票据是经贸往来中的一种主要支付结算工具，通过票据背书转让可以完成商品交易的资金交付，为加快商品流通和企业资金周转提供了极大的便利与支持，是企业的日常支付方式之一。第四，融资特点。票据是一种“质优价廉”的融资产品，尤其适合中小企业，一是利率低廉，主要体现在银票上，其贴现利率远低于一般融资产品，大幅降低了企业融资成本；二是办理便捷，当前流通的票据绝大部分是电子商业汇票，其贴现可通过商业银行网银直接办理，流程更简便、融资效率更高。第五，投资特点。票据的投资特点主要集中于标准化票据及票据资管等业务产品。投资方通过投资未到期、已贴现（或未贴现）的票据资产或票据收益权，提升收益水平、降低投资风险；融资方通过转让票据资产或票据收益权实现调整资产负债结构、回笼资金等目的。

（二）票据的作用

票据对于经济发展和金融强国的实现具有重要作用。第一，培育商业信用。我国商业信用领域发展较为缓慢，总体规模相对较小，企业向银行申请的融资多基于担保而非商业信用。商票是集中体现商业信用的票据业务产品，大力推进商票业务发展可以有效降低企业融资成本，缓解中小企业融资难、融资贵问题，并逐步培育国内商业信用文化，促进票据信用领域基础设施完善，推动我国商业信用体系建设。

第二，传导货币政策。再贴现是中央银行传统的货币政策工具之一，是中央银行向商业银行等金融机构提供资金的方式之一。再贴现具有传导货币政策的重要作用，可以调节货币总量，再贴现利率作为中央银行基准利率之一，能够起到引导市场利率、调节社会融资成本的作用；此外，再贴现还具有支持经济结构调整和产业转型升级的重要作用，有利于提高资金使用效率，促进信贷资源流向更有需求、更有活力的经济体系重点领域和薄弱环节，实现对实体经济精准滴灌，撬动金融资源的社会效益和经济效益，有助于实现更好的总量调控效果。

第三，改善融资环境。从区域金融的角度看，我国各地区之间经济发展不平衡、金融资源配置不均衡，在供应链金融发展的大背景下，依托供应链、产业链发展票据业务，可以实现资源优化配置，有助于协调区域金融生态；从业务创新的角度看，供应链票据、标准化票据、绿色票据等创新型票据业务产品的出现，扩展了企业融资渠道，提升了融资效率，降低了融资成本，改善了企业的微观融资环境。

第四，服务中小企业。中小企业信用状况较差、缺乏担保物，其融资是一个世界性难题。我们认为票据是服务中小企业的最佳产品，一是票据具有融资特点，融资价格较低，能够有效降低中小企业融资成本；二是票据与供应链紧密结合，利用票据，链内企业可以借助核心企业信用融资，降低了融资准入门槛；三是票据为合格的担保品，持票中小企业可以票据为质押物，向金融机构申请授信或融资；四是票据的流通性较强，持票中小企业无须申请融资即可直接通过票据背书转让支付货款，有助于改善企业资产负债状况。2023 年，全市场用票企业家数约为 320 万户，相比上年增加了 16.5 万户，增长了 5.44%，其中中小微企业占比高达 98.0%。从融资金额来看，中小微企业向商业银行申请贴现的金额占比达到 73.6%，并且呈现出逐年上升的趋势。从融资成本来看，2023 年票据市场贴现加权平均利率为 1.78%，低于同期 LPR（1 年期）均值 177 个基点，有效降低了实体企业融资成本。

第五，顺畅供应链运行。供应链票据将供应链与票据有机结合，除具有供应链金融封闭性、自偿性和连续性的一般特点外，还具有可拆分、等分化、嵌入式等特性。在接入方式方面，供应链票据更优于传统电子票据，企业可直接接入供应链票据平台，进一步扩展了业务办理渠道，有助于满足链内企业日常支付与融资需求，为供应链的资金流、信息流、物流有序整合创造了条件，改善了供应链内部生态。

第六，活跃金融市场。票据市场是货币市场的重要组成部分，其带动并活跃了货币市场、金融市场。一是票据市场参与主体众多，包括中央银行、商业银行、财务公司、券商公司、基金公司、资管公司等金融机构，以及资管计划等非法人产品。二是票据市场交易活跃，2023 年票据市场业务总量达 224.5 万亿元，同比增长 15.1%，再创历史新高。其中，承兑发生额为 31.35 万亿元，较上年增加 3.95 万亿元，增长了 14.42%；贴现发生额为 23.82 万亿元，同比增加 3.78 万亿元，增幅为 19.38%；企业背书金额为 62.70 万亿元，同比增长 7.00%；转贴现和回购交易金额为 104.88 万亿元，同比增长 19.03%。三是票据市场交易规范，上海票据交易所建立了全国统一的票据交易平台，规范了市场交易秩序，创新了业务产品，为票据市场持续快速发展奠定了基础。

（三）票据在“五篇大文章”中的作用

第一，票据是服务科技金融的理想工具之一，其本身所具有的功能作用，能够很好地帮助科技型企业发展。具体而言，票据具有支付与融资等功能。在科技型企业初创及成长阶段，可以加强票据的使用，充分利用票据的短期融资功能，帮助企业走出融资难的困境。票据能够支持科技创新、创造、创业的发展。在科技型企业使用票据解决初期融资问题后，它们就能够投入更多的精力到科技创新实践上，不会因为资金不足而导致有发展前景的科技项目搁置、无法实现成果转化。票据能够支持科技更新改造，支持科技走产业化、专业化、应用化的发展道路。

第二，发展绿色票据是发展绿色金融的组成部分。绿色金融包括绿色债券、绿色贷款、绿色资产证券化产品（绿色 ABS）、绿色票据、绿色保险、绿色基金、绿色信托和绿色股权等。绿色票据作为绿色金融的组成部分，其发展势必会带动绿色金融的发展。要贯彻中央金融工作会议精神，做好绿色金融文章，离不开绿色票据。

第三，票据能够很好地服务普惠小微企业，促进普惠金融发展。上海票据交易所针对票据尤其是中小微企业票据流转与贴现效率的问题相继推出票付通、贴现通产品，并根据供应链金融发展需要推出供应链票据产品。依托供应链金融服务模式，供应链票据业务大有可为，供应链票据可依托企业供应链，以核心企业为信用主体，推动应收账款票据化，缓解债务链条问题，并有效缓解链上小微企业的财务压力，同时，票据所具有的得天独厚的融资便利性以及较低的融资成本，能够有效缓解中小企业融资难、融资贵问题。2023 年 7 月，上海票据交易所全面推广新一代票据业务系统，该系统实现了票据的等分化，进一步提升了票据支付结算的便利性，中小企业可利用票据更加灵活地进行支付。

第四，基于票据自身的特点，票据服务养老金融具有天然优势，能够推动养老金融发展。由于养老产业融资周期长、回报低，市场风险较为突出，因此，银行对养老产业信贷一般持较谨慎的态度，但票据自带支付属性、融资属性，且具有便利性等特征，具有服务养老金融的天然优势。

第五，数字票据天然嵌入数字金融，可以促进数字金融发展。数字票据是数字金融的重要应用场景。从单个企业的角度看，数字票据可以满足支付、融资、投资等多种业务需求，服务多重业务场景；从供应链、产业链的角度看，数字票据可以打通链内资金流、信息流与物流，为链内核心企业及成员单位提供不同的金融服务，满足各自的金融需求，促进供应链、产业链更好地运行。数字票据可以促进数字金融发展。经过多年的发展，票据市场业务规模较为庞大，是金融市场的重要分支。截至2023年11月末，票据承兑余额为18.5万亿元，贴现余额为13.2万亿元。大力推动数字票据发展可以有力支持数字金融发展，提升金融服务实体经济的能力。数字票据可以为其他数字金融产品提供发展经验。票据市场是金融信息化应用承兑较高的领域，早在2017年上海票据交易所曾实验性开展过数字票据业务，虽然业务数量与金额不大，但已使其成为最早尝试数字化的金融产品。未来，如重启并大力发展数字票据，可以为其他金融产品探索数字化经验，进一步推动数字金融全面发展。

四、发挥票据功能服务好“五篇大文章”的思考

中央金融工作会议对“五篇大文章”高度重视，因此，如何做好“五篇大文章”成为今后一段时期我国金融改革和发展的主要内容。作为金融的一个子系统，票据应当承担起相应的责任，理论与实践相结合，为加快推动“五篇大文章”的发展做出应有的贡献。

（一）发展票据顺应时代要求，推动做好科技金融文章

虽然金融业做了许多工作，据统计，到2022年我国科技金融规模达数万亿元，2023年第三季度末，科技型中小企业获贷率达47%，但是，科技金融支持力度还要继续加大。除了证券等资本市场外，银行、保险、信托、资管等行业在理念、模式、体制、机制、产品、服务、风险和管控等方面都要与时俱进，有新的变革，特别是“金融—科技—产业”融合发展，有赖于金融对新科技、新市场、新赛道、新业态的多维度、多方位、多元化支持。

一是完善基础设施，建立科技金融中心。鼓励商业银行等金融机构建立科技金融中心，并与票据部门协同，持续完善组织架构，强化票据服务科技金融重点领域，针对本行白名单内的科技型企业适当提高授信额度，加大风险容忍度，引入担保机制，增加担保措施，对工作人员为科技型企业办理票据业务的给予绩效考评的政策倾斜。充分运用大数据等技术，在数据安全和客户授权的前提下，推动部门间的科技型企业数据信息共享，为票据支持科技金融发展营造适度宽松的环境。

二是强化票据在先进科技行业中的作用，特别是在人工智能、区块链和大数据等领域，保证科技型企业的专业化程度，增强科技型企业的核心

竞争力。一方面，商业银行等金融机构要加强对于科技型企业的信贷投放，细分科技行业市场，强化对于科技型企业的研究与分析，为科技型企业提供全链条、全生命周期的金融服务，助推科技强国建设。另一方面，中小科技型企业要大胆使用票据，在合规合法的前提下，主动向银行披露科研项目进展情况，加强外部监督，提高企业信用水平，为下一步多渠道融资奠定坚实基础。

三是发挥票据服务科技咨询培训行业的作用。科技发明和科技成果具有专业性和高门槛性，需要一定的专业知识和专业素养。票据在服务科技金融的过程中，必然会涉及相关的专业领域，但不是所有票据从业人员都对科技型企业有所涉猎。因此，需要拓展票据在科技咨询培训行业中的应用，加强与科技咨询培训行业的合作与交流，实现科技领域资源和信息共建共享，发挥票据服务科技咨询培训行业作用，进而促进科技金融发展。

四是发挥票据支持服务“专精特新”企业的作用。目前，由于可用于“专精特新”企业技术改造、产业结构升级的中长期贷款产品品种少，而社会融资的中介费、过桥费等费用高，再加上国有资本普遍只关注企业中后期项目，对于初期“专精特新”企业的扶持催长意愿和驱动力不足，因此，“专精特新”企业的融资成本一直居高不下。相对于企业原有的融资渠道，票据贴现既能够为“专精特新”企业提供融资渠道，又能降低企业融资成本，支持“专精特新”企业发展。

五是创新票据产品，发挥服务科技与产业融合的作用。当前限制我国科技型企业发展壮大的一个重要因素是科技成果转化效率低下。一些科技成果能够改善生态环境，却不能为企业带来盈利或者利润空间较小，极大地遏制了科技创新。因此，要创新票据产品，将科技成果和产业相融合，提高科技成果的转化效率和市场化程度，激发企业创新创造的内生动力，促进科技金融发展。

六是发挥供应链票据在服务科技更新改造与产业转型中的作用。供应链票据属于电子商业汇票，其出票、承兑、背书、质押、保证、提示付款和追索等业务环节，均适用票据法律关系，受《票据法》保护。供应链票据具有“可拆分”的特点，能够实现票据的多级流转，有助于解决上下游企业资金流转问题。同时，科技型企业在进行科技更新改造与产业结构升级时，会出现资金紧张，此时它们可将手中持有的供应链票据向商业银行申请贴现，以获得较低成本的融资，缓解流动性紧张问题，无须以更高的代价从其他渠道获得融资。

七是防控票据在科技产业行业中的风险。科技型企业天然具有高风险、周期长、失败率高等特点，这就对票据风险防范提出了更高的要求。对监管机构而言，必须要有承担风险的准备，对票据支持科技金融发展可能产生的风险有充分的认识，将风险控制在合理范围内，做好风险防控工作。对商业银行而言，要根据银行的实际情况制定适合科技型企业的授信政策，适当提高中小微科技型企业的风险容忍度；加强票据从业人员对科技型企业的跟踪和研究，防范道德风险；充分利用人工智能、大数据等技术对科技型企业的信用风险进行评估。对科技型企业而言，要诚信经营，加强内部控制，防范操作风险，在银行工作人员进行审查时，要主动披露相关信息，减少因信息不对称而带来的风险。

（二）以绿色票据促进低碳经济发展，实现绿色金融畅想

2020 年 9 月，我国首次提出“双碳”目标。绿色发展离不开绿色金融的支持，到 2023 年 9 月末，我国绿色贷款余额为 28. 58 万亿元，境内绿色债券余额为 1. 98 万亿元，分别居于全球第一位、第二位。但是仍有大量工作要做，包括进一步丰富和完善绿色标准及评价体系、建设信息披露等制度、完善激励约束和评估机制、创新产品和服务、坚持整体思维、立足国情和技术实现等方面。

一是转变发展理念。绿色票据是支持绿色经济发展的重要工具之一，与现有的绿色贷款、绿色债券并不冲突。企业要勇于使用绿色票据，通过签发绿色票据，能够有效地解决企业间的支付需求，并且在企业出现临时性的流动性资金需求时，可以将手中持有的绿色票据向银行申请贴现，以获得较低成本的融资。商业银行要深入贯彻国家发展理念，主动帮助绿色企业“贴标”，积极办理绿色票据贴现，更好地促进绿色票据发展。

二是明确相关标准。目前制约绿色票据发展的因素之一是标准界定问题，这个问题不解决好，绿色票据就无法实现全面放心的发展。相关标准明确之后，一方面，企业签发绿色票据就有了遵循，明白需要达到何种条件才能签发绿色票据；另一方面，商业银行办理绿色票据贴现业务时，能够减少认定流程，再加上中央银行对绿色票据提供优惠利率，使得商业银行为企业办理绿色票据贴现业务的积极性更高。

三是完善基础设施，建立绿色票据平台。绿色票据的发展离不开基础设施的建立和完善。应在上海票据交易所的基础上，由金融监管机构牵头，多部门联合构建绿色票据平台体系，加快建立银行间绿色票据综合服

务平台，实现绿色票据信息、数据共享和不同银行对绿色票据的互认，提升绿色票据服务的精准性和便利性，破解绿色票据领域的信息不对称问题，使绿色票据发展更健康、更规范。

四是选择重点行业试点推进。绿色票据的发展不可能一蹴而就，需要一个渐进的过程。在实现绿色票据全面发展之前，要选择在重点行业先行试点，如新能源、环保等行业，结合当前该行业绿色票据发展现状，建立第三方评估和认定体系，统一绿色票据标准。在该行业发展绿色票据的同时，应注意总结经验，为今后在全市场推动绿色票据发展破除障碍。

五是有政策、机制支持。首先，逐步完善绿色票据法律体系。根据经济发展实际和绿色票据发展现状，加快《票据法》修订进程，增加绿色票据相关条款，确保绿色票据发展有法可依。其次，建立绿色票据政策扶持体系。通过政府引导基金、政府担保等方式，为绿色票据发展提供有力保障，对商业银行给予绿色票据业务风险资产计量、风险拨备、不良核销等方面的优惠政策。再次，加强顶层设计。监管部门应制定绿色票据发展目标及规划，统一绿色票据认定标准。最后，完善绿色企业环境信息披露制度。绿色企业应主动披露环境信息，便于商业银行为企业办理绿色票据业务。

六是防范绿色票据风险。绿色票据作为票据业务的一种创新产品，由于发展时间较短，各项制度不健全，标准未统一，存在“洗绿”“漂绿”等风险。因此，在发展绿色票据的同时，要注意风险防范。首先，监管部门要实现对绿色票据业务的穿透式监管，建立绿色票据监管平台，提高监管的有效性。其次，引入绿色票据担保机构。如果绿色企业在票据到期时无力偿还债务，担保机构将会支付一定的资金给持票企业，以减轻持票企业的损失，进而降低绿色票据风险。

（三）票据服务中小微企业，切实推动普惠金融发展

银行业通过数字赋能促使服务下沉，发挥点多面广优势延伸服务半径，不断拓展普惠金融业务。到 2023 年 9 月末，全国普惠型小微企业贷款余额为 28.4 万亿元，近 5 年年均增速约为 25%。但是，无论是从广度上看还是从深度上看，我国票据服务普惠金融都有巨大的提升空间。我国拥有近 6000 万户企业，其中普惠型小微企业占比很高，但与 160 万亿元的企事业单位贷款相比，其贷款额占比不到 20%，这与普惠型小微企业对经济社会的贡献远远无法匹配，因此，完善普惠金融基础设施和制度环境、提升金融风险防控和治理能力、金融产品与服务创新发展、提高金融供给与需

求的匹配度以及支持农村、效县地区及民生领域方面横向到边纵向到底的普惠金融服务，需要进一步政策制度的推进。

一是认真研究票据服务普惠金融的政策制度与考核机制。为了进一步提升票据服务普惠金融的能力，应积极引入第三方融资担保、保险机构，通过担保的方式为符合普惠金融服务条件的小微企业开展票据承兑、贴现增信，提高票据的认可度和流动性；充分发挥政府融资担保的作用，通过财政部门、财政资金引入票据市场，并设立准入白名单，通过国家或地方担保基金，为符合国家和本地政策导向的小微企业与涉农企业提供票据融资担保服务，或支持担保机构为缺乏抵押物和信用记录的小微企业提供担保。同时，不断完善票据服务普惠金融的考核机制。

二是积极推动应收账款票据化，发挥票据服务中小微企业的作用。由于应收账款不具有确权效果，其流转过程对原始债务人的约束往往较弱，而中小企业在供应链中议价谈判时往往处于弱势地位，特别是工业企业涉及生产、销售、回款等多个环节，研发、生产周期普遍偏长，账期不匹配造成的资金短缺是工业企业普遍存在的问题，容易发生故意赖账、拖欠等情况。票据与应收账款的应用场景相似，核心企业通过签发票据能够享受到延期付款的便利，小微企业收到票据后可以通过背书转让或贴现融资，缓解现金流不足的压力。因此，各金融机构应加强对票据的推广使用，重视票据业务的发展和推广，以票据为切入产品进入供应链，推动普惠金融工作更好地为中小企业服务。

三是不断创新票据产品，为中小微企业提供更加多样的普惠服务。自2016年成立以来，上海票据交易所先后推出票付通、贴现通、票据信息披露平台等票据创新产品降低市场信息不对称，有效推动了票据市场的发展；此外，上海票据交易所顺应供应链时代发展需求推出供应链票据、标准化票据，大大提升了票据使用的便利性，降低了小微企业通过票据进行融资的成本。各大银行也针对票据业务进行业务创新，如京票的“秒贴”、各大银行的“保贴”、平安银行的“免开户贴现”等，有效提升了票据服务质量，使得小微企业能够享受到更高效更便捷的票据服务。

四是发挥金融科技的作用。金融科技快速发展，为解决普惠金融发展难题注入新动能。大数据、云计算、人工智能、区块链等技术日臻成熟并在金融领域广泛应用，有利于更好地实现普惠金融工作目标。金融科技助力普惠金融有以下几点优势：（1）拓宽服务边界；（2）降低交易成本；（3）提升治理质效；（4）加速推进数字化转型。近年来我国注重数字普惠

金融转型，数字普惠金融已成为我国普惠金融服务实体经济的重要形式。票据数字化是发挥金融科技作用使得票据更好地服务小微企业的必由之路。实现票据数字化需要坚持前瞻思维及系统观念，持续推动票据数字化顶层设计，并不断加强市场基础设施、法律制度、系统平台、数据确权与治理等方面的建设，以消除数字鸿沟，优化资金供给，促进宏观调控与精准滴灌相结合，让票据更好地为小微企业服务。

五是银行业机构要积极介入与市场科技平台合作，在增加获客渠道的同时，推动中小微企业票据发展。银行业机构在主动创新、注重金融科技投入的同时，应加强与市场科技平台的合作，充分发挥平台优势。如最早接入上海票据交易所供应链票据平台的简单汇，截至2022年底，通过简单汇办理供应链票据业务的合作金融机构超过100家，开通供应链票据业务的用户超过4000家，签发、背书、贴现累计金额超过440亿元。如今接入上海票据交易所供应链票据平台的供应链平台已达24家，其中不乏银行自主搭建的供应链平台，如“平安好链”。在发展自建平台的同时，各大银行也积极与其他供应链平台合作，切入供应链票据等业务，通过有效市场的市场竞争与合作扩大业务规模，为小微企业提供更优质的票据服务。

六是防控票据风险。中小微企业往往不具有完善的法人治理结构，也未形成有效的内控机制，因此，在推动票据服务普惠金融的过程中，监管部门、金融机构、企业需共同发力，防范票据风险。监管部门需强化对票据业务的监督管理，根据市场发展要求及时出台、修订相关法律法规，与执法部门保持高度联动，提升执法力度与效率，营造良好的市场发展环境；银行等金融机构应针对票据业务制定专门的风险管理制度，严格控制信用风险、操作风险，避免票据违规事件发生；企业应完善内部管理机制，法律是企业向好发展的重要保障，只有遵守法律法规，企业才能在享受票据市场服务的同时使自己的利益得到保护。

（四）发展票据保障民生，支持养老金融发展

2022年，我国65岁以上人口占总人口的14.9%，老龄化程度不断加深。完善养老保障是保障民生的重要方向之一，2022年11月个人养老金制度正式落地，成为第三支柱（个人储蓄养老和商业保险养老）建设的重要组成部分。但是我国养老资金缺口大、养老体系不够健全、制度不完善、养老金融体系缺乏资金保障等，需要拓宽思路，提高居民收入比重（继续提高百姓收入是增强第三支柱及解决养老资金缺口的途径之一），健全相关制度与风控措施，创新业务与产品，明确市场客户分层与分级服务定

位，发挥保险、货币、资本等市场的共同作用，为老有所养提供解决方案。

一是顶层设计指引方向，加大票据支持养老力度。加大票据支持养老金融力度，可以着手于以下两个方面：其一是降低票据融资成本。根据资本新规，原始期限3个月以上的票据承兑及贴现风险资产分别计提100%及40%，可根据承兑企业及贴现企业的不同情况适当减少计提比例，减少商业银行风险占用，由资金端自发地向养老企业拓展票据业务空间。其二是增强票据融资能力。商业银行应在稳健经营的基础上，对养老产业的票据进行更多的承兑及贴现，深度挖掘养老产业票据应用空间，发挥银行信用的作用，增加商业银行对于养老产业票据承兑及贴现的比例和总量。同时，中央银行可以考虑新增设置促进银发经济发展的相关考核标准，对满足考核标准的银行，增加再贴现及再贷款额度，放松再贴现票据要求及再贷款要求。

二是聚焦多样化需求，利用票据培育潜力产业。养老产业中包含众多小微企业，这些企业资金需求量不高、频次多，而供应链票据实现了等分化签发，可以0.01元为单位进行拆分，大大提高了企业用票的灵活性，解决了企业持票金额与付款金额不匹配的痛点；供应链票据还可进一步提升企业用票的便利性，企业办理电子商业汇票相关业务仅能通过商业银行、财务公司渠道办理，而供应链票据为企业提供了通过供应链平台接入的新型接入方式，进一步扩展了业务办理渠道；除此之外，供应链票据能够进一步缓解中小企业融资难、融资贵问题。由于供应链场景下企业间的真实交易关系更具可见性，且供应链票据可以有效实现信用传递，让产业链上的中小微企业分享核心企业的优质信用，因此，供应链票据更容易获得金融机构的融资及优惠价格。在供应链票据融资实践中，其贴现利率通常较同期贷款利率低100~150个基点，有效节约了企业融资成本。

三是建立养老产业扶持体系，强化财政金融支持。优化中央预算内投资相关专项使用范围，用好普惠养老专项再贷款、普惠养老专项再贴现，对符合条件的公益性普惠养老机构运营、居家社区养老体系建设、纳入相关目录的老年产品制造企业等，建立相关养老产业扶持指标激励机制，坚持市场化原则鼓励各商业银行通过票据贴现等低风险业务提供信贷支持。鼓励各类金融机构在坚守职能定位、依法依规的前提下，加大对养老服务设施、银发经济产业项目建设的支持力度。

四是利用票据助推银发经济发展，增进老年人福祉。银发经济是向老年人提供产品或服务，以及为老龄阶段做准备等一系列经济活动的总和，涉及面广、产业链长、业态多元、潜力巨大。发展银发经济，就是要发展民生事业，解决"急难愁盼"问题；发展银发经济，就是要扩大产品供给，提升质量水平；发展银发经济，就是要聚焦多样化需求，培育潜力产业；发展银发经济，就是要强化要素保障，优化发展环境。培育、繁荣银发经济，企业、政府和金融机构等主体要共同发力，参与主体是多元的，主体间的差异是显著的，融资需求也必然是多样的，资金使用场景也必然是多元的。鉴于票据自身的特点和优势，尤其是商业汇票，其在助推银发经济发展上大有可为。

五是防控票据风险，优化发展环境。要对养老产业中的企业开展票据相关知识培训，避免因操作失误而带来票据风险，防范高资产高负债养老产业企业签发商业承兑汇票。实际业务中个别金融机构受到手续费或吸收存款的诱惑而签发超过企业自身能力的银行承兑汇票，导致到期无款垫付、借故拖延或无理拒付，造成到期承付率下降，这无疑会加大经营风险，对银行的经营造成不利影响，进而危害整个金融系统的健康。因此，要落实中央金融工作会议精神，在鼓励金融机构使用票据服务养老金融的同时，守住金融监管的底线。

（五）以数字票据助推数字金融发展

数字金融是数字经济的重要组成部分，数字金融与数字经济融合已成必然趋势。数字货币、支付、信贷、证券、保险、资管等数字金融发展速度快，但是仍具有广阔的发展空间，要加强包括完善数字基础设施、推进数字化转型、建立利于数字金融发展的市场准入标准与公平竞争机制、完善监管制度、防范风险等方面措施的研究，特别是对于数字金融服务数字经济，要从生产、流通、交易、服务等方面研究提出实施更便利、更舒适、更贴近实际的服务。其一，服务数字经济，数字票据可以利用大数据、人工智能等技术手段，为企业提供个性化、便捷化的票据解决方案，随时满足企业的支付需求与融资需求；可以打破地域限制，结合跨境人民币等金融手段创新服务模式，提升服务效率，降低企业交易成本；也可以为数字经济中的创新活动、创新项目提供票据支持，促进数字经济高质量发展。其二，服务数字信用，数字票据可以借助技术手段精准分析评估企业的信用状况及信用水平，优化金融资源在企业间的配置，更好地支持实体经济发展，更合理地为中小企业提供金融资源，促进经济社会和谐、有序、健康发展。其三，服务金融创新，数字票据自身就是金融产品创新，能够进一步提升服务实体经济的能力，满足中小企业多样化的金融需求，进而推动经济转型与可持续发展。其四，防范风险，数字票据具有数字金融的风险特点，因此，金融机构应建立完善的数字风险管理体系，包括风险识别、评估及监测等方面，提升数字风险管理的广度与精度；监管部门应同步建设数字监管平台，进一步强化数字监管实践，防范数字金融风险；同时，应搭建数字风险监测预警平台，及时发现预警潜在风险；票据市场参与者之间应建立风险数据共享交换机制，以及时获取风险数据与信息，提升市场参与者的风险防控水平。

总体来说，在做好“五篇大文章”上，我们要在顶层设计、政策制定、监管考核、标准制定、基础设施完善、实现路径和风险管理等方面积极开展研究。

发展数字票据业务的思考

肖小和　木之渔[①]

2023年10月30日至31日，中央金融工作会议在北京举行，会议总结了党的十八大以来的金融工作，分析了金融高质量发展所面临的形势，部署了当前和今后一个时期的金融工作，提出“做好科技金融、绿色金融、普惠金融、养老金融、数字金融五篇大文章”。

数字票据是数字金融的重要组成部分，是票据市场的发展方向。大力推动数字票据发展，有利于促进金融服务实体经济，做好“五篇大文章”。

一、数字金融与数字票据

（一）数字金融的概念与特征

数字金融是以货币信用为核心，通过互联网及信息技术手段与传统金融服务相结合的新一代金融服务业态，是全面提升金融系统效率与质量、深度服务经济社会的应用体系。数字票据就是典型的数字金融产品，为经济社会提供数字化的支付与融资服务。

数字金融具有以下几个特征：（1）高效特征。数字金融基于信息技术及互联网而产生，智能化、流程化功能设计，可最大限度地减少人工干预，大幅提升金融服务的时效性。（2）融合特征。数字金融将广泛应用大数据技术，在深度分析实体企业基本信息的基础上，突破商业银行内部条块分割的制约，为企业提供跨市场、跨领域、高度融合的金融服务方案，以更好地促进实体经济发展。（3）绿色特征。数字金融通过大数据、人工智能等技术，具有识别绿色行业、绿色企业及绿色项目的优势，可以扩大金融服务的覆盖面，提升绿色金融服务水平。（4）普惠特征。数字金融有利于精准筛选小微企业，精准投放普惠融资，进一步提升金融服务的渗透性，推动小微企业发展。

① 木之渔所在单位为江西财经大学九银票据研究院。

（二）数字票据的概念

数字票据是数字金融的重要组成部分，是以数据资源为关键要素，以现代信息网络为主要载体，以信息通信技术为票据全生命周期、全要素数字化转型的重要推动力，促进公平与效率更加统一的全新票据生态。

具体来说，数字票据包含三个层面的含义。一是介质层面，包含所有基于网络信息且已电子化的票据介质，如已电子化的纸质票据、电子票据、区块链票据以及未来可能出现的智能票据等。

二是基础设施层面。其一是全面完备的制度标准体系，包括齐全的法律规章、统一的业务及技术标准、长远的金融科技融合规划以及明确的风险评价及创新机制；其二是功能完善的平台设施体系，包括上海票据交易所、上海数据交易所、企业信用信息平台，以及数字票据评级机构等；其三是特点鲜明的参与者设施体系，从而充分发挥金融科技的支持作用，强化参与者的数据挖掘分析能力，提升银行、非银行金融机构及企业的信息化水平。

三是应用层面。其一，应用于实体经济，充分发挥票据的支付与融资功能，结合供应链、产业链服务实体经济、服务中小企业，服务绿色经济，服务民营经济，服务普惠金融，服务跨境贸易，促进先进制造业及科创产业发展，推动数字票据与实体经济融合发展；其二，应用于金融数字化，提升金融行业数字化水平，改变金融机构在票据领域传统的授信、用信、营销及运营模式，全面推进票据市场规范化、交易化、国际化和大众化；其三，应用于社会发展，通过提供数据及票据确权、计价、交易、共享等服务，促进企业信用增级，改善整体商业信用环境，推进市场设施高标准联通，促进国内市场高效流通，助力国内统一大市场建设，畅通国内大循环。

（三）数字票据与数字金融的关系

第一，数字票据是数字金融的重要产品。票据是一类金融产品的总称，包含支付类、融资类以及金融市场类金融产品，是金融领域的“多面手”，可以为企业提供全方位、高度融合的金融服务。因此，数字票据是数字金融的重要组成部分，可以较好地满足企业的金融需求。

第二，数字票据是数字金融的重要应用场景。从单个企业的角度看，数字票据可以满足支付、融资、投资等多种业务需求，服务多重业务场景；从供应链、产业链的角度看，数字票据可以打通链内资金流、信息

流与物流，为链内核心企业及成员单位提供不同的金融服务，满足各自的金融需求，促进供应链、产业链更好地运行。

第三，数字票据可以促进数字金融发展。经过多年的发展，票据市场业务规模较为庞大，是金融市场的重要分支。截至 2023 年 11 月末，票据承兑余额为 18.5 万亿元，贴现余额为 13.2 万亿元。大力推动数字票据发展可以有力支持数字金融发展，提升金融服务实体经济的能力。

第四，数字票据可以为其他数字金融产品提供发展经验。票据市场是金融信息化应用承兑较高的领域，早在 2017 年上海票据交易所曾实验性开展过数字票据业务，虽然业务数量与金额不大，但已使其成为最早尝试数字化的金融产品。未来，如重启并大力发展数字票据，可以为其他金融产品探索数字化经验，进一步推动数字金融全面发展。

二、数字票据的功能作用

（一）科技赋能、数据支撑

数字票据在票据信息化、数字化的基础上，充分应用大数据、人工智能、区块链、云计算等新型技术手段推动市场发展与创新，科技赋能是数字票据最显著的特点。数字票据全面提升了票据市场业务处理、数据分析、市场交易、业务监管及风险防控等属性功能，为票据市场进一步创新发展奠定了技术基础。

数字票据的核心在于数据，不仅包括传统意义上的票面及票据生命周期数据，还包括票据信用主体信用信息、货币市场数据、跨境人民币数据、供应链及产业链数据等票据相关领域数据信息，为服务实体经济奠定了全面的数据基础。

（二）支持经济、促进创新

数字票据通过技术手段重构了传统票据业务，并释放出数据生产要素价值。通过大数据技术，可实现票据与供应链、产业链等场景的深度耦合；通过机器学习、虚拟现实等技术手段，可实现智能化票据交易；通过 5G、开放 API 等技术，可实现非接触式票据服务体系。数字票据实现了高端技术与业务场景的有机结合，将有力推动产品及服务创新。

（三）标准统一、规范运营

数字票据标准包括业务标准和技术标准，贯穿于数字票据全生命周期，统一规范的业务标准与技术标准，将有效规范票据市场运营。其中，业务标准主要是指统一的业务规则，技术标准包括数据格式与标准、安全标准，以及数据采集、传输、存储、处理、共享、销毁等全生命周期管理要求等。

（四）实时风控、嵌套监管

风险可控是数字票据发展的基本要求。此前，票据市场数据的广度与深度不足，挖掘数据仍停留在较浅的层面，难以深度开展风险分析；在数字票据时代，市场参与者及监管部门可利用票据大数据分析业务行为，通过人工智能技术实时监控并干预交易，提升票据市场风险控制的实时性和准确性。

（五）发展信用、服务社会

数字票据可以最大限度地激发技术潜能，通过对海量数据的精密分析，不仅能提炼出企业的票据信用状况，而且可以结合相关金融领域信用数据，借助信用模型描绘企业的整体信用状况，推动信用领域的数字化进程，为金融机构提供及时有效、准确可靠的信用支持，促进信用及社会高质量发展。

三、数字票据服务“五篇大文章”的思考

（一）科技金融方面

科技型企业发展意义重大，对推动我国经济高质量发展、增强自主创新能力、促进科技成果转化等具有重要作用。票据是服务科技型企业的重要金融工具，对科技型企业的票据支持工作要做好，一是完善基础设施，鼓励金融机构成立如科技金融中心等专业部门，协同票据部门共同推动数字票据在科技型企业中的应用；二是突出服务重点，金融机构应根据国家产业政策筛选出重点服务对象，尤其是先进制造业、“专精特新”企业等，并依据行业特点制定适应上述企业的授信政策及模型；三是加大渗透力度，科技型企业发展离不开供应链的支持，而票据可以较好地推动供应链物流、信息流及资金流内循环，调节链内资源的流动与分配，更好地推动科技型企业发展；四是助力科技成果转化，科技成果转化是一个复杂的过程，需要多方支持与协助，而票据具有延期付款的产品优势，可以在一定程度上缓解科技成果转化的资金压力，未来需加强票据在科技成果转化领域的应用，推动科技成果市场化运作及商业化应用；五是防控业务风险，科技型企业（尤其是中小科技型企业）具有风险性高、成长性强、失

败率高等特点，这就对数字票据的风险防控工作提出了更高的要求，金融机构应在适当提高风险容忍度的前提下，充分应用大数据、人工智能等技术手段，加强对科技型企业的跟踪、分析与评估；金融监管部门应充分认识科技型企业的风险，制定合理的监管政策，将风险控制在合理范围内。

（二）绿色金融方面

绿色经济是注重环境保护和可持续发展的经济发展模式，发展绿色经济必须推动绿色产业发展，推动产业转型升级，形成新的经济增长点。数字票据是高科技的产物，自带绿色属性。强化数字票据绿色属性，推动绿色经济发展需要注意以下几个方面。一是转变观念，尤其是金融机构需要深入理解绿色发展理念及相关政策，积极推动数字票据发展。二是明确标准，包括绿色行业识别标准、绿色风险判断标准、绿色信息获取标准、绿色企业及绿色项目评估标准、绿色金融评价考核标准等，为数字票据业务开展提供切实可行的标准体系，保障数字票据业务顺利开展。三是要有政策支持，完善绿色法律及规章体系，建立数字票据、绿色票据政策扶持机制，为数字票据在绿色领域的发展搭建政策平台。四是完善基础设施，票据基础设施需要与相关绿色基础设施实现平台对接，以更好地服务绿色经济。五是加强创新，金融机构需重点关注数字票据，研究创新绿色产品及衍生品，以适应绿色企业发展要求。六是防控风险，建议监管机构搭建绿色监管平台，穿透式监管绿色金融及数字票据，同时建议引入绿色担保机构为绿色企业提供担保，促进绿色经济健康发展。

（三）普惠金融方面

票据具有服务中小企业的特性，根据上海票据交易所统计数据，截至2023年11月，签发票据的中小微企业达10.5万家，占全部签票企业的92.1%，贴现的中小微企业达10.7万家，占全部贴现企业的95.8%。数字票据同样具有此特性，但仍需强化以下几个方面。一是强调“普”，需优化中小企业票据准入门槛，强化票据在供应链中的应用，让票据惠及链内上下游中小企业；需重点推进民营企业融资，推动应收账款票据化进程，让更多中小企业受益于数字票据服务。二是强调“惠”，需加大对中小企业的票据支持力度，持续在融资规模、融资利率等层面向中小企业倾斜，不断改善中小企业融资环境，让中小企业真正感受到“实惠”。三是强化创新，不断研究开发适应不同行业、不同规模企业的金融产品与服务，不断探索数字票据服务普惠金融的新模式、新产品及新方法，为普惠金融发展创造良好的条件。四是加强对金融机构的引导，无论是“普”还是“惠”的落地实施都需要金融机构配合，建议加强对金融机构的引导，推动其履行社会责任，接受社会监督。

（四）养老金融方面

养老金融长期以来一直被票据市场忽视，未意识到其重大的社会价值及经济意义。数字票据要服务好养老产业，一是做好顶层设计，结合养老产业特点制定相应的政策措施，完善基础设施，聚焦养老医疗、养老健康护理、养老科技及养老培训等二级细分市场，培育社区养老企业与机构，深度挖掘养老产业的市场空间；二是建立养老产业扶持体系，可考虑引入财政资金，为负责养老行业数字票据业务的金融机构提供贴息支持或其他支持，鼓励金融机构加大对养老行业的票据支持力度；三是为养老金融服务机构提供资金融通渠道，养老金融服务机构主要是银行及保险公司等，数字票据二级市场可以为养老金融服务机构提供更多资金来源，改善其资产负债状况；养老金融服务机构可以为数字票据二级市场提供更多参与者（如保险、基金等），建议未来票据市场重点引入相关养老金融服务机构，共同推动养老金融市场发展。

（五）数字金融方面

数字票据通过科技金融的赋能，能够更好地发挥服务绿色金融、普惠金融、养老金融的作用。如果说绿色金融、普惠金融、养老金融都是单篇文章，科技金融是手段，那么数字金融就是以上四个方面的综合体现。

一是服务数字经济，数字票据可以利用大数据、人工智能等技术手段，为企业提供个性化、便捷化的票据解决方案，随时满足企业的支付需求与融资需求；可以打破地域限制，结合跨境人民币等金融手段创新服务模式，提升服务效率，降低企业交易成本；也可以为数字经济中的创新活动、创新项目提供票据支持，促进数字经济高质量发展；二是服务数字信用，数字票据可以借助技术手段精准分析评估企业的信用状况及信用水平，优化金融资源在企业间的配置，更好地支持实体经济发展，更合理地为中小企业提供金融资源，促进经济社会和谐、有序、健康发展；三是服务金融创新，数字票据自身就是金融产品创新，能够进一步提升服务实体经济的能力，满足中小企业多样化的金融需求，进而推动经济转型与可持续发展；四是防范风险，数字票据具有数字金融的风险特点，因此，金融机构应建立完善的数字风险管理体系，包括风险识别、评估及监测等方面，提升数字风险管理的广度与精度；监管部门应同步建设数字监管平台，进一步强化数字监管实践，防范数字金融风险；同时，应搭建数字风险监测预警平台，及时发现预警潜在风险；票据市场参与者之间应建立风险数据共享交换机制，以及时获取风险数据与信息，提升市场参与者的风险防控水平。

金融高质量发展与票据服务“五篇大文章”研究

肖小和　谈铭斐　熊星宇　谢玉林

一、建设金融强国与金融高质量发展的关系

（一）二者的概念、特点及意义

在2023年10月末召开的中央金融工作会议上，金融强国的概念首次被提出。顾名思义，金融强国是指金融强大的国家，其内涵主要体现在内外两个维度。国内方面，主要表现为拥有资源配置功能完善、高度发展的金融市场和金融体系，能够为实体经济提供强有力的支撑，同时有效防范金融风险和金融危机，维护金融稳定和金融安全；国际方面，主要表现为在国际金融领域具有较高地位，能够参与制定国际金融规则和标准，具有较强的国际竞争力和品牌影响力，能够在全球范围内拓展业务和市场份额。

建设金融强国的提出，意味着我国金融工作的战略地位实现提级，由“大而不强”逐步转向“做大做强”；意味着我国所有的金融活动将全部纳入监管，消除监管空白和监管盲区；意味着我国将充实货币政策工具箱，出台更多的结构性货币政策；指明了我国金融工作发展方向，科技金融、绿色金融、普惠金融、养老金融和数字金融协同发展；意味着我国要进一步完善金融机构定位，各司其职服务实体经济；意味着要活跃资本市场，充分发挥其枢纽作用；意味着要建立化解地方债务风险的长效机制，遏制金融乱象，避免发生腐败问题；意味着房地产发展开启新模式，促进金融与房地产良性循环；意味着我国将稳步扩大金融开放，吸引外资流入中国市场。

金融高质量发展是经济高质量发展的有机组成与必要条件，旨在破解不平衡与不充分的双重困局。一方面，它以“效率导向”服务于解决不充分问题，围绕战略性新兴产业、重点产业链以及科技创新等强劲的经济增长点提供高效的金融服务，形成经济发展“锻长板”、培育新动能新动力的驱动力；另一方面，它以“公平导向”服务于解决不平衡问题，围绕小微

企业、乡村发展等薄弱环节提供普惠金融服务，形成经济发展“补短板”、积蓄突破落差困局的驱动力。

金融高质量发展具有以下三个特点。一是双重性，要兼顾效率和公平；二是大局性，积极服务国家重大战略与需求，确保经济持续稳定发展；三是多元化，科技金融、绿色金融、普惠金融、养老金融、数字金融都是推动高质量发展的必然要求。金融高质量发展能够支持实体经济转型升级，深化供给侧结构性改革；能够提升国家核心竞争力，增强我国金融体系的国际竞争力；能够促进科技创新和绿色发展，引导金融资源流向科技创新和绿色产业；能够优化金融资源配置，提高金融资源利用率；能够提高金融服务覆盖面和满意度，让更多人群享受到便捷高效的金融服务；能够防范和化解金融风险，确保金融体系平稳运行，同时推动经济全球化，实现我国金融市场和国际金融市场融合发展。

（二）建设金融强国和金融高质量发展的关系

建设金融强国与金融高质量发展之间是相互联系、密不可分的。首先，金融高质量发展不仅是坚定不移走中国特色金融发展之路、推进金融强国建设的迫切要求，也是中国式现代化全面推进强国建设、民族复兴伟业的有力支撑；其次，金融高质量发展与科技创新和绿色环保紧密结合，而建设金融强国也要做好科技金融、绿色金融两篇大文章；再次，建设金融强国和金融高质量发展均要实现金融资源合理配置，促进供给侧结构性改革和产业结构调整，均要活跃资本市场，更好地发挥资本市场的作用；最后，要实现中国式现代化，提升国家核心竞争力，走金融高质量发展之路，建设金融强国势在必行。

总之，建设金融强国要推动金融高质量发展，金融高质量发展是金融强国的重要体现，又反过来推进金融强国建设。建设金融强国，推动金融高质量发展，必须做好科技金融、绿色金融、普惠金融、养老金融、数字金融“五篇大文章”。

二、金融高质量发展与票据的关系

（一）金融高质量发展的内容及对经济的作用

金融高质量发展至少包括以下几个方面的内容。在服务实体经济方面，要始终保持货币政策的稳健性，更加注重做好跨周期调节和逆周期调节，充实货币政策工具箱。稳健的货币政策将增强金融支持实体经济力度的稳定性，精准施策以应对经济波动。要优化资金供给结构，把更多金融资源用于促进科技创新、先进制造、绿色发展和中小微企业发展，大力支持实施创新驱动发展战略、区域协调发展战略。

在做好“五篇大文章”方面，要服务好科技金融、绿色金融、普惠金融、养老金融、数字金融。走中国特色金融发展之路，必须坚持以人民为中心的价值取向，不断满足经济社会发展要求和人民群众日益增长的金融需求，不断开创新时代金融工作新局面。

在对外开放方面，要通过扩大对外开放，提高我国金融资源配置效率和能力，增强国际竞争力和规则影响力，稳慎把握好节奏和力度；规范境外投融资行为，完善对共建“一带一路”的金融支持；加强境内外金融市场互联互通，提升跨境投融资便利化水平，积极参与国际金融监管改革；守住开放条件下的金融安全底线。

在推进制度方面，要以制度型开放为重点推进金融高水平对外开放，落实准入前国民待遇加负面清单管理制度，对标国际高标准经贸协议中的金融领域相关规则，精简限制性措施，增强开放政策的透明度、稳定性和可预期性。

在防范金融风险方面，要着力防范化解金融风险特别是系统性风险。要明确各金融监管部门和行业主管部门的责任，加强金融管理部门和宏观调控部门、行业主管部门、司法机关、纪检监察机关等部门的监管协同，健全权责一致的风险防范处置机制，严厉打击金融犯罪。统筹兼顾，在市场准入、审慎监管、行为监管等各个环节都要严格执法，实现金融监管横向到边、纵向到底。

（二）票据的概念、特点及作用

票据是指出票人依照《票据法》签发的，由自己或者委托他人在见票时或在指定日期无条件支付确定的金额给收款人或者持票人的有价证券，包括支票、本票和汇票。票据是集支付、结算、融资、投资、交易和调控等功能于一体的信用工具，具有信用、调控、支付、融资和投资的特点。第一，信用特点。狭义的票据包括银行承兑汇票和商业承兑汇票，分别体现了商品交易中延期付款所形成的银行信用关系和商业信用关系，是有利于优化企业资金配置、提升商品交易效率、提高商业信用的信用工具。第二，调控特点。票据的调控特点主要体现在两个方面，一是中央银行通过再贴现政策可以调控货币市场供需和信贷结构，从而达到调节货币供应量和信贷投向的政策目的；二是商业银行可以通过贴现、转贴现等业务手段调整自身资产负债结构，更好地适应市场需求。第三，支付特点。票据是经贸往来中的一种主要支付结算工具，通过票据背书转让可以完成商品交易的资金交付，为加快商品流通和企业资金周转提供了极大的便利与支持，是企业的日常支付方式之一。第四，融资特点。票据是一种“质优价廉”的融资产品，尤其适合中小企业，一是利率低廉，主要体现在银票上，其贴现利率远低于一般融资产品，大幅降低了企业融资成本；二是办理便捷，当前流通的票据绝大部分是电子商业汇票，其贴现可通过商业银行网银直接办理，流程更简便、融资效率更高。第五，投资特点。票据的投资特点主要集中于标准化票据及票据资管等业务产品。投资方通过投资未到期、已贴现（或未贴现）的票据资产或票据收益权，提升收益水平、降低投资风险；融资方通过转让票据资产或票据收益权实现调整资产负债结构、回笼资金等目的。

（二）票据与金融高质量发展的关系

票据属于金融工具，是金融高质量发展的工具之一，是金融强国建设的信用方式之一。票据作为金融的一部分，其地位和作用越来越重要。

在市场参与主体方面，截至2023年末，票据市场参与者包括1660余家银行业金融机构、251家财务公司、71家非银行金融机构；用票企业超过320万家，相比上年增加了16.5万户，增长了5.44%，其中中小微企业占比为98.0%。

在服务实体经济方面，2023年票据市场业务总量达224.5万亿元，同比增长15.1%，再创历史新高。其中，承兑发生额为31.35万亿元，较上年增加3.95万亿元，增长了14.42%；贴现发生额为23.82万亿元，同比增加3.78万亿元，增幅为19.38%；企业背书金额为62.70万亿元，同比增长7.00%；转贴现和回购交易金额为104.88万亿元，同比增长19.03%。2023年，票据承兑发生额占GDP的比重达24.87%，贴现发生额占GDP的比重达18.47%（见表1）。足见其支持力度和关系。

表1　2019—2023年商业汇票市场统计数据

项目	2019年	2020年	2021年	2022年	2023年
承兑发生额（万亿元）	20.4	22.1	24.2	27.4	31.35
贴现发生额（万亿元）	12.46	13.41	15.02	19.5	23.28
GDP（万亿元）	98.38	100.55	113.88	121.02	126.06
承兑发生额/GDP（%）	20.74	21.98	21.25	22.64	24.87
贴现发生额/GDP（%）	12.67	13.34	13.19	16.11	18.47

资料来源：中国人民银行历年《中国货币政策执行报告》。

三、金融高质量发展与票据服务“五篇大文章”的思考

高质量发展是全面建设社会主义现代化国家的首要任务。金融是国家经济的血脉和国家核心竞争力的重要组成部分，迫切需要为经济社会发展提供高质量服务。票据与金融紧密结合，在推动金融高质量发展、建设金融强国中大有可为。

（一）使用票据助推科技创新，发展科技金融

科技是第一生产力，科技兴则民族兴，科技强则国家强。科技型企业一般会经历种子期、初创期、成长期和成熟期等不同阶段，其在成长周期的不同阶段，对金融的需求也具有不同的特点。截至 2023 年第三季度末，科技型中小企业获贷率为 47%，科技金融支持力度还要继续加大。

在科技型企业的初创期和成长期，由于企业的发展存在较大的不确定性，其融资渠道十分单一。因此，商业银行等金融机构应当逐步建立科技金融中心，与票据部门协作，建立信息实时发布和融资实时对接的畅通渠道。鼓励金融机构在科技聚集区、高新技术开发区和高科技产业园区设立专门的分支机构，并赋予其授信审批和产品创新权限。适当提高本行白名单内以及有担保的科技型企业的授信额度，适当降低科技型企业票据承兑和贴现门槛，加大风险容忍度，对办理科技型企业票据业务的给予一定的绩效考评政策倾斜。根据各地区、各企业和各项目发展实际，提供精准化金融服务，切实满足科技创新企业的资金需求。利用票据白名单和担保机制，解决初创期和成长期科技型企业的融资问题，使更多的金融资源流向科技型企业，更好地为科技型企业服务。

科技型企业步入成熟期后，商业银行应加大商业承兑汇票宣传力度，为企业分析使用票据的优势，同时引入担保机制，积极开展科技型企业的商票保贴业务，解决科技型企业使用票据的后顾之忧，推动供应链票据在科技型企业中的广泛应用。

此外，还要拓展票据在科技咨询培训行业中的应用，加强与科技咨询培训行业的合作与交流，实现科技领域资源和信息共建共享；要发挥票据贴现在支持服务“专精特新”企业中的作用，为其提供融资渠道，降低融资成本；要创新票据产品，将科技成果和产业相融合，提高科技成果的转化效率和市场化程度，激发企业创新创造的内生动力；要发挥供应链票据在服务科技更新改造与产业转型中的作用，促使企业进行科技更新改造与

产业结构升级；要防控票据在科技产业行业中的风险，加强票据从业人员对科技型企业的跟踪和研究，防范道德风险，充分利用人工智能、大数据等技术对科技型企业的信用风险进行评估，切实做好风险防控工作。

（二）发挥绿色票据助力绿色金融发展的作用，促进金融高质量发展

绿色发展是金融高质量发展的题中应有之义，绿色票据正是在绿色发展的大背景下产生的。截至 2023 年 9 月末，我国绿色贷款余额为 28.58 万亿元，境内绿色债券余额为 1.98 万亿元，分别居于全球第一位、第二位。但仍有大量工作要做，包括进一步丰富和完善绿色标准及评价体系、建设信息披露等制度、完善激励约束和评估机制、创新产品和服务、坚持整体思维、立足国情和技术实现等方面。

一是转变发展理念。绿色票据是支持绿色经济发展的重要工具之，与现有的绿色贷款、绿色债券并不冲突，并且还能为金融高质量发展贡献力量。绿色企业要大胆使用绿色票据，通过签发绿色票据，能够有效地解决企业间的支付需求，并且在企业出现临时性的流动性资金需求时，可以将手中持有的绿色票据向银行申请贴现，以获得较低成本的融资。商业银行要深入贯彻国家发展理念，主动帮助绿色企业“贴标”，积极办理绿色票据贴现业务，更好地促进绿色票据发展。

二是选择重点行业试点推进。绿色票据的发展不可能一蹴而就，需要一个渐进的过程。在实现绿色票据全面发展之前，要选择在重点行业先行试点，如新能源、环保等行业，结合当前该行业绿色票据发展现状，建立第三方评估和认定体系，统一绿色票据标准。在该行业发展绿色票据的同时，应注意总结经验，为今后在全市场推动绿色票据发展破除障碍。

三是明确相关标准。目前制约绿色票据发展的因素之一是标准界定问题，这个问题不解决好，绿色票据就无法实现全面放心的发展。相关标准明确之后，一方面，企业签发绿色票据就有了遵循，明白需要达到何种条件才能签发绿色票据；另一方面，商业银行办理绿色票据贴现业务时，能够减少认定流程，再加上中央银行对绿色票据提供优惠利率，使得商业银行为企业办理绿色票据贴现业务的积极性更高。

四是完善基础设施，建立绿色票据平台。绿色票据的发展离不开基础设施的建立和完善。应在上海票据交易所的基础上，由金融监管机构牵头，多部门联合构建绿色票据平台体系，加快建立银行间绿色票据综合服务平台，实现绿色票据信息、数据共享和不同银行对绿色票据的互认，提升绿色票据服务的精准性和便利性，破解绿色票据领域的信息不对称问

题，使绿色票据发展更健康、更规范。

五是防范绿色票据风险。绿色票据作为票据业务的一种创新产品，由于发展时间较短，各项制度不健全，标准未统一，存在“洗绿”“漂绿”等风险。因此，在发展绿色票据的同时，要注意风险防范。首先，监管部门要实现对绿色票据业务的穿透式监管，建立绿色票据监管平台，提高监管的有效性。其次，引入绿色票据担保机构。如果绿色企业在票据到期时无力偿还债务，担保机构将会支付一定的资金给持票企业，以减轻持票企业的损失，进而降低绿色票据风险。

（三）使用票据服务中小微企业，切实推动普惠金融发展

习近平总书记指出，要始终坚持以人民为中心的发展思想，推进普惠金融高质量发展，健全具有高度适应性、竞争力、普惠性的现代金融体系，更好满足人民群众和实体经济多样化的金融需求，切实解决贷款难贷款贵问题。

普惠金融的宗旨是为社会各阶层和群体提供适当且有效的金融服务。截至 2023 年 9 月末，全国普惠型小微企业贷款余额为 28. 4 万亿元，近 5 年年均增速约为 25%。但是，无论是从广度上看还是从深度上看，我国票据服务普惠金融都有巨大的提升空间。我国拥有近 6000 万户企业，其中普惠型小微企业占比很高，但与 160 万亿元的企事业单位贷款相比，不到 20%，这与普惠型小微企业对经济社会的贡献远远无法匹配，因此要转变传统服务观念，创新票据产品，引入担保机构，结合数字科技，加强农村金融基础设施建设，切实推动普惠金融发展。

一是转变传统服务观念，通过供应链票据平台直接签发供应链票据，而供应链票据可以在企业间转让，通过贴现或标准化票据融资。供应链票据的核心在于通过将小微企业与核心企业资信捆绑，能够将单个企业的风险转化为供应链整体风险，起到分散金融风险的作用，降低小微企业融资成本。

二是不断创新票据产品，为中小微企业提供更加多样的普惠服务。上海票据交易所先后推出票付通、贴现通、票据信息披露平台等票据创新产品降低市场信息不对称，有效推动了票据市场的发展；各大银行也针对票据业务进行业务创新，如京票的“秒贴”、各大银行的“保贴”、平安银行的“免开户贴现”等，有效提升了票据服务质量，使得小微企业能够享受到更高效更便捷的票据服务。

三是积极引入第三方融资担保机构，通过担保的方式为符合普惠金融

服务条件的中小微企业开展票据承兑、贴现增信，提高票据的认可度和流动性。对普惠金融企业提供一定的优惠利率倾斜，一方面，中央银行可以适当调整满足普惠金融条件的票据再贴现利率，引导商业银行的金融资源流向普惠金融领域；另一方面，商业银行在为企业办理承兑或贴现业务时，可以适当降低服务费用以及相关利率，吸引普惠金融企业办理票据业务。

（四）发挥票据支持养老金融发展的作用

我国已进入老龄化社会，2023年末全国60岁及以上人口、65岁及以上人口占总人口的比例分别达到21.1%、15.4%。在老龄化程度不断加深的背景下，以养老金融、养老服务和养老用品等为核心的养老产业具有巨大的发展潜力。

一是加强顶层设计，加大票据支持养老力度。通过降低票据融资成本以及增强票据融资能力，积极开展养老产业票据服务业务，深入养老产业展开调研，挖掘养老产业票据应用空间，更好地服务养老企业。

二是建立养老产业扶持体系，强化财政金融支持。优化中央预算内投资相关专项使用范围，用好普惠养老专项再贷款、普惠养老专项再贴现，对符合条件的公益性普惠养老机构运营、居家社区养老体系建设、纳入相关目录的老年产品制造企业等给予支持，建立相关养老产业扶持指标激励机制，坚持市场化原则鼓励各商业银行通过票据贴现等低风险业务提供信贷支持。鼓励各类金融机构在坚守职能定位、依法依规的前提下，加大对养老服务设施、银发经济产业项目建设的支持力度。

三是加强供应链票据在养老服务业中的应用。养老服务业是集衣、食、住、行、文化娱乐等于一体的综合性产业，其蓬勃发展需要大量物资和技术支持，因此，它与上下游产业之间有着很强的关联性和连锁效应。供应链票据平台依托电子商业汇票系统，与供应链金融平台对接，可以为养老服务业企业提供电子商业汇票签发、承兑、背书、到期处理、信息咨询等服务。养老服务业上下游企业之间产生应收应付关系时，可以通过供应链票据平台直接签发供应链票据，而供应链票据可以在企业间转让，通过贴现进行票据融资。

（五）以数字票据助推数字金融发展

数字金融是指利用互联网技术、移动通信和其他数字技术手段来开展金融服务和交易的一种形式，具有共享、便捷、低成本、低门槛的特点，包括互联网支付、移动支付、网上银行、金融服务外包及网上贷款、网上保险、网上基金等金融服务。数字票据是数字金融的重要组成部分，因此要推动数字票据发展。

一是数字票据充分利用大数据、人工智能等技术手段，为企业提供个性化、便捷化的票据解决方案，随时满足企业的支付需求与融资需求；打破地域限制，结合跨境人民币等金融手段创新服务模式，提升服务效率，降低企业交易成本；为数字经济中的创新活动、创新项目提供票据支持，促进数字经济高质量发展。

二是以数字票据推动社会信用发展，为企业经营创造良好的生态环境。数字票据依托信用信息及票据信息基础设施开展各项业务，借助各类先进科技手段完善商业信用体系建设，解决我国商业信用体系中存在的基础设施弱、存量数据少、数据覆盖面小、跨部门协调难等问题，改善商业信用生态，推动社会信用良性发展，从而进一步推动实体经济发展。

三是发挥金融科技的作用，将大数据、人工智能等技术手段嵌入数字票据行为中，加大数据挖掘力度，强化智能分析手段，提升数字票据服务的准度与精度，实现金融资源对中小企业的精准滴灌，引导金融资源配置到经济社会发展的关键环节和重点领域。

四是做好修订数字票据法律法规及规划、业务模式等相关工作，完善《票据法》及相关法规制度，明确数字票据业务产品种类、业务流程，为数字票据发展创造良好的法律及制度基础。

票据支持养老金融发展的可行性研究

肖小和　谈铭斐　熊星宇　王瑞星①

2023年底召开的中央金融工作会议提出“做好科技金融、绿色金融、普惠金融、养老金融、数字金融五篇大文章”，为金融机构和金融从业人员牢牢把握推进金融高质量发展这一主题，做好相关金融工作指明了方向。这是养老金融的概念首次在中央层面被明确提出，是中国共产党开展经济金融工作的重点，其重要性不言而喻。养老金融的顺利开展关系国计民生，关系能否更好地满足人民对美好生活的向往，关系养老资本能否与资本市场良性互动，以实现我国证券市场健康稳定发展、居民养老财富长期积累，关系能否顺利通过养老产业创造新的消费市场和就业机会。

本文将围绕目前在养老金融领域出现的难点痛点，结合票据的独特优势，探索票据如何助力养老金融这一问题，以服务于老龄化国家战略，增进民生福祉。

一、养老金融的概念

养老金融是为了满足社会大众综合的养老需求而进行的金融活动的总和，以养老资源跨时空配置为手段，应对和管理老龄化带来的长寿风险。从结构上看，养老金金融、养老产业金融和养老服务金融构成了养老金融这一概念体系。具体而言，养老金金融是为了储蓄制度化的养老金，养老产业金融为养老相关产业提供投融资支持，养老服务金融则是为了满足养老相关需求而进行的金融服务活动。

（一）养老金融的特征

养老金金融有两个特征，一是长期保值增值性，养老资金积累主要是在工作期间，并用于退休后的消费，贯穿大半生命周期，时间跨度长；养老金要在整个过程中实现保值增值，以期对冲通胀风险，保持资金购买力；

① 王瑞星所在单位为江西财经大学金融学院。

二是安全性，对大部分人来说，养老金投资的风险厌恶系数较高，更加看重投资的安全性。

养老产业金融的特征是融资周期长、回报低、市场风险较为突出，因此，银行对养老产业信贷一般持较谨慎的态度。

养老服务金融的特征是养老服务需求多元化，完善的产品与服务体系是中国特色养老金融体系建设的基本要求，因此，金融机构应紧密结合需求，把高质量的老年生活作为服务中国特色养老金融体系建设的根本目标，进行业务与产品创新、明确市场客户分层与分级服务定位，为用户提供更优质的服务。

（二）票据与养老金融

票据有广义和狭义之分。广义的票据泛指一切有价证券和各种凭证。狭义的票据即为一般意义上所称的票据，是指出票人依照《票据法》签发的，由自己或委托他人在见票时或在指定日期无条件支付确定的金额给收款人或持票人的有价证券，包括支票、本票和汇票。本文主要阐述商业汇票嵌入养老金融的必要性与可行性。相较于其他金融工具，票据有其独特的优势。

一是支付功能属性。支付结算是票据的基本功能属性，具体是指，买方企业可以将已签发或持有的未到期商业汇票支付给卖方企业，完成订单资金的交付和商品交易；卖方企业收到票据后，再转让给本方的前手企业，完成采购。

二是融资功能属性。融资是票据的重要功能属性，借助票据可以通过两种方式完成融资，即票据承兑和贴现。前者借助银行的信用，实现货款延付，后者使得持票企业扣除相应折价后，能够提前获取银行资金支持。

三是便利性。相较于其他信贷业务，票据贴现具有流程短、手续简洁、划款时间短等特点，而且办理贴现业务时需要提交的材料相对较少，明显缩短了中小企业申请短期融资的流程，助力中小企业拓宽融资渠道。

基于票据自身的特点，票据服务养老金融具有天然优势。由于养老产业融资周期长、回报低，市场风险较为突出，因此，银行对养老产业信贷一般持较谨慎的态度，但票据自带支付属性、融资属性，且具有便利性等特征，具有服务养老金融的天然优势。

二、养老金融与票据业务发展现状

（一）养老金融发展现状

就我国人口老龄化情况来看，2022 年我国 65 岁以上人口占总人口的 14.9%，在出生率下滑和寿命延长的双重作用下，65 岁以上人口占总人口的比重将以更快速度增长，按照国际通行划分标准，当一个国家或地区 65 岁及以上人口占比达到 14%时，代表着其已进入深度老龄化阶段，随着老龄化程度不断加深，完善养老保障成为保障民生的重要方向之一。下文将围绕养老金金融、养老产业金融和养老服务金融来描述我国养老金融发展现状。

1. 养老金金融发展现状

从我国养老金制度构建的角度观察，我国养老金融的顶层设计不断完善。2022 年 4 月，国务院办公厅印发《关于推动个人养老金发展的意见》，标志着我国账户制个人养老金制度的确立。11 月，人力资源社会保障部、财政部等五部门联合印发《个人养老金实施办法》。个人养老金制度的确立，加上之前不断完善与发展壮大的第一支柱基本养老保险制度和第二支柱企业年金及职业年金制度，标志着“三支柱”的养老金制度框架在我国搭建完成。早在 1994 年世界银行发布的《防止老龄危机——保护老年人及促进增长的政策》研究报告中就提出了养老金“三支柱”模式，用于推动世界养老金制度改革。其中，第一支柱为政府管理、法律强制的公共养老金计划，主要用来满足老年人的基本生活需要；第二支柱是企业和个人共同缴费的职业养老金计划，作用是减少对第一支柱的依赖，以及提升老年人的晚年生活水平；第三支柱是自愿参与、由政府给予税收优惠的个人储蓄计划。在我国，第一支柱为基本养老保险，分为城镇职工基本养老保险和乡村居民基本养老保险。第二支柱为年金制度，分为企业年金和职业年金。企业年金是企业根据自身情况自愿选择为本企业职工建立的补充性养老金制度；职业年金制度面向机关事业单位职工。第三支柱为个人储蓄型养老保险，即个人养老金制度和市场化的个人商业养老金融业务，是自愿建立的个人养老金，以个人为主导，商业保险机构提供养老保障，主要有各类商业养老保险、养老基金、养老理财等。随着第三支柱开始发力，“储蓄养老”正式向“投资养老”过渡，人们对养老的期望也在发生改变，基础的“生存型养老”目标正转向高质量的“生活型养老”。但是，结合目前态势，从结构上看，养老金三支柱发展不平衡，第一支柱独大，第二支柱发展缓慢，第三支柱存在缺位的问题。

从我国养老金规模分析，截至 2022 年，我国养老金积累规模约为 15.46 万亿元，占 GDP 的比重为 12%，而 2019 年 OECD 的 36 个成员国中，养老基金占 GDP 的比重平均为 49.7%，有 8 个国家超过 100%。其中，丹麦为 198.6%，荷兰为 173.3%，加拿大为 155.2%，美国为 134.4%。在我国的养老财富储备中，第一支柱（基本养老保险）结余 6.99 万亿元，占比 45%；第二支柱（企业年金和职业年金）合计 4.98 万亿元，占比 32%；国家养老储备基金为 2.60 万亿元，占比约 17%，第三支柱规模约为 8892.7 亿元（截至 2023 年第一季度，商业养老保险准备金约为 6600 亿元，专属商业养老保险累计保费规模为 50.8 亿元；养老理财产品规模为 1004.9 亿元元；养老储蓄试点规模为 377 亿元（截至 2023 年上半年）；养老目标基金规模为 860 亿元（截至 2022 年底）），占比不足 6%。目前，我国养老资金缺口大、养老金融体系缺乏资金保障，继续提高百姓收入是增强第三支柱及解决养老资金缺口的途径之一。

从养老金的投资范围看，养老金对于投资品种和投资比例有严格要求。根据《国务院关于印发基本养老保险基金投资管理办法的通知》，养老金的投资范围包括：银行存款，中央银行票据，同业存单；国债，政策性、开发性银行债券，信用等级在投资级以上的金融债、企业（公司）债、地方政府债券、可转换债（含分离交易可转换债）、短期融资券、中期票据、资产支持证券，债券回购；养老金产品，上市流通的证券投资基金，股票，股权，股指期货，国债期货。可见，养老金的投资范围较广，可供选择的金融产品较为丰富，在投资比例的限制下，风险得到了较好的控制，但这也对养老金的增值能力和抗通胀能力提出了挑战。

2. 养老产业金融发展现状

养老产业金融是指通过金融行业为养老相关产业提供投融资支持，旨在通过金融手段满足养老产业回报周期长、投资额度大的需求，为多元化养老提供支撑。

目前，就我国的情况来看，养老产业金融依然存在诸多问题：金融服务体系不完善，养老产业信用担保体系不完善，担保机构法律制度环境欠改善，符合养老产业发展特点的服务方式开发不完备，养老产业金融服务门类少，具有养老产业特色的信贷产品匮乏，应收账款、动产、知识产权、股权等抵押贷款创新不足，养老专项债务融资工具、养老产业投资引导基金、养老信托计划、养老设施租赁等服务平台建设不足，运用政策性金融

工具并向中小企业、社区养老、居家养老等缺乏资金的群体和领域倾斜的力度不足。

3. 养老服务金融发展现状

目前，我国的养老服务金融没有进一步形成新的养老金融模式和业态，存在诸多问题。一是服务市场定位不准，金融产品和服务特色不够鲜明、种类不多，难以满足老年人的养老跨生命周期需求。二是服务质量参差不齐，与其他服务业不同，金融服务要求从业人员具有更多的知识储备、敏锐的风险意识以及挖掘客户需求的能力，需要投入更多的成本对从业人员进行系统的培训。金融服务要扩大供给，也要提升质量水平。

（二）票据业务发展现状

我国票据市场发展经过了 1980 年到 1995 年的探索阶段、1995 年到 2000 年的初始发展期、2000 年到 2011 年的高速扩张期、2011 年到 2016 年的野蛮增长期，自上海票据交易所成立后，我国票据市场进入规范发展期。

从体量上看，我国票据市场规模庞大，2023 年票据承兑发生额达 31.3 万亿元，同比增长 14.5%，其中，上半年票据承兑发生额为 12.4 万亿元，同比下降 11.6%，下半年票据承兑发生额为 18.9 万亿元，同比大幅增长 42.1%。2023 年票据贴现发生额为 23.8 万亿元，同比增长 22.4%，其中，上半年票据贴现发生额为 8.9 万亿元，同比下降 12.5%，下半年票据承兑发生额为 14.9 万亿元，同比大幅增长 60.9%。

三、关于票据业务服务养老金融的思考

（一）顶层设计指引方向，加大票据支持养老力度

加大票据支持养老金融力度，可以着手于以下两个方面：一是降低票据融资成本。根据资本新规，原始期限 3 个月以上的票据承兑及贴现风险资产分别计提 100%及 40%，可根据承兑企业及贴现企业的不同情况适当减少计提比例，减少商业银行风险占用，由资金端自发地向养老企业拓展票据业务空间。二是增强票据融资能力。商业银行应在稳健经营的基础上，对养老产业的票据进行更多的承兑及贴现，深度挖掘养老产业票据应用空间，发挥银行信用的作用，增加商业银行对于养老产业票据承兑及贴现的比例和总量。同时，中央银行可以考虑新增设置促进银发经济相关的考核标准，对满足考核标准的银行，增加再贴现及再贷款额度，放松再贴现票据要求及再贷款要求。

（二）以票据服务民生事业，保障中小企业稳健发展

养老产业是以保障和改善老年人生活、健康、安全以及参与社会发展为目的，为社会公众提供各种养老及相关产品的生产活动集合。完备的养老产业体系是中国特色养老金融体系建设的重要着力点。

票据是服务养老产业的理想工具之一。在养老产业中，中小企业占比高，因此，中小企业的健康状况决定着养老产业的发展，而在中小企业的融资方式中，票据具有明显优势。与流动资金贷款业务相比，票据服务中小企业的优势较为明显，一是票据贴现利率较低，低于流动资金贷款利率，为企业节约了大量融资成本；二是企业通过办理票据项下（尤其是办理电子商业汇票时）相关业务，效率更高、更便捷，有利于节约时间成本，能够加快企业资金回笼速度；三是票据业务办理效率高、门槛相对较低，与资本市场融资工具相比，其能更好地覆盖中小微企业，及时向企业提供短期融资，促进中小企业资金融通；四是票据高度嵌入企业供应链，参与链内企业采购、生产及销售的全过程，对供应链平稳运行起到重要作用。

债券的期限一般较长，有利于促进经济长期稳定发展，提高资金使用效率；相比之下，票据的期限一般较短，对支持中小企业具有独特优势：一是发行效率高，票据发行较为便利，尤其是商票，仅需企业内部审批即可发行。二是用票人多为中小企业，大部分票据的发行对象、使用对象均为中小企业，2023 年 1 月至 10 月，中小微企业累计签发票据金额达 15. 50 万亿元，相较于 2022 年同期增长 6. 16%，前 10 个月中小微企业累计贴现金额为 13. 10 万亿元，同比增长 13. 91%；从业务占比来看，2023 年 1 月至 10 月，中小微企业签发票据金额占比稳定在 60% 以上，中小微企业贴现金额占比稳定在 70%左右，尤其是 2023 年 7 月，中小微企业签发票据金额占比以及贴现金额占比分别达到了 69. 10% 和 77. 30% 的较高水平，票据市场服务中小微企业力度持续加大。三是票据产生的原因不同于债券，票据基于贸易背景（赊销）而产生，因此票据具有延期支付的功能，到期兑付主体为企业，更适合在供应链、产业链体系中流转。

（三）聚焦多样化需求，利用票据培育潜力产业

养老医疗、养老健康护理、养老科技和养老培训等相关养老产业中普遍存在融资周期长、回报低、市场风险较为突出等问题，因此，银行对养老产业信贷一般持较谨慎的态度。对于缓解以上三个问题，票据具有天然

优势，因为票据具有流动性、安全性和便利性等方面的优势。商业汇票持有人可以将未到期的商业汇票贴现以获取资金，保证了商业汇票的流动性；银行承兑汇票贴现是以商业银行的信用为基础进行的融资，有银行信用作为保证，确保了安全性；在办理票据贴现业务时，商业银行仅要求提供具有真实贸易背景的商品或服务交易合同，以及增值税发票，无须提供其他信用佐证材料，这保证了票据业务的便利性。除了采用传统的票据外，还可以使用供应链票据，以更好地解决目前养老产业所面临的问题。

养老产业中包含众多小微企业，这些企业资金需求量不高、频次多，而供应链票据实现了等分化签发，可以 0.01 元为单位进行拆分，大大提高了企业用票的灵活性，解决了企业持票金额与付款金额不匹配的痛点；供应链票据还可进一步提升企业用票的便利性，企业办理电子商业汇票相关业务仅能通过商业银行、财务公司渠道办理，而供应链票据为企业提供了通过供应链平台接入的新型接入方式，进一步扩展了业务办理渠道；除此之外，供应链票据能够进一步缓解中小企业融资难、融资贵问题。由于供应链场景下企业间的真实交易关系更具可见性，且供应链票据可以有效实现信用传递，让产业链上的中小微企业分享核心企业的优质信用，因此，供应链票据更容易获得金融机构的融资及优惠价格。在供应链票据融资实践中，其贴现利率通常较同期贷款利率低 100~150 个基点，有效节约了企业融资成本。

（四）以票据服务民生事业，助力打造养老社区

社区养老是指以家庭为核心，以社区为依托，以老年人日间照料、生活护理、家政服务和精神慰藉为主要内容，以上门服务和社区日托为主要形式，并引入养老机构专业化服务的居家养老服务体系。

社区养老需要充裕的资金投入。在公共财政投入力度加大的同时，也要强化社会力量的资金支持，从而更好地解决居家养老服务发展中存在的资金瓶颈问题。金融业可以通过多种经营活动和非经营活动，为居家养老服务提供资金支持，扩大居家养老服务资金来源，如适当降低社区养老相关的票据承兑门槛、下调贴现率等，通过票据，可以实现拓宽融资渠道以及降低融资成本的目的，助力社区养老发展。

（五）建立养老产业扶持体系，强化财政金融支持

优化中央预算内投资相关专项使用范围，用好普惠养老专项再贷款、普惠养老专项再贴现，对符合条件的公益性普惠养老机构运营、居家社区

养老体系建设、纳入相关目录的老年产品制造企业等，建立相关养老产业扶持指标激励机制，坚持市场化原则鼓励各商业银行通过票据贴现等低风险业务提供信贷支持。鼓励各类金融机构在坚守职能定位、依法依规的前提下，加大对养老服务设施、银发经济产业项目建设的支持力度。

（六）利用票据助推银发经济发展，增进老年人福祉

银发经济是向老年人提供产品或服务，以及为老龄阶段做准备等一系列经济活动的总和，涉及面广、产业链长、业态多元、潜力巨大。发展银发经济，就是要发展民生事业，解决“急难愁盼”问题；发展银发经济，就是要扩大产品供给，提升质量水平；发展银发经济，就是要聚焦多样化需求，培育潜力产业；发展银发经济，就是要强化要素保障，优化发展环境。培育、繁荣银发经济，企业、政府和金融机构等主体要共同发力，参与主体是多元的，主体间的差异是显著的，融资需求也必然是多样的，资金使用场景也必然是多元的。鉴于票据自身的特点和优势，尤其是商业汇票，其在助推银发经济发展上大有可为。

（七）防控票据风险，优化发展环境

票据是服务养老产业的理想工具，但具有一定的使用门槛及风险，培训以及相应的市场配套体系必不可少。要对养老产业中的企业开展票据相关知识培训，避免因操作失误而带来票据风险。

防范高资产高负债养老产业企业签发商业承兑汇票。实际业务中个别金融机构受到手续费或吸收存款的诱惑而签发超过企业自身能力的银行承兑汇票，导致到期无款垫付、借故拖延或无理拒付，造成到期承付率下降，这无疑会加大经营风险，对银行的经营造成不利影响，进而危害整个金融系统的健康。

为了防控票据风险，要落实中央金融工作会议精神，在鼓励金融机构使用票据服务养老金融的同时，守住金融监管的底线。

祝贺中国外汇交易中心成立30周年

肖小和　李紫薇

2024年2月15日，中国外汇交易中心迎来了30岁生日。三十年来，中国外汇交易中心在促进银行间外汇市场、货币市场、债券市场及衍生品市场发展，支持和服务货币政策传导，提升银行间市场信息透明度，完善人民币及相关产品定价机制等方面发挥着重要作用。同时，中国外汇交易中心还主办了《中国货币市场》财经月刊，积极促进银行间市场和金融专业间的学术交流。票据市场是金融市场的重要组成部分，为了推动票据市场持续健康发展，近年来江西财经大学九银票据研究院不断深入开展票据应用理论研究，持续输出研究成果，在《中国货币市场》上发表了多篇文章，《中国货币市场》也见证了我国票据市场的创新与发展。

一、票据市场与其他市场的关系

中国外汇交易中心成立的三十年也是中国票据市场快速发展的三十年。三十年来，票据市场与货币市场、资本市场、外汇市场等相互推动、互为助力，共同助推我国经济发展。

（一）票据市场与外汇市场的关系

汇票作为一种重要的外币支付凭证，是国际结算中广泛使用的一项信用工具。从票据发展的历史沿革来看，早在19世纪60年代初，外国银行便已支持钱庄汇票贴现以促进埠际贸易往来，这也在某种程度上促进了票据汇兑功能的发展与延续。上海票据交易所成立以后，积极推动跨境人民币贸易融资转让服务平台建设，促进人民币跨境贸易融资业务发展，提高人民币跨境及离岸清算效率，帮助企业减少汇率风险，降低融资成本（中信银行上海分行课题组，赵慈拉，2022）。未来随着电票在跨境人民币业务中普及应用，票据市场与外汇市场的融合度将进一步提升。

（二）票据市场与货币市场的关系

票据市场是货币市场的重要组成部分，其发展对于完善货币市场基础功能、传导货币政策、加快利率市场化进程、促进金融市场相互融合、提升金融市场资源配置效率、促进实体经济资金融通、发展与创造商业信用等具有积极的作用。货币市场的发展也影响着票据市场货币政策传导、短期资金融通、金融资产定价、信用创造和发展等功能的行使（江西财经大学九银票据研究院，2021）。从票据市场与其他货币市场子市场的关系来看，票据市场与同业拆借市场共同为金融机构提供短期资金调节，与回购协议市场共同为金融机构提供短期资金融通。与短期国债市场相似，票据市场具有低风险、高流通性、期限短等特点，是中央银行传导货币政策的重要途径。

（三）票据市场与资本市场的关系

票据市场所属的货币市场是资本市场存在的基础，资本市场完善与否也会影响到票据市场的发展。一方面，资本市场的价格波动及风险传导会对票据利率及票据市场稳定性产生影响；另一方面，资本市场的发展为票据市场创新提供了土壤。票据资产证券化、票据资管、票据理财等业务的发展使得票据投资功能逐渐被挖掘，标准化票据的出现则进一步拓宽了资本市场参与主体的投资渠道。未来，随着票据远期、票据互换、票据期货等衍生产品的发展，资本市场投资品种有望进一步丰富与完善。

二、票据市场三十年发展回顾

三十年来，票据法制从无到有，基础设施逐步建立，功能作用日渐完善，市场创新层出不穷。这一时期票据市场建设效率空前、市场发展成效显著，票据市场已发展成为我国金融市场的重要基础设施。

（一）法律制度逐步确立

1995 年 5 月 10 日，第八届全国人大常委会第十三次会议审议通过《票据法》，历史性地改变了我国票据市场无法可依的局面。1997 年颁布的《商业汇票承兑、贴现与再贴现管理暂行办法》和《票据管理实施办法》进一步对票据承兑、贴现、转贴现和再贴现，票据主体、行为、权利、义务、违法处置等进行了规范。同年 9 月，《支付结算办法》颁布，从支付结算的角度出发，明确了票据当事人和关系人的权利与义务，强化了支付结算的纪律和责任。随着一系列制度的出台，票据法律法规逐步确立，进一步推动了票据市场的发展。2009 年，在电子票据问世的同时，人民银行同时印发了《电子商业汇票业务管理办法》，给 ECDS 的运行及电子商业汇票业务

的发展提供了制度支持。电子票据的出现进一步推动了票据市场快速发展，各商业银行为了实现超额收益，不断创新产品和交易模式，为票据风险案件的爆发埋下了隐患，“票据掮客”的存在进一步加剧了票据市场发展乱象。2010年开始，监管部门对票据市场的管理逐渐趋严，相继下发多个监管文件，不断升级监管治理措施，以规范票据市场的经营范围。上海票据交易所成立后相继出台了《票据交易管理办法》《票据交易主协议》等制度，贯穿票据全生命周期，涵盖票据传统业务及创新业务，改善了票据市场交易中存在的风险问题、套利问题、票据真实性问题等。为了加强商业承兑汇票信息信用体系建设，完善市场化约束机制，2020年12月，中国人民银行发布第19号公告，上海票据交易所同步出台《商业承兑汇票信息披露操作细则》，对商业汇票信息披露事宜进行规范。此后，《商业汇票承兑、贴现与再贴现管理办法》《商业银行资本管理办法》相继发布，给票据市场带来了新的发展变化。

（二）票据市场发展成效显著

《票据法》的颁布加快了票据市场发展进程，越来越多的商业银行开始涉足票据承兑、贴现业务，转贴现业务也开始出现。工商银行郑州分行华信支行率先以票据业务为专营方向，办理银票和商票的贴现与转贴现业务，并将业务范围扩展至周边省份乃至全国。到20世纪末，我国票据市场的面貌发生了全新的改变，已基本形成以重庆、广州、郑州、南京等中心城市为依托的区域性票据市场。票据市场初见规模，业务总量也有所增长，1999年，票据承兑发生额为5076亿元，相较于1995年增长109.41%；贴现发生额为2499亿元，相较于1995年增长76.98%；再贴现发生额为1150亿元，相较于1995年增长36.00%（江西财经大学九银票据研究院，2020）。2000年以后，部分城市商业银行、信用社、外资银行开始加大票据业务拓展力度，票据市场参与主体不断扩大。21世纪初，票据市场在监管机构推动、商业银行主动拓展及实体经济迫切需求下，实现了多维度、高质量的发展，票据融资成为重要的短期融资渠道。尤其是2009年电子票据出现以来，各商业银行纷纷加速票据创新步伐，我国票据市场发展高度繁荣，票据交易十分活跃，新产品和新模式层出不穷，全国金融机构承兑量和贴现量都实现了跨越式增长。从业务数据来看，2015年，票据承兑发生额达到了22.40万亿元，是2000年承兑总量的30.09倍；贴现发生额为

102.10万亿元，是2000年贴现总量的158.37倍[①]。然而，高速发展背后所积累的风险隐患不断暴露，导致2016年风险案件频发，票据市场发展回归本源，直至上海票据交易所成立，票据市场生态环境重构，票据市场由此拉开了崭新帷幕。上海票据交易所成立以后，票据创新大放异彩，瞄准企业发展痛点，有针对性地推出了各类票据创新产品，进一步拓展了票据支持实体经济发展的深度与广度。2023年，票据承兑发生额为31.35万亿元，相较于2017年增长84.41%；贴现发生额为23.82万亿元，相较于2017年增长232.80%。[②] 2017—2023年，票据承兑发生额、贴现发生额与GDP的相关系数均超过0.97，由此可见，票据市场已经成为实体经济发展的重要推动因素。

（三）基础设施建设稳步推进

2009年10月，中国人民银行电子商业汇票系统（ECDS）正式建成运行，我国票据市场由此迈入电子化时代。ECDS的建成从根本上解决了纸质商业汇票交易方式效率低下、信息不对称、风险较大等问题，推动了票据市场发展与创新的步伐。2016年12月8日，上海票据交易所成立，并成为票据市场统一的票据交易中心、登记托管中心、清算结算中心、货币政策操作平台，改变了之前我国票据市场区域的、割裂的状态。上海票据交易所自成立以来，陆续开展了上海票据交易所客户端建设推广、电子商业汇票系统（ECDS）整合、纸电票据融合、票据交易系统直连、线上票据清算系统上线、贴现和再贴现功能上线、票据信息披露平台试运行等大型重要基础项目，为票据市场发展提供了安全、可靠的平台；实行会员制，引入非银行金融机构参与二级市场交易，多元化票据市场参与主体。2020年1月16日，上海票据交易所票据信息披露平台正式上线运行，票据信息披露机制的建立完善迈出重要步伐。为了建设全业务流程、统一、高效的票据市场业务处理平台，上海票据交易所推动新一代票据业务系统建设，并于2022年6月正式投产上线，实现了纸电票据全生命周期管理，以及票据“找零支付”功能，进一步提升了票据使用的便利性。当前，上海票据交易所正在加速推进系统融合ECDS迁移工作，这将为票据市场服务经济高质量发展奠定坚实的基础。

---

① 资料来源：中国人民银行官网，上海票据交易所官网。

② 资料来源：上海票据交易所“票信宝”。

（四）票据市场创新层出不穷

2000年11月，中国工商银行票据营业部正式成立，开启了票据业务集中经营和集约化管理模式的探索。此时期，票据融资形式不断创新，票据贴现、票据理财、票据资产管理等业务相继出现。2005年开始，招商银行、民生银行、工商银行等相继推出了基于行内系统的电子票据产品。国内金融机构相继推出了动产质押、以票易票、商票保贴、委托代理票据贴现、买方付息票据贴现、应收账款票据化等特色票据产品。部分金融机构为企业提供票据保管、票据鉴定、票据查询和到期托收等整体票据服务，创新了票据产品与交易品种（肖小和和李紫薇，2021）。2009—2011年，票据理财迅速发展，并延伸出票据信托业务。上海票据交易所自成立以来，积极推动票据市场创新发展，上线试运行数字票据交易平台实验性生产系统并获得成功，实现了数字票据的突破性进展；发布国内首条票据收益率曲线，弥补了我国票据市场定价估值的空白；针对性地推出票付通、贴现通、标准化票据、供应链票据，提高了票据市场流通效率，满足企业票据支付、融资需求；上线票据信息披露平台，推出账户主动管理服务，推动商业信用体系建设，降低伪假票据风险。各市场参与主体主动作为，推出极速贴现、票据池、区块链票据、绿色票据、票据增信、"企票通""军工票"等创新产品，票据服务实体经济的深度与广度进一步提升。

（五）利率机制创新不断丰富

1998年以前，我国票据贴现利率和再贴现利率分别与贷款利率和再贷款利率相关联。1998年3月，人民银行基本建立了以再贴现利率为基准，间接引导贴现利率、转贴现利率的价格机制，并多次下调再贴现利率，进一步推动了票据业务的发展。2003年6月，中国外汇交易中心建成"中国票据报价系统"，即"中国票据网"，为金融机构之间的票据转贴现和回购业务提供报价、撮合、查询等服务，解决了票据信息不畅的问题。2007年1月，上海银行间同业拆放利率机制正式运行。同年4月，工商银行率先推出以Shibor为基准的票据转贴现和回购报价利率，11月又推出票据贴现利率与Shibor挂钩的定价机制，票据业务定价方式开始由固定利率向浮动利率转变。2018年12月，上海票据交易所推出了票据市场首条收益率曲线，即票据市场上信用主体为国有及股份制银行的电子银行承兑汇票转贴现收益率曲线，并陆续推出其他品种和信用主体的收益率曲线，以集中反映票据市场真实成交价格。票据收益率曲线一经发布，迅速成为票据市场参与者的定价基准，票据利率市场化和属性化的定价机制得以形成。至此，票据市场利率完成了定价机制的最终变革。

（六）服务中小企业持续发力

改革开放以后的票据市场在企业支付结算需求下应运而生，并作为清理企业“三角债”的工具及货款结算工具加以推广。此后，各类制度相继出台，规范了票据业务发展，推动了票据服务实体经济进程。电子商业汇票出现以后，各商业银行纷纷加速票据创新步伐，强有力地支持了实体经济发展。上海票据交易所成立后，有针对性地推出票付通、贴现通、供应链票据等创新型产品，推动票据信息披露、账户主动管理等风险防控措施，不断探索提升支持实体经济的直达性，优化改善中小企业用票环境，有效降低中小企业融资成本，提升中小企业的活力，票据市场发展成为企业低成本融资渠道。从中小微企业用票情况来看，2023 年，签发票据的中小企业达 21.30 万户，占比为 93.10%；中小企业签票金额累计达 20.70 万亿元，占比为 65.90%；贴现的中小企业达 32.00 万户，占比为 96.50%；中小企业贴现金额累计达 17.50 万亿元，占比为 73.60%。① 从票据融资成本来看，2023 年 12 月，票据贴现加权平均利率为 1.47%，低于同期限 LPR 198 个基点②，降低实体经济融资成本的作用明显，票据已经成为解决中小微及民营企业融资难题的重要工具。

（七）风险防控质效显著提升

改革开放后，票据业务逐渐恢复，但随着票据支付在支付结算中的比例不断提高，票据风险案件也有所抬头。为了防范诈骗风险，商业银行开始重塑业务流程，设立专职岗位，实行双人交叉验票机制等，显著降低了风险发生的频率。进入 21 世纪后，部分商业银行违规承兑、保证金管理不规范，市场中伪假票据与融资性票据大量存在，违规票据中介深度介入票据业务，为票据市场风险案件埋下了隐患。电子票据出现后，市场创新繁荣发展，一度出现了票据产品创新走在监管前面的现象。直至 2016 年票据市场风险案件全面爆发，票据市场参与主体才开始冷静思考其发展模式，并从市场基础设施建设、法规制定等多个方面重塑市场。近年来，人民银行等监管部门相继发布《关于完善票据业务制度有关问题的通知》《关于切实加强商业汇票承兑贴现和再贴现业务管理的通知》《关于票据业务风

① 资料来源：中国人民银行官网。

② 资料来源：上海票据交易所“票信宝”。

险提示的通知》等，进一步加强商业汇票业务监管、规范票据业务办理流程。为了防范各类金融风险，上海票据交易所未雨绸缪打造票据市场风险防范体系，大力推广电子商业汇票各项业务，提高电票业务占比；加强市场监测体系建设，建立业务监测平台，及时跟踪分析市场风险迹象，完善票据风险预防机制与应急处置机制，优化交易机制；完善票据账户主动管理功能，防范伪假票据风险；优化票据信息披露机制，加强承兑信息披露、信用信息查询等信用约束机制；科技赋能，强化系统企业身份校验与管控，引入企业信息报备、账户主动管理等功能，将风险关口前移。各参与主体也积极加强风险防范和内部控制管理，制定内部控制制度，票据市场风险防控质效显著提升。

（八）应用理论研究百家争鸣

票据市场应用理论研究开始于1980年，在中国人民银行批准上海先行先试票据业务后，上海市金融学会成立了“票据贴现研究会”，专门对社会主义条件下的票据业务应用相关问题进行调查、论证、研究。2002年，中国工商银行票据营业部发起成立“中国城市金融学会票据研究会”，创设全国首个票据专业期刊《票据研究》，并通过举办票据融资业务培训班、巡回讲课等方式培养了一批票据业务骨干。近年来，随着票据市场的不断发展，应用理论研究氛围愈发浓厚。上海票据交易所借助组织票据市场座谈会、票据市场高峰论坛、交易员沙龙等多层次研讨会，充分调研市场需求；组织内外部专家编写票据专著，开展形式多样的征文活动及课题研究，进一步提升票据业界的整体研究水平，票据市场应用研究体系初见雏形。江西财经大学九银票据研究院不断扩充研究团队，围绕票据市场重点热点问题展开研讨，持续输出研究成果；组织编写多部票据书籍，完善票据方向研究生教材体系，填补票据历史研究空白；通过举办学术会议、征文活动，培养票据方向硕士研究生，并通过开展研修班、讲座及提供咨询服务等方式打造高端票据领域智库和面向全国的交流合作平台。近年来，中国城市金融学会票据专业委员会、中国银行业协会票据专业委员会、上海市金融学会票据专业委员会、江西省金融学会票据专业委员会等票据专业委员会，以及中国票据研究中心、中国商票研究中心、中国支付清算协会票据工作委员会等票据研究机构相继成立，对票据市场发展进行了有益的探索，为票据市场发展献计献策。票据市场参与主体和服务机构也主动开展了形式多样的研讨活动，九江银行、广州银行、富民银行、常熟农商银行、普兰金服、兴业研究等机构，以及部分票据从业人士定期对票据市场情况进行分析，进一步提升了票据业界的整体研究水平。

三、票据市场三十年发展体会

票据因支付与融资功能而服务实体经济，因转贴、回购特点而服务金融市场，因投资及衍生创新而服务社会，而发挥这些功能的基础与关键在于票据信用。

（一）票据是服务企业的最优工具

票据因支付与融资功能而服务实体经济。受企业规模、治理结构等因素限制，中小微企业难以通过股票、债券、银行贷款等方式获得资金，转而寻求货币市场资金融通渠道。票据相较于流动资金贷款具有明显优势，一方面，票据具有准入门槛低、操作便捷的特点，尤其是票据期限缩短后，票据的支付功能与资金属性得到凸显，票据的支付性、流动性被进一步强化，更加符合企业日常资金周转需求。另一方面，票据融资成本低，贴现利率总体低于流动资金贷款利率，更具有普惠性特点。因此，在企业面临较高成本续贷和低成本流动性补充的抉择时，商业银行可以根据企业的实际情况，以票据替换企业部分流动资金贷款，进一步降低企业融资成本（肖小和和李紫薇，2023）。可以说，票据的这种支付与服务企业的融资功能决定了它的生命力。

（二）票据是服务金融流动性最便利的工具

票据因转贴、回购特点而服务金融市场。票据具有资金属性，具有较高的流动性，因此往往被用作商业银行二级流动性资产储备。当商业银行等金融机构面临临时性资金需求时，会通过票据二级市场转贴现或回购、逆回购等操作买卖票据进行资金头寸调节。由于票据产品种类繁多，票据利率灵活多变，可视具体业务情况进行调整，具有较高的灵活性，深受金融机构青睐。从业务数据来看，近年来票据交易规模增长较快。2023年，全市场转贴现交易量达到77.64万亿元，相较于2018年增长124.23%，回购62.87万亿元，相较于2018年增长728.39%。[①] 可以说，票据服务金融市场流动性的这种特点决定了金融主体的主动性和发展潜力。

---

① 资料来源：上海票据交易所“票信宝”。

（三）票据是服务社会及国际的短期重要工具

票据因投资及衍生创新而服务社会。由于2009—2012年票据资管、票据理财业务火爆一时，票据投资功能开始被挖掘。此后，票据ABS、标准化票据等产品相继出现，为票据投资产品的发展提供了广阔的空间和思路。若能将金融衍生产品引入票据市场，将有利于进一步拓宽票据市场参与主体的范围，提升市场活跃程度，加速票据流转，提升支付融资效率，增加票据市场资金供给，更好地服务实体经济发展。例如，金融机构可以通过票据远期利率协议、票据期货、票据期权等对冲未来利率波动风险，企业可以通过票据互换来满足企业特定的票据支付需求。可以说，票据的这种特征决定了它参与国际国内双循环不可或缺的重要性。

（四）票据信用是助力中国式现代化经济高质量发展的重要途径之一

票据功能特点的基础与关键在于票据信用。1993年以来，特别是2000年以来，票据承兑、贴现规模分别实现了年均178.73%、156.29%的增长速度。票据市场之所以能够取得如此快速的发展，关键在于票据信用的发展。票据服务经济快速增长，其根本基础也在于票据信用。从票据信用的发展历程来看，票据承兑信用已实现由1995年的0.24万亿元至2023年31.35万亿元的跨越，贴现信用也已从1995年的0.14万亿元发展到了2023年的23.82万亿元。2023年票据承兑金额占GDP的比重达到24.87%，高出1995年20.91个百分点；贴现金额占GDP的比重达到18.90%，高出1995年16.59个百分点。信用是票据的唯一，没有信用的票据就是废纸一张或者是空白的电子凭证。在中国式现代化建设进程中，在经济高质量发展中，需要金融资源配置和投入，票据作为金融资源的优质工具无疑可以发挥出其他工具难以发挥和替代的重要作用。

四、票据市场发展展望

不断推动票据市场快速发展，加速票据市场与货币市场、资本市场、债券市场协同发展，探索票据市场服务实体经济的融合点，助力中国式现代化经济发展。

（一）票据市场法治建设将不断完善

与时俱进完善票据市场常规制度。一是适度放宽对无因性的管控，增强票据的流通性与交易性，加快推动票据创新性发展；二是加速推动《票据法》修订，明确电子票据、票据经纪、票据评级机构、票据信息管理，供应链票据、标准化票据等票据创新产品，以及票据衍生产品的法律地位，明确票据可拆分，规范类票据产品发展；三是完善票据市场监管制度，破除阻碍票据发展的制度藩篱；四是推动建立票据评级、评估、担保机制；五是实行票据经纪动态化管理，建立规范化的准入和退出机制。

（二）统一票据市场发展将提上日程

建立全国统一的票据市场是实现中国式现代化的必由之路。统一票据市场发展，一是完善基础立法工作，加速《票据法》及相关配套制度的修订；二是完善票据市场基础设施，推动区域票据市场建立，依托区域产业特色及产业优势发展票据业务，推动票据市场均衡发展；三是规范票据贴现市场，建立票据经纪制度，健全票据经纪准入与退出机制，防范民间贴现风险；四是规范类票据产品发展，完善类票据法治基础，明确类票据监管主体，统一类票据管理办法，推动类票据平台转型；五是进一步规范统计口径、统计维度等（肖小和和李紫薇，2023）。

（三）市场信用管理框架将逐步建立

目前，票据信息披露制度已实现对银票、商票及财票全覆盖，一方面有利于净化票据市场，进一步促使签票企业与承兑人注重提高自身可信程度，另一方面将进一步推动票据信息披露“准、快、全”发展，进而推动社会信用体系建设。在推动票据市场信用体系建设的基础上，建立统一的信用评级、资信评估、增信保险制度，推行信用评价制度，成立统一、规范、权威的信用评估机构，建立健全适合票据业务的评级评估指标体系，实行信用定期考评制度，推行票据担保支付机制和保险制度，积极推进社会信用生态环境建设。

（四）供应链票据有望实现快速发展

当前，产业链供应链发展如火如荼，数字经济与传统产业不断加速融合，引领现代产业链向高端价值链迈进。作为票据市场与产业链供应链融合的产物，供应链票据将票据嵌入供应链场景，依托平台签发，通过流转带动企业信用传递，并实现票据可拆分，助力提升链上企业融资便利性。供应链票据是推动应收账款票据化的重要抓手，近年来，多个部门相继发文鼓励供应链票据发展，多地人民银行也相继落地供应链再贴现业务，加大拖欠账款清理力度，为供应链票据发展提供了良好的政策环境。

（五）数字票据发展进程将持续推进

数字票据作为数字经济的组成部分之一，是数字货币的重要应用场景。

数字经济的发展不断充实完善，也将推动票据市场为实体经济提供更加便捷高效的服务。未来数字票据有望朝着树立战略思维、构建市场生态，打造框架体系、做好顶层设计，强化信息披露、提升市场透明度，夯实科技赋能、完善设施基础，以数据为核心、服务实体经济，创新服务模式、深耕中小企业，防范市场风险、加大监管力度，统筹发展路径、分步有序推进的方向稳步发展。

（六）持续推进票据国际化发展步伐

推动票据国际化发展，做大做强上海票据交易所，使之成为境内及跨境票据支付、交易、清算的基础设施——国际票据交易所。加速推动全球票据市场融合，促进国内票据市场对外开放，推动票据跨国交易流通，提升票据跨境支付结算功能作用。未来随着市场对中国票据国际交易中心建设需求的增加，一旦成功建立，将对提升票据跨境交易的稳定性与安全性，吸引更多境外机构、境外资金参与票据市场具有重要意义，将为国内国际双循环提供金融支持。

（七）票据市场的创新发展有望加速

立足票据业务创新，适时引进信托、证券、基金、保险等，促进票据市场不断涌现更多的跨界、跨业产品组合，以及资产业务与中间业务相融合的综合服务。推动票据产品创新，推动数字票据、票据远期、票据期货、票据期权、票据互换等发展。推动票据市场制度创新和科技创新，通过制度创新，发挥票据前端承兑支付和融资流通功能，走支付便捷化、短贷票据化之路；依托科技创新，发挥票据后端交易投资功能，走类债券和类证券化之路。

（八）服务实体经济有望呈现新亮点

随着金融业积极做好“五篇大文章”，下一步，票据服务科技金融、绿色金融、普惠金融、养老金融、数字金融将会有新的发展模式与创新产品。在支持中小微、民营企业方面，将进一步推动中小微企业应收账款票据化发展，提升企业票据融资便利性。金融机构在做好票据贴现等常态化金融服务的基础上，将推出一体化票据综合服务。人民银行将通过再贴现政策引导金融机构继续加大对普惠小微、制造业、绿色等重点领域和薄弱环节的支持力度，如果未来人民银行能够对此类再贴现利率在总量上有所倾斜的话，票据市场发展一定还会有新亮点。

参考文献

[1] 江西财经大学九银票据研究院. 票据学 [M]. 北京：中国金融出版社，2021.

[2] 中信银行上海分行课题组，赵慈拉. 电子商业汇票跨境支付应用场景与路径设计研究 [J]. 上海立信会计金融学院学报，2022，34 (1)：57-69.

[3] 江西财经大学九银票据研究院. 票据史 [M]. 北京：中国金融出版社，2020.

[4] 肖小和，李紫薇. 中国共产党建党百年的中国票据市场回顾与启示 [J]. 征信，2021，39 (9)：7-17.

[5] 肖小和，李紫薇. 关于票据新规的变化影响及票据发展研究 [J]. 杭州金融研修学院学报，2023 (6)：36-41.

[6] 肖小和，李紫薇. 中国票据市场发展趋势研究——基于票据历史的视角 [J]. 上海立信会计金融学院学报，2021，33 (1)：45-56.

[7] 肖小和，李紫薇. 票据发展与中国式现代化之路 [J]. 中国货币市场，2023 (5)：57-62.

创新普惠票据融资服务模式
票据服务行业代表深度数科的数智实践

深度（山东）数字科技集团有限公司

习近平总书记在中央金融工作会议上明确提出“加快建设金融强国”，将金融工作提升到更高的战略高度，为中国特色金融发展之路指明了方向、坚定了信心。他强调，要“努力实现基础金融服务更加普及、经营主体融资更加便利、金融支持乡村振兴更加有力、金融消费者教育和保护机制更加健全、金融风险防控更加有效、普惠金融配套机制更加完善的发展目标”。金融历来是国民经济的血脉，当前，我国正处于高质量发展的关键时期，做好科技金融、绿色金融、普惠金融、养老金融、数字金融“五篇大文章”，是推动高质量发展的必然要求。截至2023年末，全国票据市场业务总量高达224.5万亿元，用票企业超过320万家，其中中小微企业占比为98%。票据作为典型的支付结算融资工具，天然具有普惠金融服务性质，是服务金融高质量发展的重要工具之一，是金融强国建设的信用方式之一，在服务实体经济中的地位和作用越来越重要。

成立于2016年的深度（山东）数字科技集团公司（以下简称深度数科），是在中国票据市场电子化发展的背景下成长起来的数字科技企业，是一家专注于探索票据场景数字化应用的集团，由供应链金融科技巨头京东科技、产业龙头奥德集团、地方国资兰山财金集团战略投资。伴随产业转型和数字经济发展，加上新冠疫情对传统产业的巨大冲击，企业与企业之间传统的“面对面”交易模式逐渐被线上交易所替代，市场主体对低成本、高效率的融资需求与普惠金融覆盖水平较低、高质量服务支撑不足之间的矛盾愈发突出。集中表现在以下几个方面：一是交易规模较大，但资金流动性不强，存在“钱压在存货、票据和赊账上”的问题；二是融资需求高，但创新性金融产品少、数字化服务水平低，存在“传统金融产品服务和市场主体融资需求不匹配”的问题；三是市场主体商业信用好，但信用信息无法传递、难被认可，存在“外部资金不想进入，低成本资金很难进来”的问题。

深度数科认真贯彻中央决策部署，牢记习近平总书记考察临沂时“继续努力，与时俱进，不断探索，多元发展，向现代物流迈进”的重要嘱托，抢抓临沂市普惠金融服务乡村振兴改革试验区重大机遇，立足临沂商城作为全国最大小额票据集散地的市场地位，把普惠票据创新服务作为践行“服务百万级中小微企业”战略愿景的切入点，构建信息、数据、科技三大业务体系，创新搭建企业综合服务、商票板信息服务、供应链服务、承法产业图谱四大平台，推动实现应收账款票据化、票据应用普惠化、票据服务线上化、融资服务高效化，初步探索形成了普惠票据服务高质量发展的“临沂实践”和区域商票的“临沂模式”。

一、聚焦“三小一短”票据融资变现难的问题，搭建企业综合服务平台，提升普惠票据融资服务可得性

市场经济就是信用经济，票据信用是信用经济的重要载体。与全国各专业批发市场类似，临沂繁荣的商贸物流带动了民营经济发展，民营经济主体占比超过98%，达到144万户，因此，临沂成为全国民营经济最活跃的地区之一。庞大的市场交易规模、商贸流通规模和民间资本规模，既带来了活跃的资金流、信息流，也催生了更多结算需求和融资需求。2023年，临沂商城实现市场交易额6126亿元、物流总额9334亿元、网络零售额610亿元，同比分别增长7.3%、8.3%、35.1%。据调查，临沂商城“三小一短”票据（小额票据、小行票据、小微企业持票和短期票据）占比高达95%，受渠道单一、流程复杂、成本偏高等因素制约，线下融资较为困难。深度数科在国有等资本的加持下，聚合10余家银票秒贴系统，打造兼具电子商业汇票信息发布、银票秒贴服务功能的企业综合服务平台，运用信用手段释放消费、投资潜力。

深度数科企业综合服务平台上线后，显著提升了服务小微企业线上开户、在线贴现的效率，办理时限已由过去的2天缩短为10分钟，每万元贴现综合成本由180元降低至150元，成为全国票源信息流量的主入口之一。据深度数科统计，已累计帮助全国20.2万户中小微企业通过银票秒贴等服务成功应对了疫情挑战，也助力合作银行实现了批量获客。据测算，五年来累计帮助企业节约融资成本1.2亿元以上。平台还创新推出银行开户、灵活用工、联合运营、法律咨询服务，帮助企业解决在数字化转型过程中遇到的资金、用人、时间成本等问题，发挥了平台效率优势，降低了信息壁垒，帮助中小微企业享受到低门槛的普惠服务。

二、聚焦市场主体商业信用信息不对称的问题，搭建商票板信息服务平台，打造区域商票“临沂模式”

鉴于市场主体信用信息不透明，蕴含的巨大信用价值亟须挖掘，商业承兑汇票融资区域间、银行间存在信息不对称现象，导致市场主体接受商业承兑汇票的意愿不高，商业信用难以有效传递。深度数科创新搭建商票板信息服务平台，在各级主管部门指导支持下，联合商业银行、担保机构、征信机构、供应链金融行业协会、白名单企业等市场参与主体，率先探索主办银行制度、签票企业准入、票据信息公开披露、票据评级征信制度、聚合票据银行秒贴等。以临商银行为例，该行利用深度数科、中国银联搭建的票据秒贴聚合服务系统，累计为 169 家小微企业线上完成商票贴现 3010 笔、金额 9.25 亿元。“区域商票临沂模式”推动了商业信用数字化、标准化、线上化，被省级金融监管部门推介为“齐鲁样板、山东方案”，成为引领商业信用建设的典型示范。

商票板信息服务平台已与 40 多家金融机构开展业务合作，在资金端，实现直连建设银行、平安银行、临商银行等金融机构，为核心企业与链属供应商提供高效、低成本的商票融资服务；在资产端，自主创建了企业信用风险风控模型，从全国核心企业准入商票承兑人白名单超过 2600 家，为金融机构快速归集供应链优质商票资产、拓展供应链末端中小微企业客群、扩大普惠金融服务覆盖面提供了高效服务。以金锣集团为例，采用现金结算方式时，货款支付周期是 3 个月，改用商票结算后，其供应商仅需 2 小时就能完成线上商票直融，实现即时到付，效益明显。该集团某设备供应商使用商票进行支付结算后，应收账款由 205 万元降至 41 万元，降低了 80%，业务规模由 850 万元增至 1700 万元，翻了一番。以某国有银行为例，深度数科与其合作推出基于商票质押贷款的线上信贷产品，已覆盖 800 余家核心企业承兑人，累计为 2 万余家持票企业解决了 28 亿元融资需求，无逾期，无不良，商票板信息服务平台成为该国有银行头部服务商之一，被誉为普惠金融场景平台战略合作伙伴。

为了创新普惠票据融资服务模式，深度数科强化上下游信用分类管控。针对不同信用状况的供应商和客户实行分类分级管理，加强对供应商及客户失信行为的跟踪和通报，对客户或上下游企业发生的票据失信行为及时预警，预判其信用水平可能发生的变化。为了广泛宣传普惠票据的理论和实践，相继在全国各地开展了 200 多场线上线下相融合的深度益课堂、沂蒙商票沙龙、深度大讲堂等票据产品和知识普及会议，获得各职能部门的高度关注和认可。深度数科先后荣获山东省五一劳动奖状、山东省平台经济重点企业、山东省数字经济试点平台、瞪羚企业等数十项荣誉。此外，经批复还发起设立了山东省平台经济协会临沂商城分会。2024 年，深度数科联合信托机构创新推出了商票资管、资产证券化（ABS/ABN）产品，帮助核心企业依托商业信用轻松完成商票及应收账款类资产证券化融资。为了有效服务核心企业链属中小微客群，商票资管支持持票企业实现质押融资、秒批秒放。商票板信息服务平台已发展成为商票行业的头部服务平台。

三、聚焦普惠信贷服务难以穿透供应链的问题，搭建供应链服务平台，扩大上下游企业信贷覆盖面

供应链核心企业掌握整个链条的物流、信息流和资金流，是银行信贷投放的重要领域，但上游加工企业和各级配套经销商多处于普惠信贷服务的盲区。以临沂商城为例，商业银行现有的技术支撑和风控能力，难以穿透供应链进而提供链属产品服务，导致商城主体辐射的 500 万户二级经销商和 20 万户供货商难以得到有效的普惠信贷支持。一方面，深度数科发挥科技实力和运营能力，协助临沂商城数科集团搭建“沂链通”供应链服务平台，该平台已获准接入上海票据交易所供应链票据平台，成为全国第 25 家供应链票据服务平台，创造了 29 天接入上海票据交易所供应链票据平台的全国最快纪录，目前沂链通平台已实现首笔承兑和贴现融资，全国首个个体工商企业签发供应链票据；另一方面，深度数科帮助 80 余家核心企业搭建供应链管理系统，通过对供应链上下游企业的数据进行梳理，与商业银行联合风控建模，共创订单贷、采购贷等数字信贷产品，已为 6314 家链属小微企业提供 67.42 亿元供应链融资服务。

深度数科基于上海票据交易所供应链票据平台，通过间联方式建设运营承贝供应链票据服务平台，通过该平台核心企业可打造专属供应链金融生态和定制化产融服务平台，连接产业链中各级供应商以及金融机构，构建更加公开透明的信用支付体系。通过平台供应链票据的支付链路，还可帮助核心企业快速还原多级产业链客群，定位不同层级的供应商支付关系，实现建链、延链，通过与金融机构密切合作，进而实现补链、强链，增强核心企业的供应链竞争力。随着绿色金融等“五篇大文章”被写入政府工作报告，深度数科积极探索绿色票据应用场景，联合举办再生资源大会，共探票据应用场景生态建设，为再生资源产业提供绿色金融创新

服务方案。

为了满足多种类型客户需求，提高普惠服务力度，深度数科与多家供应链票据服务平台合作探索与“信单”平台的融合服务方案，即“票信融合”双系统共享技术服务方案，以技术赋能“信单”平台转型升级。“信单”平台与供应链票据服务平台相互独立，通过“票信融合”方案，复用已经建成系统中台的用户、客户、认证、真实交易关系认定、风险控制等服务，对于单独使用供应链票据或者“信单”的客户来说，有功能分开、数据清晰、互不影响等优势；对于两个平台都使用的客户来说，尤其是核心企业，其操作在同一平台上，数据信息聚合更有利于解决供应链上的中小微企业融资难、融资贵问题。

四、聚焦数据资产挖掘利用程度偏低的问题，搭建承法产业图谱平台，构筑产业、科技、金融融合互动的产业生态体系

在数据要素应用领域，深度数科探索了数据服务第二业务增长曲线，着力打造承法产业图谱及模型，运用多种智能分析算法，帮助企业和金融机构建立更多更优的合作关系，服务数字金融建设，力争成为国内最大的产业关系数据服务商。临沂商城各类交易数据汇聚形成的信息流是重要的数据资产，规模庞大，但是由于缺乏系统梳理和价值挖掘，行业之间、市场之间、企业之间形成“信息孤岛”，无法为自身和产业链发展创造价值。深度数科结合历史交易数据，搭建涵盖700万家企业、130余个维度、1.8亿条关系网络的异源数据产业图谱平台。该平台聚焦三大应用场景：一是帮助核心企业，绘制产业链图谱，还原产业链关系，助力核心企业了解供应链全貌，剔除链上风险、冗余环节，优化供应链结构；二是帮助缺乏抵押、融资难的小微企业，通过关系链快速查找到隐藏在背后的供应链信息，找到它的核心企业，从而共享核心企业信用，盘活数据资产，快速获得银行服务，实现增信提额；三是帮助金融机构，通过图谱快速拓展供应链上的末端企业，实现链式获客、精准营销。以某互联网银行为例，通过与深度数科承法产业图谱合作，白名单客户基数由37.3万户增至99.8万户，户均授信超过200万元。

深度数科还通过“数字商城”建设持续挖掘商城主体的产销存系统数据，构建各级经销商产业关联关系网络。通过多维度的企业信用信息采集，对各级经销商的信用风险等级精准画像。通过供应链数据挖掘，为数据资产匮乏的商城小微企业提供新的授信模型和信用评价标准。已与6家合

作银行联合风控建模，创设“商城订货汇”数字信贷产品，提供单户最高500万元的普惠授信，实现数据增信、风险分散。以某灯饰公司为例，基于其产销存系统数据，深度数科推动合作银行为下游230家供应商授信1750万元，已有27家经销商申请用信430万元，助力提升了该公司的销售规模。

深度数科作为服务票据市场领先的数字科技企业，从市场主体最基本的票据融资服务入手，围绕产业链部署金融链、围绕创新链完善资金链，推动商品流、物资流、信息流和资金流“四流合一”，正以独特的视角和实践，积极投身于票据行业助力实体经济可持续发展。数字经济的发展离不开信用机制的支撑，深度数科以加强票据业务信用体系建设为公司信用体系的出发点，已初步构筑起支撑金融数字化与产业现代化的票据信用生态体系，积极构建贯穿市场全生命周期，衔接事前、事中、事后全监管环节的信用体系，打造一体多维的票据信用体系框架，实现全业务覆盖、全链条控制、全过程跟踪，对企业信用风险实施闭环管控。

深度数科创新普惠票据融资服务模式的相关经验被中央政策研究部门作为典型案例总结呈报，有关做法被《人民日报》《新闻联播》《金融时报》等媒体报道，荣获发明专利等知识产权100余项。作为山东省平台经济重点企业被写入2024年临沂市政府工作报告。深度数科已累计服务全国20.2万家中小微企业，普惠金融服务规模已超过768亿元，成为全网票源信息流量主入口之一、票据服务行业示范标杆单位，有效推进了普惠金融高质量发展，赋能了产业转型升级，提升了区域经济活力。“海阔凭鱼跃，天高任鸟飞”，未来，伴随票据市场数字化进程不断推进与产业现代化票据生态体系建设持续深化，背负“让票据助力企业深发展”企业使命的深度数科将在票据服务行业的普惠蓝海，继续探索发展新模式、引领研发新技术和创新票据新产品，深度践行普惠票据服务中小微企业的监管原则，推动票据服务行业共建、共享、共荣，助力市场主体高质量发展。

第二篇

票据服务中国式现代化研究

积极发挥票据信用功能作用 着力缓解企业货款拖欠矛盾

肖小和　李紫薇

摘　要：近期，国务院、全国政协再次将解决账款拖欠问题摆上重要日程。企业间账款拖欠问题由来已久，究其根本在于企业信用意识较为薄弱，以及失信惩戒机制的缺位。本文在分析应收账款现状、票据信用功能以及20世纪票据解决“三角债”问题经验与优势的基础上，提出发挥票据信用功能解决企业账款拖欠问题的观点。本文认为，票据信用的推广变无期限拖欠为有期限偿付，具有盘活企业沉淀资金之效。加之票据基础设施以及法律制度逐步健全，为票据信用的推广赋予保障，使得票据成为应收账款清欠的良好替代工具。

一、票据信用的功能作用

马克思提出，商业信用是信用制度的基础，其代表是汇票，“商品不是为了取得货币而卖，而是为了取得定期支付凭证而卖”，并将这种支付凭证概括为票据，认为票据在支付日到来之前会作为支付手段流通，形成真正的商业货币。基于此，马克思提出“真正的信用货币不是以货币流通（不管是金属货币还是国家纸币）为基础，而是以票据流通为基础”的观点。这种票据最终会使得债权债务相互平衡而相互抵销，因而无须转换成货币，以其作为交易媒介形成的“货票同时两讫”破解了买方市场中企业批发性交易难以实现“钱货同时两讫”的困境。

我国票据发展历史悠久，最早可以追溯到周朝。周朝时期，商品经济雏形初步显现，借贷关系开始产生，以信用为本质特征的质剂、傅别、书契等应运而生。在唐朝商业繁荣以及货币供给不足的背景下，飞钱（我国最早的支票）和书帖（我国最早的汇票）等信用工具开始出现并快速发展。宋朝时期，伴随着商品经济和信用的快速发展，交子、会子等票据相继出现并逐步用于市场交易，票据使用范围快速扩张，达到了我国古代社会信用发展的高峰。明朝后期出现的会票不仅可以用于汇兑，还可以开立期票用于货款支付，具有流通转让性，可视为背书的萌芽。清朝前中期的钱票是钱庄凭借自身信用所发行的票据，可代替现银、现钱流通。晚清时期信用制度进一步完善，钱庄、票号等金融机构大规模出现，带动了票据进一步发展。20 世纪 30 年代末，国外贴现理论传入，掀起了近代中国历史上第一次承兑贴现热潮，承兑汇票被创立，贴现业务也开始推广开来，票据信用功能得到进一步发展。

改革开放后，为了解决“三角债”问题，票据重新登上历史舞台。1979 年，国家开始有计划地发展商业信用，人民银行批准部分企业签发商业汇票。1980 年 8 月召开的人民银行分行行长座谈会同意有条件地开放包括票据的部分商业信用，批准上海先行先试。1981 年，中国人民银行上海分行分别试办了第一笔同城商业承兑汇票贴现业务及第一笔异地跨省市银行承兑汇票贴现业务。此后，更多地区的中国人民银行分支机构加入票据业务试点，到 1984 年全国已有 23 个省、自治区、直辖市办理了规模不等的票据承兑、贴现业务。尽管如此，直到 1994 年，商业信用票据化停滞不前的状况才有所改变，商业信用票据化有了新的起色，票据市场也取得了较大的发展。1995 年《票据法》出台后，我国票据市场进入规范化发展新时期，票据功能作用被进一步激发，尤其是 2016 年上海票据交易所成立后，基于票据信用的创新业务产品不断涌现，票据市场在我国金融市场中发挥着越来越重要的作用。

纵观中国票据发展历史，票据自古以来因信用功能而被人们接受，并伴随着产品经济、商品经济、信用经济、金融市场以及自身功能发展而不断丰富。票据业务的本质在于经营信用，信用是票据的根本，若无信用，票据就是废纸一张。商业信用的发展推动了票据信用功能发挥，票据信用反过来也促进着商品流通和经济发展，降低企业应收、应付账款风险。然而，票据发展的宽度、深度和速度也要与经济、金融、信用发展相匹配，发展过度会引起市场混乱，造成风险堆积，制约自身发展；过慢则会在一定程度上影响经济、金融、信用及自身的发展。

二、票据缓解企业货款拖欠问题的实践

早在 20 世纪 80 年代中后期，“三角债”问题便已经开始形成并初露端倪。面对过热的经济，中央政府于 1985 年开始收紧银根，企业账户“应收而未收款”“应付而未付款”大幅提高。为了扭转物价涨幅过大的态势，1988 年 9 月我国经济开始进入“治理整顿”阶段，在财政和信贷双紧的政

策背景下，市场总需求受到抑制而结构调整滞后，经济中出现了大量的拖欠货款，越来越多的企业卷入“三角债”问题中。其时正值我国计划经济体制向社会主义市场经济体制转轨时期，新旧体制摩擦，国民经济矛盾深化，市场疲软，产成品积压，流动资金不足矛盾尖锐，企业、单位之间互相拖欠货款和前清后欠等现象十分严重，已成为影响当时生产正常进行的突出问题。据有关方测算，1989 年全国工业企业拖欠款约 500 亿元，1990 年猛增至 2000 亿元以上，约占当年国内生产总值的 11%。

面对日益严重的“三角债”问题，1990 年 3 月 26 日，国务院发布《关于在全国范围内开展清理“三角债”工作的通知》，决定成立国务院清理“三角债”领导小组，采取条块结合、自下而上的办法推动“三角债”清理工作。此次清理重点是企业流动资金拖欠货款，虽然取得了一定的成效，但由于企业间相互拖欠的源头没有得到根本性的治理，“三角债”问题更加严重，1991 年 5 月末全国企业拖欠款达到 3000 亿元左右。于是，在深入调研和总结经验的基础上，国务院于 1991 年再次开展“三角债”清理工作。此次清理工作将清理固定资产投资项目欠款作为清理重点，实行“贷款挂钩”政策，并对结算纪律进行了严格的要求。为了扭转“拖欠有理，拖欠有利，清欠出效益”的错误思想，国务院发出《关于整顿商品交易秩序严格结算纪律的通知》，要求各地金融部门严格执行中国人民银行制定的结算制度，商业汇票逐渐被推广。

实际上，使用票据解决“三角债”问题的做法早在 20 世纪 80 年代中期就已被提出。1986 年 4 月，中国人民银行和中国工商银行联合颁布了《关于实施商业汇票承兑、贴现办法清理拖欠货款的通知》，并在北京、上海、天津、广州、重庆、武汉、沈阳、哈尔滨、南京等城市进行试点。1988 年 12 月 19 日，人民银行针对全国范围的货款拖欠进行银行结算制度改革，并颁布《银行结算办法》，将票据作为结算工具进行推广，转变挂账信用为票据信用，使得商业信用规范化、合法化，成为企业之间的主要支付方式。1989 年 4 月，《银行结算办法》正式实行，结算票据化被全面推行。为了支持外贸出口和解决“三角债”问题，1989 年下半年，工商银行上海市分行采用票据贴现的方式投入资金。面对商品交易中十分严重的拖欠资金问题，1991 年，国家开始对承担指令性计划的“双保”企业和商业、外贸、物资供销企业收购运销对路工业品推行票据，组织各方力量清理“三角债”。1994 年 7 月，经国务院同意，中国人民银行开始在煤炭、电力、冶金、化工、铁道五个行业推行商业汇票结算，颁发《商业汇票办法》和

《再贴现办法》，允许购货单位在资金不足时凭承兑的汇票款项购买商品，销货单位在资金不足时向银行申请贴现。20 世纪八九十年代，票据解决“三角债”问题取得了较好的效果，使得商业汇票得到了进一步推广。

使用票据作为结算工具，一方面，无须向市场投入真实货币；另一方面，各债务主体之间的债权债务关系可以通过票据进行清理。票据经过背书可在企业间流通，收款人需要资金时可持未到期的承兑汇票向开户银行申请贴现，从而盘活了资金，同时，也拓宽了人民银行宏观调控渠道，增强了调控的选择性和有效性。结算票据化的推广变无期限拖欠为有期限偿付，变信用贷款为物资保证贷款，并明确规定了支付日期及罚则，对企业具有一定的约束力，同时，这种贷款具有物资保证，可以有效地防止商业信用盲目发展。

三、企业货款拖欠现状

应收账款是企业因销售商品、提供劳务等经营活动，应向购货单位或接受劳务单位收取的款项，常见于赊销方式下，是企业资金流的重要组成部分。近年来，应收账款高企愈发成为制约企业尤其是中小微企业发展的重要因素。受限于数据获取，本文使用规模以上工业企业应收账款数据进行分析。根据国家统计局的数据，2023 年我国规模以上工业企业应收账款达到 23.73 万亿元，相较于 2014 年增加 12.99 万亿元，年均增速达到 9.35%。企业应收账款占营业收入的比重从 2014 年的 9.70%增长至 2023 年的 17.78%，应收账款盘活压力不断增大。

为了便于分析，行业应收账款、省市应收账款数据选取自 2022 年。分行业来看，在全部 41 个工业大类中，开采专业及辅助性活动、家具制造业、印刷和记录媒介复制业等 16 个行业应收账款占营业收入的比重均超过全国平均水平，反映出此类行业在销售过程中赊销过多，企业议价能力不强，在销售过程中处于弱势地位。就应收账款占流动资产的比重而言，其他采矿业、橡胶和塑料制品业、非金属矿物制品业等 12 个行业突破了 30%的危险线，其中，其他采矿业、非金属矿物制品业分别达到 38.2%和 37.6%，企业财务流动性值得关注。计算机、通信和其他电子设备制造业（3.70 万亿元），电气机械和器材制造业（2.52 万亿元），汽车制造业（1.86 万亿元），非金属矿物制品业（1.72 万亿元），电力、热力生产和供应业（1.35 万亿元），通用设备制造业（1.27 万亿元），专用设备制造业（1.15 万亿元），这 7 个行业的应收账款都超过 1 万亿元，过高的应收账款延长了企业回款周期，降低了经营活动现金流可获得性，增加了企业坏账

损失的概率，可能会造成企业流动性紧张，制约企业正常生产经营。

表 1　2022 年分行业规模以上工业企业应收账款及营业收入情况

单位：亿元、%

行业	营业收入	应收账款	应收账款/营业收入	流动资产合计	应收账款/流动资产
全国总计	1379098.4	216466.2	15.7	807645.9	26.8
煤炭开采和洗选业	40222.2	5320.1	13.2	34494.1	15.4
石油和天然气开采业	12592.8	647.9	5.1	4054.8	16.0
黑色金属矿采选业	4935.8	642.9	13.0	3763.8	17.1
有色金属矿采选业	3631.3	324.9	8.9	2286.9	14.2
非金属矿采选业	4432.6	596.1	13.4	3351.3	17.8
开采专业及辅助性活动	2400.4	455.1	19.0	1772.6	25.7
其他采矿业	18.9	1.3	6.9	3.4	38.2
农副食品加工业	58503.0	3715.8	6.4	22460.5	16.5
食品工业	22541.9	2566.9	11.4	11891.7	21.6
酒、饮料和精制茶工业	16947.0	1421.6	8.4	13201.0	10.8
烟草制品业	12792.4	367.2	2.9	7351.4	5.0
纺织业	26157.6	3031.6	11.6	12888.9	23.5
纺织服装、服饰业	14538.9	1839.6	12.7	7085.0	26.0
皮革、毛皮、羽毛及其制品和工业	11339.9	1133.9	10.0	4171.0	27.2
木材加工和木、竹、藤、棕草制品业	10161.0	1131.0	11.1	3660.1	30.9
家具工业	7624.1	1212.2	15.9	4351.3	27.9
造纸和纸制品业	15228.9	1991.6	13.1	8401.0	23.7
印刷和记录媒介复制业	7645.2	1256.0	16.4	4203.5	29.9
文教、工美、体育和娱乐用品工业	14449.2	1419.3	9.8	6584.1	21.6
石油、煤炭及其他燃料加工业	65243.1	2548.0	3.9	19953.9	12.8
化学原料和化学制品工业	91483.7	9350.3	10.2	45399.7	20.6
医药工业	29111.4	6013.0	20.7	28080.0	21.4
化学纤维工业	10900.7	723.8	6.6	4820.9	15.0
橡胶和塑料品工业	29727.0	5466.7	18.4	17299.5	31.6
非金属矿物制品业	66835.7	17158.0	25.7	45573.7	37.6
黑色金属冶炼和压延加工业	87147.0	3454.5	4.0	32162.7	10.7
有色金属冶炼和压延加工业	76343.6	4796.4	6.3	26975.3	17.8

续表

行业	营业收入	应收账款	应收账款/营业收入	流动资产合计	应收账款/流动资产
金属制品业	48397.7	8464.1	17.5	25519.7	33.2
通用设备制造业	47895.8	12745.2	26.6	39921.3	31.9
专用设备制造业	38076.9	11488.5	30.2	38620.3	29.7
汽车制造业	92899.9	18592.7	20.0	59908.8	31.0
铁路、船舶、航空航天和其他运输设备制造业	13479.9	3785.3	28.1	13391.7	28.3
电气机械和器材制造业	103650.1	25166.8	24.3	73878.0	34.1
计算机、通信和其他电子设备制造业	154486.9	36971.0	23.9	107487.3	34.4
仪器仪表制造业	9835.4	3028.4	30.8	9987.5	30.3
其他制造业	2082.2	296.0	14.2	1087.6	27.2
废弃资源综合利用业	10976.3	857.8	7.8	3485.6	24.6
金属制品、机械和设备修理业	1689.9	524.7	31.0	1578.6	33.2
电力、热力生产和供应业	92776.8	13502.9	14.6	42406.7	31.8
燃气生产和供应业	15446.6	1144.3	7.4	5988.8	19.1
水的生产和供应业	4448.7	1312.6	29.5	8142.1	16.1

资料来源：国家统计局．中国统计摘要2023［M］．北京：中国统计出版社，2023：121-122.

分区域来看，在全国31个省市中（港澳台除外），北京、山西、黑龙江等10个省市应收账款占营业收入的比重均超过全国平均水平。就应收账款占流动资产的比重而言，江苏、安徽、湖南超过了30%的危险水平，区域工业企业流动性值得关注。就应收账款净额而言，江苏（16.15万亿元）、广东（17.99万亿元）、山东（10.80万亿元）、浙江（10.80万亿元）4个省市的应收账款净额均超过10万亿元，江苏、浙江、山东、广东地处东南沿海地区，工业较为发达，工业体量大，使得应收账款规模整体偏高，压缩应收账款势在必行。

表2　2022年分区域规模以上工业企业应收账款及营业收入情况

单位：亿元、%

地区	营业收入	应收账款	应收账款/营业收入	流动资产合计	应收账款/流动资产
全国总计	1379098.4	216466.2	15.70	807645.9	26.80
北京	26794.4	5765.8	21.52	25976.0	22.20

续表

地区	营业收入	应收账款	应收账款/营业收入	流动资产合计	应收账款/流动资产
天津	23537.1	3397.7	14.44	12496.8	27.19
河北	52403.7	6958.5	13.28	29651.1	23.47
山西	37961.2	6673.2	17.58	29172.5	22.87
内蒙古	28158.2	3268.5	11.61	16234.4	20.13
辽宁	35854.2	5103.7	14.23	22045.3	23.15
吉林	13835.9	1926.3	13.92	8927.6	21.58
黑龙江	12418.8	2110.8	17.00	9348.3	22.58
上海	45264.8	9389.9	20.74	32037.7	29.31
江苏	161506.0	34218.8	21.19	103067.9	33.20
浙江	107956.6	21182.3	19.62	71129.2	29.78
安徽	49051.1	9055.4	18.46	29189.3	31.02
福建	70367.5	6639.6	9.44	27558.4	24.09
江西	48295.5	5035.7	10.43	17938.7	28.07
山东	108019.9	14912.2	13.81	64412.3	23.15
河南	60206.8	7005.0	11.63	28120.5	24.91
湖北	53789.9	6292.6	11.70	24927.9	25.24
湖南	47644.8	5508.8	11.56	17348.3	31.75
广东	179878.2	31873.1	17.72	115668.2	27.56
广西	23234.8	3371.5	14.51	12770.9	26.40
海南	2944.3	440.6	14.96	1741.8	25.30
重庆	28211.4.	4179.9	14.82	14260.5	29.31
四川	54932.4	7743.9	14.10	29354.8	26.38
贵州	10255.5	1820.2	17.75	8211.2	22.17
云南	19682.8	2251.2	11.44	10528.9	21.38
西藏	498.5	98.6	19.78	455.8	21.63
陕西	35208.7	4620.2	13.12	20477.7	22.56
甘肃	10960.4	1357.9	12.39	5648.6	24.04
青海	4544.0	686.8	15.11	2886.5	23.79
宁夏	8107.3	1093.6	13.49	4778.1	22.89
新疆	17573.8	2483.7	14.13	11281.0	22.02

资料来源：国家统计局．中国统计摘要 2023［M］．北京：中国统计出版社，2023：123-124.

四、发挥票据信用功能作用解决企业账款拖欠问题

票据是集支付、结算、投资、融资、交易、调控等功能于一体的信用工具，本文重点讨论用票据信用解决清欠问题。发挥票据信用功能在解决企业账款拖欠问题中的作用，树立正确的用票观念，明确票据使用不是以助长企业拖欠风气为前提，而是在信用保证的基础上，使用有期限的票据流转，助力盘活企业沉淀资金，从而帮助解决企业账款拖欠问题。

（一）组建领导团队，推行票据信用

组建以各级工信部门、人民银行、商务部门等为首的领导团队，积极推行票据信用，发挥票据在解决企业账款拖欠问题中的作用。一是强化还款约束，将应付账款控制和清欠纳入内部考核，严厉打击霸王条款、白条行为等。规范还款工具，建议逐步推广票据信用，将票据作为企业日常支付结算工具，鼓励使用票据替代并盘活企业应收、应付账款。二是建立防拖欠长效机制，对于零清偿、进度慢的主体进行严肃通报，加大对瞒报、漏报、恶意拖欠等行为的问责和惩治力度。加强领导小组与各级部门的协作，形成政策合力，实现难点问题逐个击破，有序推动清欠工作开展。

（二）摸清欠款家底，分类对症下药

充分发挥领导小组的作用，统筹推动清欠工作开展，认真排摸、梳理清欠企业数据，仔细核对、互认确定，确保清欠工作不留死角。摸清企业清欠底数，建立清欠台账，按照清欠期限实行分类管理。对于半年以内的清欠，原则上使用商业承兑汇票。对于一年以内的清欠，前半年采用银行承兑汇票，后半年采用商业承兑汇票；凡属上述用于清欠的商业承兑汇票和银行承兑汇票均可实行白名单制，人民银行按照一定比例予以再贴现支持。对于一年以上的清欠，建议使用贷款等其他方式。加强政策引导，加大清理拖欠企业账款力度，对无分歧欠款分类、逐项制订清欠完成计划，对于欠款额度较大的拖欠主体挂牌督导。

（三）创新结算工具，推行供应链票据

由于票据对于供应链金融具有很强的适用性，供应链金融贸易背景的可视化与基于真实贸易背景的交易为票据的真实交易和债权债务关系提供了保障，因此，发挥票据清欠功能，可以产业链供应链核心企业为抓手，鼓励其转变支付融资方式，使用票据作为应收、应付工具，以点带面带动供应链票据的使用，推动票据上链、稳链、强链、活链，以达到降低

拖欠、盘活企业固化资金的目的。核心企业以签发供应链票据的方式将款项支付给供应链上下游企业，持票企业凭借承兑人的信用，带动供应链票据逐级流转，实现以有期限的供应链票据清欠替代无期限的企业账款清欠。

（四）发挥政府作用，鼓励票据清欠

发挥政府部门公信力的作用，推广票据信用。在支付结算方式选择方面，鼓励使用票据这一金融工具，推动承兑业务发展以发挥票据支付功能，推动融资业务发展以发挥票据信用功能，推动交易和投资业务发展，引入市场资金活化票据。充分发挥票据功能作用，以票据资产盘活企业固化资金，以票据支付轧平供应链应收、应付账款，以票据背书流转带动账款清偿，实现零成本资金周转。鼓励政府部门与商业银行合作，根据客户需求在服务内容和流程柔性方面不断创新，进一步提升票据服务直达性与服务实体经济效能。

（五）以央企为抓手，试点票据清欠

以机关、事业单位和国有企业为抓手，按时、全面摸排拖欠账款，及时清偿无分歧欠款，对于困难款项及时制订还款计划，合理引导金融机构安排流动性支持，做到难点问题逐个击破，推动中小企业账款“应付尽付、应付快付”，确保清理工作顺利进行。对于现金流较为充裕的企业，鼓励其优先使用现金支付企业账款；对于现金流不太充裕、资质较好的国有企事业单位，可参考“企票通”的运营模式，凝聚国有企事业单位优质信用，搭建第三方支付结算平台，以商票流转化解产业链账款清欠，以票据信用带动货款清偿，减少清欠过程中的资金占用，实现宽货币到宽信用的转化。

（六）瞄准大型企业，带动票据清欠

大型企业由于规模较大、竞争力较强，在谈判议价过程中经常处于强势地位。为了减少营运成本，增加利润空间，大型企业在价格、支付账期等方面的要求往往较为苛刻，给上下游企业造成了巨大的负担。建议大型企业使用票据作为支付结算工具，充分发挥财务公司的作用，推动集团内部使用票据清欠。对于财务公司是否能够帮助集团企业使用票据清理中小企业货款拖欠，监管部门需要从以下方面综合判断：一是财务公司的资产负债表、利润表、现金流是否正常；二是财务公司与集团财务部门的资金往来是否正常；三是集团公司与中小企业所签订合同中的付款方式是否包含票据；四是财务公司票据使用情况。

（七）以行业为依托，深化票据清欠

规模以上工业企业应收账款分布具有显著的行业特征，其中，计算机、通信和其他电子设备制造业，电气机械和器材制造业，汽车制造业，非金属矿物制品业等制造业应收账款净额累计占到全国应收账款总额的80%以上。因此，解决行业应收账款拖欠问题的关键在于制造业。发展规模以上制造业中小企业全生命周期票据业务，加大对重点制造业企业票据发展的支持力度，利用链长制推动制造业企业应收账款票据化发展，加强与央企“企票通”的合作，有重点地解决央企制造业企业应收账款问题，加强与各地征信平台的合作，探索制造业企业应收账款票据化发展之路。

（八）以省市为单位，推广票据清欠

规模以上工业企业应收账款分布呈现出区域性特征，在全国31个省市中，江苏、广东、浙江、山东、上海规模以上工业企业应收账款占比之和超过50%。这些地区地处东南沿海，贸易发达，工业化程度高，工业总产值大，导致应收账款总量高企。尽管这些省市票据业务发展速度较快，业务总量较高，但相较于应收账款而言，票据发展力度仍显不足。建议以这些高应收账款省市为试点，推广票据清欠，加快推进商业信用票据化、应收账款票据化探索进程，以票据之便利化解资金周转之淤积，活化应收账款之阻塞，助力区域经济繁荣。

（九）聚焦中小企业，推进票据清欠

国家统计局的数据显示，2022年规模以上中小工业企业应收账款达到13.94万亿元，占工业企业应收账款总额的比重高达64.42%。应收账款融资存在真实性确认困难、业务普及度不够、银企接受意愿不强、流转困难等问题，票据与应收账款使用场景相似，可作为低成本应收账款的替代方式。一方面，中小企业在原材料采购环节可以背书转让票据，发挥票据支付功能，缓解资金短缺困境；另一方面，银行等金融机构可以通过利率倾斜等方式加大对中小企业贴现的支持力度，发挥票据融资功能，给予企业资金支持。对于符合要求的票据，可以向人民银行申请再贴现，以货币政策低利率红利精准支持中小企业发展。

（十）发挥再贴现作用，支持票据清欠

票据可以通过信用手段支持实体经济发展，达到应收账款票据化、票据货币化支付的目的，既满足企业资金需求，又无实际货币投放，是减少货币发行量、传导货币政策的有效工具。人民银行既可以通过再贴现引导信贷和资金投放，实现“精准滴灌”，为企业提供资金支持，又可以通过票据市场公开市场操作，调节金融体系流动性，因此，票据是传导货币政策、减少货币投放、调整资金结构的重要法宝。对于普惠、小微、绿色及政策支持领域企业票据清欠所需资金，人民银行可以在商业银行贴现的基础上给予再贴现支持，适度扩大再贴现规模，降低再贴现利率，进一步降低被清欠中小企业资金成本。

（十一）完善票据制度，建立长效机制

发挥票据清欠功能作用，关键在于完善票据管理制度，推动建立应收账款票据化长效机制。建立评级评估制度，持续推进票据信息披露，建设商业信用框架体系，推动标准化票据发展，为应收账款票据化长效机制建设创造条件。国家、省级担保基金可以加大商票承兑、贴现清欠票据的担保比例，完善担保机制，推动保险增信、担保增信等；银行等金融机构可以与信用等级高、产销关系稳定的供应链企业展开合作，为其提供票据保证、保贴等服务，协助提升商票市场认可度，充分发挥商票清欠功能。

（十二）以规范促发展，防范清欠风险

票据清欠的关键在于承兑，特别要注意控制总量和期限。商票应根据行业和企业生产、销售情况合理确定期限以及签发总量，严格按照《票据法》的规定签发承兑。建议原则上企业年度签发总量不超过上年销售的20%，视企业信用状况进行调整，防范票据风险。尽管商业承兑汇票签发属于市场行为，也应该像银行承兑汇票一样进行立法管理。对于到期不兑付的企业应授权相关管理部门暂停企业系统权限。建议商业银行建立白名单管理制度，严格控制风险敞口，严防部分企业过度签发带来兑付风险。

参考文献

［1］中共中央党史和文献研究院．习近平关于金融工作论述摘编［M］．北京：中央文献出版社，2024.

［2］肖小和，李紫薇．从近现代我国票据市场发展简史思考进一步发挥票据功能作用［J］．杭州金融研修学院学报，2021（9）：50-54.

［3］江西财经大学九银票据研究院．票据史［M］．北京：中国金融出版社，2020.

［4］王国刚，周普．以商业本票为抓手 破解拖欠企业货款的难题［J］．农村金融研究，2023（10）：3-13.

[5] 王国刚，罗煜．马克思的信用经济理论与构建现代信用体系[J]．经济学动态，2022（4）：3-14.

[6] 马克思．资本论（第三卷）[M]．北京：人民出版社，2004.

[7] 范小仲．20 世纪 90 年代初清理“三角债”的考察及启示[J]．湖北经济学院学报（人文社会科学版），2019，16（11）：29-31.

[8] 夏维朝．解开债务链 加速资金运动——谈谈债链的现状、成因和对策[J]．商业研究，1990（11）：16-19.

[9] 李东荣．抓根本 堵拖欠[J]．中国金融，1991（9）：21.

[10] 肖小和，李紫薇．充分发挥票据清欠功能，积极缓解中小微企业资金困惑[EB/OL]．（2022-05-27）[2024-05-02]．证券时报网．

[11] 肖小和，李紫薇．盘活企业资金 推进应收账款商票化研究[N]．上海证券报，2023-07-26（07）.

中国票据市场发展的思考

肖小和　李紫薇　谈铭斐　熊星宇　谢玉林

一、票据市场发展回顾

（一）票据市场管理体系不断建设

近年来，票据市场不断发展，管理体系不断建设。2016 年 12 月 6 日，由中国人民银行批准设立的上海票据交易所正式营业，标志着票据市场管理体系建成。自此，以中国人民银行为主，金融监督管理部门监管，上海票据交易所引领，各参与主体共同推进的票据市场管理体系正式确立。

（二）票据法制不断完善

票据市场发展始终将制度建设贯穿始终，通过制度约束推动业务规范开展。1995 年《中华人民共和国票据法》颁布，中国票据市场法制体系正式确立，之后《票据管理实施办法》《支付结算办法》等配套法规相继发布，票据市场法制建设不断完善。2009 年中国人民银行电子商业汇票系统上线后，随之颁发的《电子商业汇票业务管理办法》及 8 个规范性制度为推动我国电子商业汇票发展和流通提供了制度保障。上海票据交易所成立后相继出台了《票据交易管理办法》《票据交易主协议》等制度，贯穿票据全生命周期，涵盖票据传统业务及创新业务，改善了票据市场交易中存在的风险问题、套利问题、票据真实性问题等。近年来，《关于规范银行业金融机构跨省票据业务的通知》《标准化票据管理办法》等相继颁布，2022 年 11 月 18 日与时俱进修改更新的《商业汇票承兑、贴现与再贴现管理办法》发布，为票据市场高质量发展提供了制度保障。

（三）基础设施不断建立

伴随着 2009 年中国人民银行电子商业汇票系统（ECDS）建成运行，我国票据市场正式迈入电子化时代。2016 年，上海票据交易所成立，票据市场基础设施建成。上海票据交易所成立后陆续推出纸电票据融合、票据交易系统直连、线上票据清算等系统；推出买断式交易，实现再贴现业务无纸化、电子化，推出意向询价、对话报价交易机制；上线供应链票据平台、跨境人民币贸易融资转让服务平台、商业汇票信息披露系统、账户主动管理，推进新一代票据业务系统建设，实现票据可拆分以及业务流程全生命周期管理。市场参与主体也在加速提升自身能力，重新改造优化自身票据系统，实现与上海票据交易所系统的无缝对接，票据市场已发展成为我国金融市场的重要基础设施。

（四）价格机制逐步形成

票据市场参与主体为推动票据利率公开透明化、推动票据价格机制形成做出了许多努力。早在2003年中国工商银行票据营业部就发布了“工银票据价格指数”，为全面、准确、及时地反映票据市场中票据交易的总体价格水平和变化趋势提供了参考。2016年，江西财经大学九银票据研究院发布票据资金价格指数、票据信贷价格指数、票据综合价格指数三大价格指数，为反映票据价格的总体走势、票据市场资金松紧程度和信贷变化状况的价格走势提供参考。2018年12月6日，上海票据交易所发布首条票据收益率曲线，为交易定价、票据资产估值、风险管理、形成资产组合策略提供重要参考。自此我国票据市场利率形成机制完成了从参照贷款利率执行，到在再贴现利率基础上加点生成，再到以Shibor为基准加点生成，形成以票据收益率曲线为基准的定价机制的转变，票据市场定价完全市场化。

（五）服务实体经济的能力不断提升

支持实体经济发展是票据市场的初心和使命，近年来，票据市场服务实体经济的功能不断提升。从票据与经济的关系来看，2022年累计承兑发生额占GDP的比重达到22.64%，较上年同期增长1.63个百分点，累计贴现发生额占GDP的比重为16.11%，同比增长3.04个百分点。从企业融资成本来看，2012—2022年票据市场利率中枢整体下移，从2012年第一季度的7.3%下移至2022年第四季度末的1.6%，全年贴现利率低于1年期LPR均值205个基点。[①] 从票据覆盖面来看，2022年末，用票企业达到307.9万家，同比下降3.4%，用票金额达到105.4万亿元，较上年同期增长10.2%。

① 资料来源：中国人民银行《中国货币政策执行报告》。

2022 年，商业服务、有色金属等七大主要用票行业①用票金额同比增长 10.4%。② 从宏观调控方面来看，2012 年，票据贴现余额为 2.0 万亿元，仅占 63.0 万亿元人民币贷款余额的 3.2%，2022 年人民币贷款余额为 214.0 万亿元，票据贴现余额增长到 13.0 万亿元，占人民币贷款余额的比重上升至 6.1%，票据融资余额的增长为金融调控发挥了应有作用。③

（六）服务中小微企业不断深入

票据市场发展始终坚持以服务小微企业为导向，并在服务小微企业发展方面做出了积极贡献。从用票企业结构来看，中小企业始终保持着 2/3 以上的占比，并呈现出不断上升的趋势，到 2022 年末，用票中小微企业数量达到 303.5 万家，占比为 98.6%，用票金额为 75.4 万亿元，占比为 71.5%。从户均金额增长情况来看，2022 年中小微企业户均票据签发金额同比增长 15.4%，户均贴现金额增长 39.8%。2022 年中小微企业票据贴现加权平均利率降至 2.0%，同比下降 90 亿元，预计可节约融资成本超过 850 亿元。④

（七）参与主体不断扩大

随着政策制度的逐步放开，票据市场参与主体不断扩大。2016 年，中国人民银行发布《票据交易管理办法》，允许信托公司、证券公司、基金管理公司、期货公司、保险公司等法人参与者，证券投资基金、资产管理计划、银行理财产品、信托计划、保险产品、住房公积金、社会保障基金、企业年金、养老基金等非法人类参与者从事票据交易。上海票据交易所实行会员制，引入非银行金融机构参与二级市场交易，多元化票据市场参与主体。2023 年正式施行的《商业汇票承兑、贴现与再贴现管理办法》进一步放开持票主体和贴现主体至自然人，为个体工商户和农村承包经营户进入票据市场拓宽了渠道。

（八）产品创新不断推进

随着票据市场的不断发展，票据创新不断深化，尤其是上海票据交易所成立以来，上线试运行数字票据交易平台实验性生产系统，实现了数字票据的突破性进展；发布票据收益率曲线，弥补了票据市场定价估值的空

① 七大主要用票行业分别为商务服务行业、有色金属行业、建筑装修行业、轻工行业、汽车行业、机械设备行业、化工行业。

② 资料来源：上海票据交易所《2022 中国票据市场发展报告》。

③ 资料来源：中国人民银行《中国货币政策执行报告》。

④ 资料来源：上海票据交易所《2022 中国票据市场发展报告》。

白；针对性地推出票付通、贴现通、标准化票据、供应链票据，在一定程度上提高了票据市场流通效率，满足企业票据支付、融资需求。商业银行也积极探索票据业务创新，在传统的承兑、贴现、转贴现等业务基础上，推出区块链票据、票据池、绿色票据、票据资产证券化、线上贴现等创新型票据业务产品，为票据市场发展提供原动力。央企在票据市场创新方面也取得了一定的成果，财务公司“军工票”、央企“企票通”平台的建设促进了商票流通，降低了产业链运行成本，票据服务实体经济的能力进一步增强。

（九）风险管理得到加强

2016年上海票据交易所成立以来，票据市场风险防控能力显著提升。为了防范各类金融风险，上海票据交易所未雨绸缪打造票据市场风险防范体系，大力推广电子商业汇票各项业务，提高电票业务占比；加强风险制度及市场监测体系建设，及时跟踪分析市场风险迹象；上线商业汇票信息披露平台，推动商业信用体系建设；推出账户主动管理服务，降低伪假票据风险；完善预防机制，优化交易机制，全面提升风险防范水平。各市场参与主体以金融科技为武装，借助大数据、机器学习等技术，综合利用内外部数据构建客户画像，通过建模分析客户流动性、信用等风险情况，为选择合作客户、防控业务风险提供参考。票据市场参与主体充分借助金融科技的力量，不断优化风险防范措施，事前防范、事中监测的风险防控体系逐渐建立。

（十）应用理论研究不断推进

近年来，我国票据市场应用理论研究氛围愈发浓厚，理论创新成果丰硕。上海票据交易所借助组织票据市场座谈会、票据市场高峰论坛、交易员沙龙等多层次研讨会充分调研市场需求，组织内外部专家编写票据专著，开展形式多样的征文活动及课题研究；江西财经大学九银票据研究院联合江西财经大学、九江银行共同培养票据经营管理方向硕士研究生，通过深入开展学术研究、出版票据专著、召开研讨会议、举办征文活动等形式助力票据市场发展。中国城市金融学会票据专业委员会、中国银行业协会票据专业委员会、上海市金融学会票据专业委员会、江西省金融学会票据专业委员会等票据专业委员会，以及中国票据研究中心、中国商票研究中心、中央财经大学云票据研究中心等票据研究机构相继成立，对票据市场理论创新进行了有益的探索。

二、票据市场存在的问题

（一）票据信用发展体系亟待建设

票据是集支付、结算、投资、融资、交易、调控等功能于一体的信用工具，实现这些功能的基础是出票人、承兑人和贴现人等票据市场参与主体的信用。近几年我国票据市场高速发展，各类票据风险案件频发，信用风险已成为当前票据业务的主要风险。当前我国票据信用发展定位不明确，服务实体经济和中小企业的能力有待提高，票据信用发展不平衡，商业信用发展严重滞后于银行信用，商业承兑汇票无法得到市场的广泛认可。另外，票据信用评级体系专业性不足，票据信用评级结果无法实现动态管理，例如，当企业发生财务危机时，其信用评级应该下调，由于存在信息不对称，该企业仍然可以签发票据，但票款大抵无法到期兑付，引发票据风险案件。

（二）票据法规滞后于市场发展

票据市场产生的初衷是以其支付结算功能清偿企业间的“三角债”，随着票据市场的发展以及票据功能的拓展，票据投资和融资功能得到重视，而《票据法》缺乏票据融资与投资定位，无法为其提供法律支撑。另外，《票据法》没有对票据无因性进行明确解释，票据的无因性和有因性相互交织，影响票据发展。缺乏管理部门的商业承兑汇票，市场参与者不重视，接受度较低，导致其市场发展缓慢且无序。缺乏新型票据介质的引入及评级机制，包括电子票据、绿色票据、数字票据等未被纳入法规进行针对性管理。

（三）基础设施建设仍存在断层

上海票据交易所作为我国票据市场的基础设施，主要为市场参与者提供票据交易、登记托管、清算结算和信息服务。上海票据交易所的主要作用方向是票据转贴现领域，但是票据直贴领域的基础设施仍然存在断层，缺乏规范的组织管理和顶层设计，没有形成统一的票据直贴交易平台，资金端基层员工对票据业务的优势定位模糊，对其支付结算功能认识不清晰，在大多数银行中票据发挥的是调节银行内部各项指标的作用；资产端对票据节省资金利用特点的挖掘程度较浅，背书链条有待延伸，供应链嵌入不够彻底，且套利票仍占有部分比重；银行票据经纪发展不力，央企、国企票据平台少，地方票据平台更少，市场运行效率低下，参与主体参差不齐，影响票据市场发展。

（四）价格机制存在扭曲

票据转贴现利率主要受到各家银行的合意信贷规模影响，而票据交易员对市场整体信贷投放力度的揣摩衍生出了影响票据二级市场价格的市场情绪因素，同时各银行机构对票据业务条线利润的考核及一些券商机构的加入，导致票据二级市场利率波动较大，受宏观经济环境影响程度较深，整个票据市场并没有真正形成市场决定价格、价格引导票据资金流向的合理机制，叠加顶层设计不足及票据市场中的重要主体没有起到良好的引导作用，常常会出现票据一级市场价格低于其筹资成本的情况，此类情况在中小商业银行及农商银行中更为常见，极端情况下票据利率甚至会趋于零，与银行机构的经营本质相悖，票据市场存在资金脱实向虚的可疑现象。

（五）票据市场发展备受挤压

一是类票据对票据市场的挤压。类票据作为一种电子债权债务凭证，具有确权性、可拆分流转和引入电子签名等特征，同现有的供应链票据具有极高的相似度及较强的替代性，因此，类票据的发展必然会挤占票据市场发展空间。二是营商环境和社会风俗制约商业承兑汇票发展，各家企业、商业银行都偏向于接受银行承兑汇票，商票难以流转，导致票据市场发展整体受限。三是供应链票据发展缓慢。

（六）商业承兑汇票管理缺乏主体

在纸票时代，企业签发汇票，需要到银行进行购买，而电票时代是在ECDS中操作，商业承兑汇票没有进行信用评估，缺乏总量、结构和比例的管理。一般在贴现环节有商业银行对企业进行授信管理，其他环节的商业承兑汇票管理完全缺失，特别是缺乏统一的管理协调部门，导致现在的商业承兑汇票无序、缓慢发展且时有风险爆发。

（七）票据创新制约因素较多

自2016年上海票据交易所成立以后，中国票据市场步入规范创新发展阶段，票据创新层出不穷，包括DVP（票款对付）、贴现通、“企票通”、标准化票据、供应链票据等。虽然票据创新产品众多，但是它们在整个票据市场中所占的份额较小，对于票据市场的促进作用有限。票据创新的制约因素较多：一是制度层面的影响，目前我国并没有专门的制度来鼓励或者约束票据创新，市场上的绝大部分票据创新都是各类主体出于便利性、盈利性需求而自发开创的。二是票据创新机制不健全，各类市场主体分散创

新，票据创新系统性不足。三是监管要求的约束，所有的经济金融活动都受到相关部门的监督管理很有必要，但是，票据创新是为发展服务的，监管部门制约太多，有些创新支持需要加强。

（八）票据服务实体经济的能力有待提升

首先，据江西财经大学九银票据研究院测算，在静态条件下，2022 年我国票据市场理论承兑发生额为 200 余万亿元，而 2022 年的实际承兑发生额只有 27 万亿元，说明总体票据承兑市场存在较大的发展空间。其次，从行业分类来看，票据承兑主要集中在制造业、批发和零售业，而制造业、批发和零售业的理论承兑量有几十万亿元，实际上只承兑了不到 10 万亿元，并且其他行业的票据承兑发生额远远低于制造业、批发和零售业，说明行业票据承兑市场同样具有较大的发展空间。此外，各个省市、区域、用票企业和非用票企业之间的理论签发量和实际签发量之间也相差甚远，票据市场发展潜力巨大，票据服务实体经济的能力有待提升。

（九）票据研究和高素质人才培养未能同步发展

理论指导实践，并通过实践来证明理论正确与否；发展是第一要务，人才是第一资源，创新是第一动力。中国票据市场的发展离不开票据理论研究，离不开票据领域高素质人才。票据市场的理想形态是通过高素质人才的票据理论研究，为中国票据市场发展指明方向，然而，实际情况却相去甚远，票据制度、票据基础和应用理论研究滞后于票据市场实际，票据领域高素质人才稀缺。

三、中国票据市场发展的思考

（一）构建多部门票据信用推进管理体系

一般来说，优良的承兑人信用可以增强票据流动性，更好地保障票据各方的权利，能够极大地促进票据市场发展。目前我国的票据信用良莠不齐，区域性、地方性特色明显，往往同一家企业签发的票据，在不同地区信用水平是不一样的。如果仅依赖某个政府相关部门或者某家银行来对整个市场的票据信用进行评估，则成本投入巨大且评估结果缺乏权威性。我国应当尽快构建由中国人民银行牵头，国务院国资委、工信委商委、市场监管总局、金融监管总局、证监会联合参与的票据信用推进管理体系，协调各方优势，明确票据信用发展和创新的目标，划分各部门在票据信用发展中的职责，集中主要力量发展票据信用。

（二）加快票据法规修订进程，适配经济高质量发展

习近平总书记在党的二十大报告中提出，高质量发展是全面建设社会主义现代化国家的首要任务。票据市场的发展有助于经济高质量发展，但并非无底线、无界限地发展，需要制定相应的法律法规来约束和保障。《票据法》自颁布施行至今已有20多年，其中部分内容相较于票据市场发展现状略显落后，需加快票据法律法规修订进程，以法律的形式明确票据融资与投资功能的定位，强调票据的支付结算功能；建设票据有因性的适用范围为承兑和直贴环节，票据背书、卖出回购、买入返售等环节适用票据无因性，以适配经济高质量发展。

推出商业本票和建立商业承兑汇票管理制度，并设立专门的机构统一管理全国商业本票和商业承兑汇票，统筹协调优质资源，推动本票和汇票规范健康发展；将新型票据介质、信息披露等纳入《票据法》管理范围，明确相关定义和法律责任。

（三）明确票据发展定位，助力中国经济发展

票据最初能够发展，是为了解决企业间存在的“三角债”问题，如今票据得以发展的主要动力是商业银行追求价差收益、快速吸收存款、完成信贷投放任务、调整银行内部经营指标，票据的发展定位似乎已经发生了改变。为了更好地发展票据，必须明确票据发展定位，更好地服务实体经济，聚焦于票据回归本源，发挥票据的支付结算功能，通过应收账款票据化解决企业间的债务淤积，盘活供应链资金，切实服务中小企业，助推我国经济高质量发展，通过票据的融资、投资、交易功能满足金融机构的短期流动性需求和盈利性需求。

（四）整合建设统一票据市场体系，规范票据市场发展

我国票据市场体系建设尚处于起步阶段，主要原因包括以下两个方面：一方面，我国票据市场发展时间较短，各项制度措施尚处于摸索阶段，如某项管理措施的实行在不同地区存在不同标准，从而制约了票据市场在广度上的拓展；另一方面，类票据产品缺少相应的法规约束，在野蛮发展的同时挤压了票据在企业中的应用，也在贸易链中埋下了隐患，限制了票据市场在深度上的挖掘。因此，票据市场高质量发展需要在人民银行、上海票据交易所的主导下，各商业银行以及供应链核心企业、财务公司等勠力同心，推动建立统一票据市场，统一规范、制度、标准、风控体系，将类票据产品纳入《票据法》管理范畴，规范类票据平台，发展票据经纪业

务，推动供应链票据、商业承兑汇票等平台发展，推动票据信息化、数字化、国际化发展，进一步提升票据市场发展效能。

（五）完善票据市场基础设施，挖掘票据市场深度

加快建立全国统一的票据直贴平台，简化、统一、便捷化票据直贴流程，使首次申请办理贴现的企业或者在某家银行没有开立结算账户的企业能够直接在平台上进行申请认定，与商业银行无门槛建立信贷关系，在授信额度充足的情况下，实现票据直贴。在全国票据直贴平台建成的基础上，持续渗透票据直贴市场，在人民银行、国务院国资委、金融监管总局等各部门的协调下，充分利用现有央企、国企积累的票据资源，推动全国各省、市、县票据市场基础设施建设。

（六）完善票据价格机制，实现市场决定价格

完善票据市场分层分级信用价格机制，国有大行、股份制银行、城商行和农商行的票据一级、二级市场价格各行其是，由市场来决定票据价格，一级市场价格引导机制可以参考流动资金贷款价格，二级市场则可以完全进入回购业务管理的价格机制，转贴现业务考虑不再与规模挂钩，引导票据资金流向脱虚向实，更好地服务实体经济。

（七）确立票据市场化、规范化、交易化、国际化发展目标

应确立票据市场化、规范化、交易化和国际化发展目标，使票据发展不偏航。一是确立票据市场化发展目标，保证票据市场合法合规存在，使各类市场主体能够自由进出票据市场。二是树立票据规范化发展目标，建立全国统一的票据市场标准，包括票据准入和退出标准、评级标准、产品标准、技术标准、监管标准等，保障各类市场主体安稳地开展票据业务。三是实现票据交易化目标，建立权威的票据二级市场线上报价平台，消除市场参与主体间的信息差，提高票据市场交易效率，保障交易的稳定性。四是树立中国票据市场国际化远大目标，与国际接轨，助力推进票据市场国际化。

（八）秉持系统性思维，推动票据市场全方位发展

2016 年上海票据交易所成立以来，我国票据市场迈入规范化高速发展时期，但是票据市场规模并没有实现饱和，成长空间巨大。票据市场要实现健康发展，不能只着眼于票据的某一方面、某一环节，要有大局观，考虑全局性，从票据的全生命周期入手，统筹协调票据承兑、贴现、转贴现、再贴现等各个环节，通过推动应收账款票据化和发展供应链票据来增加票

据市场在承兑方面的规模，充分挖掘票据在企业和行业中的潜力，通过票据秒贴、贴现通等票据创新来推动票据贴现市场发展，统筹协调区域之间、各省市之间的资源配置和地方特色，推动区域、省市票据市场发展。

（九）加快改善票据市场生态环境，共建票据发展新局面

当前，我国票据信用评级体系发展严重缺位，尤其是在企业信用评级方面，主要是由各家商业银行对企业信用进行评级，但其信用评级彼此割裂，导致商业承兑汇票在市场上流通受限，票据市场生态环境恶劣，限制了票据市场发展。因此，首先，应由多个部门联合开展关于企业信用的标准制定工作，完善企业信用评级体系，提高企业信用评级的专业性和统一性，打破票据信用地区割裂局面。其次，推动商业银行开展票据经纪业务，主动对企业进行信用评估，建立企业票据信用黑、白名单。最后，突出信息披露的关键作用，减小各类票据市场参与主体之间的信息不对称，改善票据市场交易环境。

（十）建设协调有序的票据创新体系，永葆票据发展生命力

票据市场的生命力在于创新，而创新必须在政府相关部门的监管下合规合法地进行，由政府相关部门牵头构建协调有序的票据创新体系，加强顶层设计，推动市场基础设施建设，以上海票据交易所为基础，构建票据一级、二市场有序有效协调发展的创新格局，积极与国外票据领域合作交流，推动国际票据交易所建设。

（十一）推动数字化票据发展，提高票据信息化、科技化水平

党的二十大报告提出要“加快建设数字中国”“加快发展数字经济，促进数字经济和实体经济深度融合，打造具有国际竞争力的数字产业集群”。数字化票据是顺应我国经济发展潮流，建设统一票据市场的必由之路，必须推动数字化票据的发展。通过加快推进大数据、云计算、人工智能、区块链等科学技术在票据领域的应用，产生更多的票据创新产品，便利票据流通，以科技赋能实现票据产品信息化、票据市场标准化和规范化、票据服务大众化，保证现有票据在数字化道路上行稳致远。

（十二）发展商业承兑汇票，充分挖掘票据市场发展潜力

在现有的票据市场中，商业承兑汇票仅占一小部分，绝大部分市场都被银行承兑汇票所占据，商业承兑汇票发展潜力巨大。一是构建商票信用评级制度，完善企业商票守信激励及失信惩戒机制，促使企业增强信用意识。二是提高商票信息透明度，各大银行和金融监管总局联合发布企业商

票信用白名单，利用现代科技手段加强商票信息披露与实时跟踪，提高商票的安全性和市场认可度。三是大力发展商票流通新方式，如开展商票保贴和商票保证、商票增信等业务。

（十三）构建票据风险内控管理新框架，促进票据发展行稳致远

在票据市场蓬勃发展的同时，票据风险不断积聚，且商业银行风险意识不强，导致票据市场在 2016 年集中爆发了多起票据风险案件，涉案金额巨大，影响极其恶劣。为了避免重蹈覆辙，票据市场从业人员应当牢固树立风险防范意识，坚决贯彻落实票据业务全生命周期风险防范，将风险防范铭记于心、践之于行。各类票据市场主体应当构建票据风险内控管理新框架，全方位、多领域展开对票据潜在风险的防控，包括但不限于授权管理制度、授信管理制度、职责分离制度、印章管理制度、事后监督制度、资料保全制度等。定期开展历年典型票据风险案件学习，深入分析风险案件爆发的原因，并引以为戒。

（十四）推动票据研究和人才培养进入新时代，适配票据市场发展

我国票据市场起步较晚，但是发展迅速，更需要正确的理论来指引票据市场朝着正确的方向发展，因此，要大力推动票据研究，充分借鉴国外成功经验和吸取失败教训，结合我国票据市场发展现状，坚持票据研究与时事热点相结合，综合运用大数据和区块链等技术，推动票据研究成果转化。推动票据研究需要专业的人才，因此，要大力推动产学研一体化，加强票据业界和高校理论界的深层次合作，培养票据领域专业化人才，引导票据市场规范有序发展，不断实现票据与实体经济相互融合，更好地服务经济金融与票据市场发展。

充分发挥票据功能作用助力服务中国式现代化的研究

肖小和　余显财[①]　金　睿[②]　柯　睿[③]

一、中国式现代化与票据

（一）中国式现代化的概念及特征

党的二十大报告指出：中国式现代化是中国共产党领导的社会主义现代化。既有各国现代化的共同特征，更有基于自己国情的中国特色。中国式现代化是人口规模巨大的现代化，是全体人民共同富裕的现代化，是物质文明和精神文明相协调的现代化，是人与自然和谐共生的现代化，是走和平发展道路的现代化。

"中国式现代化"将在未来很长一段历史时期内成为引领经济社会发展的重要原则。"共同富裕"将成为一条主线，贯穿经济社会发展、财政金融政策，收入分配制度改革将深入推进，财富积累将更加规范，一些不合理现象将逐步得到纠正，贫富差距有望缩小到合理范围内。"绿水青山就是金山银山"的理念将长期贯彻，会对以新能源产业为代表的环境友好型技术创新带来极大的推动。对基础设施仍会持续投入，"基础设施适度超前"意味着与新一轮技术革命有关的新基建将会有政策倾斜帮扶。在突破"卡脖子"技术难题方面，"新型举国体制"的构建将成为一项重大的制度创新探索。中国的研发强度将持续上升，政府将扮演更加重要的角色。中国将探索构建具有中国特色、符合中国国情的市场经济体制，包括民企与国企长期共存、政府与市场的独特关系、中长期规划等，最终实现"决不能不克服市场的盲目性，也不能回到计划经济的老路上去"。中国将与发达国家形成相互学习、相互借鉴的格局。中国在借鉴发达国家经验的同时，也在不

---

① 余显财所在单位为复旦大学经济学院。

② 金睿所在单位为江西财经大学九银票据研究院。

③ 柯睿所在单位为复旦大学经济学院。

断进行基于中国国情和市场的创新。①

（二）票据的概念、特点与助力服务中国式现代化

票据一词，有广义和狭义之分。广义的票据泛指一切有价证券和各种凭证，包括支票、本票、汇票、股票、债券、发票、提货单、保险单等。狭义的票据即为一般意义上所称的票据，是指出票人依《票据法》签发的，由自己或委托他人在见票时或在指定日期无条件支付确定的金额给收款人或持票人的有价证券，包括支票、本票和汇票。本文研究的是商业汇票。

票据具有以下几个特点：①票据是设权证券。票据权利本身不存在，其产生是以票据的作成和存在为前提。票据权利由出票行为所创设，没有票据就没有票据权利。②票据是完全有价证券。票据上的权利不能脱离票据而单独存在，票据权利的产生，须作成票据，即出票；票据权利的享有，须持有票据；票据权利的转移，须交付票据；票据权利的行使，须提示票据；票据权利的实现，须返还票据。票据与票据权利完全融合，因此，票据是一种完全有价证券。③票据是文义证券。票据上的一切权利和义务，必须以票面上记载的文义为依据，不得以文义以外的任何事项和理由来变更。④票据是要式证券。票据必须具备法定的要式，才能发挥效力。票据的作成必须依照《票据法》的规定，票据行为人必须在票据上签章，票据上记载的文义必须在《票据法》规定的范围内。⑤票据是货币证券。票据是在见票时或在指定日期无条件支付确定金额的有价证券。票据以支付一定的金额为目的，具有支付功能，以货币作为债权，在一定程度上可以替代货币使用。⑥票据是无因证券。票据设立后，具有独立的权利义务关系，票据权利的发生、转移和行使与票据原因关系无关。⑦票据是流通证券。票据可以通过背书或交付的方式流通转让。与民法上一般的债权转让不同，票据权利的转让通过背书或直接交付即可完成，无须通过债务人，流程更加简单便捷。⑧票据是提示证券。票据权利人在主张票据权利、行使票据权利时必须向票据债务人提示票据，因此，票据是一种提示证券，票据提示体现为提示承兑和提示付款。⑨票据是返还证券。票据权利人在受领给付时，需将票据交还给票据债务人，票据关系得以消灭。②

中国式现代化票据市场既有国际票据市场特征，又有中国特色，票据

---

① 详见“刘胜军经济学大局观”（刘胜军微财经出品）。

② 江西财经大学九银票据研究院．票据学［M］．北京：中国金融出版社，2021.

市场目前有《票据法》指导和上海票据交易所管理，基础设施比较完善。票据新规的出台使票据进一步回归服务实体经济的本源，在普惠融资、支持民营及中小微企业、科创制造企业、经济绿色转型等方面将发挥更大的功能作用，为实现中国式现代化贡献一份力量。

二、票据业务助力服务中国式现代化潜力分析

（一）票据可以服务实体经济、助力中国式现代化

承兑汇票不仅具有支付结算功能，更有扩张信用、融通资金的作用，作为社会融资的一部分，承兑汇票在服务中小微企业、繁荣国民经济方面做出了一定贡献。在签发商业汇票的实务操作中，需严格按照《票据法》和人民银行的相关规定，认真审核企业上下游的贸易背景，并把企业开具的相关增值税专用发票作为认定贸易背景真实性的重要参考依据之一。在监管政策平稳的年份，增值税税价总量与承兑汇票签发总量保持正相关关系，而且增值税税价总量是可签发商业汇票总量的理论上限。当前推进企业发展，需要充裕的信用支持，利用承兑汇票可以部分解决企业资金链紧张的问题。因此，测算企业一年内开具增值税发票的税价总额，对研究承兑汇票市场的发展以及如何利用增值税政策和票据服务中小微、民营企业，夯实实体经济发展基础具有重要的参考意义。

批发和零售业是社会化大生产过程中的重要环节，是决定经济运行速度、质量和效益的引导性力量，是我国市场化程度最高、竞争最激烈的行业之一。承兑汇票长期以来作为批发和零售业融资的重要手段之一，符合国民经济向好的预期，符合中国经济复苏的现状，更符合批发和零售业票据业务飞速发展的事实，有着极强的现实意义。

制造业在发达国家的国民经济中占有重要份额。同样，对于我国来说，制造业不仅在国民经济发展中占有重要地位，也是我国经济结构转型的重要基础，提供了大量的就业机会。其中承兑汇票是制造业融资的一个重要方式，长期以来企业签发的银行承兑汇票承兑、贴现集中在制造业、批发和零售业。上海票据交易所的数据显示，2022 年批发和零售业以及制造业票据签发背书量占比均超过 30%，位居各行业前两名。可见票据已经成为批发和零售业及制造业的重要融资手段，未来的批发和零售业及制造业发展必然会带动相关票据业务发展。

（二）以增值税为基础的批发和零售业、制造业票据承兑总量测算

2016 年“营改增”完成，扩大了增值税的适用范围，商业银行和监管

机构普遍把销售方开具的增值税发票作为审核贸易背景真实性的主要依据之一，只要缴纳了增值税的企业理论上都有条件开具商业汇票，这为大力发展承兑业务提供了良好的条件①。如图1和图2② 所示，2016年以前商业汇票签发量占批发和零售业商品销售总额的比重一直处于较为稳定的状态（42%左右），2014—2016年商业汇票签发量占制造业营业收入的比重稳定在23%，由于2016年“营改增”完成导致增值税增加，以及金融业务中商业银行在企业出票环节加强了对真实贸易背景的审查，无真实贸易背景的融资性票据被逐步挤出市场，致使2016年以后的票据承兑业务有了一定下滑，商业汇票签发量占制造业营业收入的比重有所下滑，但2018年以后逐步恢复，2022年占比升至24%。未来随着居民生活水平的提高以及中国工业技术不断发展突破，批发和零售业与制造业的发展必然会带动相关票据业务的发展，作为其重要融资手段之一的票据市场也一定会有很大的发展空间。

下面我们考虑批发和零售业与制造业理论上可开具的最大承兑汇票量，并将其与实际市场相比较，从而使票据更好地服务于实体经济发展。

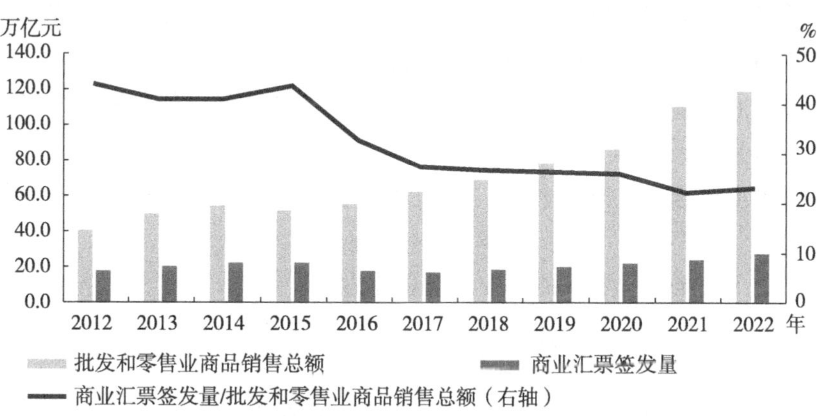

图1　2012—2022年批发和零售业商品销售总额与票据签发量

---

① 肖小和，余显财，金睿，等．我国增值税政策对承兑汇票发展的影响研究［A］．肖小和，等．新时代中国票据市场发展研究［M］．北京：中国金融出版社，2022.

② 资料来源：国家统计局，《中国货币政策执行报告》。

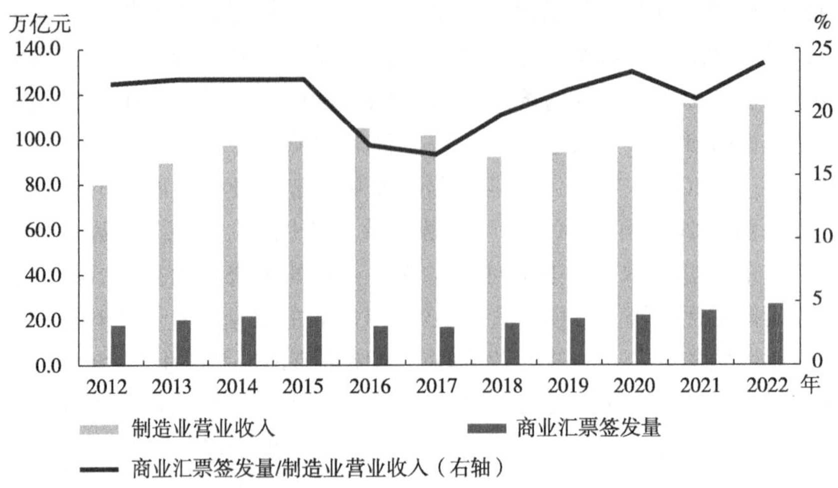

图 2　2012—2022 年制造业营业收入与票据签发量

承兑总量可能性分析之模型假设如下：（1）假定市场中存在 n 种产品，不含税价格分别为 P_i 元，数量为 Q_i（$i=1, 2, \cdots, n$）。（2）第 i 种商品需要经过增值的次数为 K_i 次，其中第 j 次（$j=1, 2, \cdots, K_i$）增值后的不含税价格为 P_{ij}，此时的中间品数量为 Q_{ij}，最终价格为 P_i，即 $P_{iK_i}=P_i$，$Q_{iK_i}=Q_i$。（3）假定第 i 种商品的第 j 次增值所需缴纳的增值税税率为 X_{ij}，则含税价格为 $P_{ij}\times(1+X_{ij})$。

基于上述假设，第 i 种商品的第 j 次增值后银行可签发的汇票为

$$P_{ij} \times Q_{ij} \times (1 + X_{ij})$$

理论上市场可以签发的商业汇票累计为

$$\sum_{i=1}^{n} \sum_{j=1}^{K_i} P_{ij} \times Q_{ij} \times (1 + X_{ij})$$

在我国现行税率制度下，主要存在三档增值税税率，分别为 6%、9%、13%，因此，X_{ij} 的取值为 6%或 9%或 13%。但实际市场中的产品种类及对应的增值次数无法统计。因此考虑根据企业实际缴纳的增值税额进行计算，将企业进行分类，并按照 2019 年版增值税税率计算，由增值税计算公式可知：

$$\text{增值税}=\text{销项税额}-\text{进项税额} \tag{1}$$

$$\text{销项税额（或进项税额）}=\text{含税销售收入}\div(1+\text{税率})\times\text{税率}=\text{销售额}\times\text{税率} \tag{2}$$

下面考虑三大产业增值特点，根据其不同的特点进行分别测算。

考虑到第一产业主要是指生产食材以及其他一些生物材料的产业，2022年其增加值为88345亿元，在国内生产总值1210207亿元中仅占据7.3%的份额，而且多数为小规模纳税人，不具备银行为其开承兑汇票的能力，因此不将其纳入计算。

考虑到第三产业主要为服务业，而且服务业多数为一次性增值业务（金融业不可开具承兑汇票），由式（2）可知，为其可开出的理想模型下的最大承兑汇票金额为

$$增加值\times(1+增值税税率) \tag{3}$$

先考虑批发和零售业，其主要分为两部分，第一部分面向最终消费者用于消费，这部分主要为零售环节，代表其总量的数据为社会消费品零售总额；第二部分用于企业生产资料，这里我们假定不考虑存货等情况，周转周期为1年，因此此处的批发零售用于生产资料部分为下一年度投入，也应当纳入计算。因此，应当对用于生产的部分资料单独进行计算。2022年批发和零售业销售额为1201793亿元，则批发和零售业可开票额为1358026亿元（1201793×(1+13%)）。

同样地，交通运输、仓储和邮政业可开票额为54145亿元（49674×(1+9%)）；住宿和餐饮业可开票额为18926亿元（17855×(1+6%)）；房地产业可开票额为80465亿元（73821×(1+9%)）。

再考虑其他第三产业，交通运输、仓储和邮政业及住宿和餐饮业、房地产业的投入大多来自工业企业与市场批发零售，此部分在计算工业企业收入时已经计算（见后文），不能重复计算。对于其增值后的销售额，由于服务面向最终消费者无法开票，因此无法开具承兑汇票。其余教育、科技等第三产业同样不纳入考虑。因此，需要从中除去用于最终消费者的部分，即社会消费品零售总额为439733亿元，假定其增值税税率采用13%，则第三产业最终的可开票额为1014664亿元（1358026+54145+18926+80465−439733×(1+13%)）。

值得注意的是，住房消费属于投资，并不包含于社会消费品零售总额，同时房地产企业能否开具承兑汇票尚未有定论，此处当作可开具承兑汇票计算。

第二产业主要分为工业和建筑业。对于工业企业，2018年的政策将工业企业的小规模纳税人的年销售额标准由50万元和80万元统一上调至500万元，我们考虑银行为其开具承兑汇票的企业营业额一般较高，多数应为一般纳税人，适用2019年发布的制造业增值税税率13%。因此，对所有数

据我们均采用按行业分规模以上工业企业主要经济指标，至此我们将第一阶段的理论模型进行简化，假定企业增值过程共有 n 个阶段，各个阶段不含税销售产值分别为 P_1，P_2，…，P_n，则各个阶段所需缴纳的增值税为

$$(P_{i+1}-P_i)\times 13\% \quad (0\leqslant i\leqslant n)$$

各个阶段所需缴纳增值税之和为

$$\sum_{i=1}^{n}(P_{i+1}-P_i)\times 13\% = (P_n - P_0)\times 13\%$$

第一阶段模型中假定 P_0（初始价值量）为 0，则上式结果为：$P_n\times 13\%$ 其含义是工业行业全年缴纳的增值税总额=最终产业的全年产值×13%。

根据我们的假定，此过程中银行可开具的承兑汇票理论最大值为（P_i 不包含增值税）

$$\sum_{i=1}^{n}P_i\times(1+13\%)$$

我们发现 P_i 可以通过营业收入衡量，此时 P_i 即为企业全年的营业收入，对 P_i 求和即为工业所有企业全年营业收入之和，2022 年的数据为 1333214 亿元，则以营业收入衡量的承兑汇票理论最大值为 1506532 亿元（1333214×(1+13%)）。

对于建筑业，采用建筑行业总收入进行测算，2022 年建筑行业总收入为 273130 亿元，则银行可为其开具的承兑汇票理论最大值为 297712 亿元（273130×(1+9%)）。

因此，将第三产业、工业以及建筑业加总计算可得出 2022 年的承兑汇票理论最大值为 2818908 亿元（1014664+1506532+297712）。

类似地，批发和零售业可开具的承兑汇票理论最大值为 861128 亿元（1358026−439733×(1+13%)）。

此测算方法误差较大，原因在于社会消费品零售总额包含了所有零售额，但我们未能排除其中无法用于开票的部分，因此除去了所有零售数据，导致计算结果严重偏低。

对制造业而言，考虑到市场中所有的制造业企业，制造业所能开具的承兑汇票即为所有制造业企业销项税额之和。我们发现 P_i 可以通过营业收入衡量，此时 P_i 即为企业全年的营业收入，对 P_i 求和即为制造业所有企业全年营业收入之和。我们将所有制造业企业①按产业进行细分（见表 1），并

① 按照国家统计局行业分类标准分类。

分别进行计算。

表1　制造业各行业营业收入（2022年）　　单位：亿元、%

行业	营业收入	增值税税率	含税价格
制造业总计	1151838		1299153
农副食品加工业规模以上工业企业	53628	9	58455
食品制造业规模以上工业企业	20282	13	22919
酒、饮料和精制茶制造业规模以上工业企业	14738	13	16654
烟草制品业规模以上工业企业	12801	13	14465
纺织业规模以上工业企业	23160	13	26170
纺织服装、服饰业规模以上工业企业	12939	13	14621
皮革、毛皮、羽毛及其制品和制鞋业规模以上工业企业	8466	13	9566
木材加工和木、竹、藤、棕、草制品业规模以上工业企业	8781	13	9922
家具制造业规模以上工业企业	6824	13	7711
造纸和纸制品业规模以上工业企业	14165	13	16007
印刷和记录媒介复制业规模以上工业企业	6959	9	7586
文教、工美、体育和娱乐用品制造业规模以上工业企业	12686	13	14335
石油加工、炼焦和核燃料加工业规模以上工业企业	61941	13	69993
化学原料和化学制品制造业规模以上工业企业	91020	13	102853
医药制造业规模以上工业企业	26384	13	29814
化学纤维制造业规模以上工业企业	10308	13	11648
橡胶和塑料制品业规模以上工业企业	28189	13	31853
非金属矿物制品业规模以上工业企业	60933	13	68855
黑色金属冶炼和压延加工业规模以上工业企业	85261	13	96345
有色金属冶炼和压延加工业规模以上工业企业	73117	13	82623
金属制品业规模以上工业企业	46813	13	52899
通用设备制造业规模以上工业企业	46311	13	52331
专用设备制造业规模以上工业企业	36881	13	41675
汽车制造业规模以上工业企业	89753	13	101421

续表

行业	营业收入	增值税税率	含税价格
铁路、船舶、航空航天和其他运输设备制造业规模以上工业企业	18766	13	21206
电气机械和器材制造业规模以上工业企业	100938	13	114060
计算机、通信和其他电子设备制造业规模以上工业企业	154607	13	174705
仪器仪表制造业规模以上工业企业	10023	13	11326
其他制造业规模以上工业企业	2828	13	3196
废弃资源综合利用业规模以上工业企业	10451	13	11810
金属制品、机械和设备修理业规模以上工业企业	1883	13	2128

我们根据2022年制造业企业营业收入数据计算得出的理论承兑汇票量约为130万亿元。此测算方法存在误差，原因主要为制造业企业计算时采用的是按行业分规模以上工业企业经济指标数据，部分小型企业未纳入计算，可能会造成结果偏低，而又忽略了制造业企业中有些面向最终消费者无法开票的部分，导致结果偏高。

综合来看，经过测算，预计2022年全国可开具的承兑汇票理论最大值为282万亿元，批发和零售业以及制造业可开票额分别为86万亿元和130万亿元，以同样方式测算，2019年对应总量、批发和零售业、制造业可开票额分别为202万亿元、42万亿元、106万亿元，2020年对应总量、批发和零售业、制造业可开票额分别为217万亿元、53万亿元、108万亿元，2021年对应总量、批发和零售业、制造业可开票额分别为269万亿元、54万亿元、131万亿元。

从2022年数据来看，2022年全国承兑汇票开具总量为27.4万亿元，仅占理论最大值的9.7%，批发和零售业及制造业2022年实际开票额分别为9.8万亿元和8.8万亿元，占理论最大值的比重分别为11.4%和6.8%，仍有较大提升空间。从趋势来看，2019—2022年全行业实际开票额占理论可开票额的比重分别为10.1%、10.2%、9.0%和9.7%，2019—2022年批发和零售业占比分别为16.6%、14.6%、11.0%和11.4%，2019—2022年制造业占比分别为6.2%、6.2%、5.9%和6.8%，表明票据市场发展仍有待持续复苏，尤其在近年来强调提振内需的情况下，批发和零售业开票额仍有巨大的提升空间。

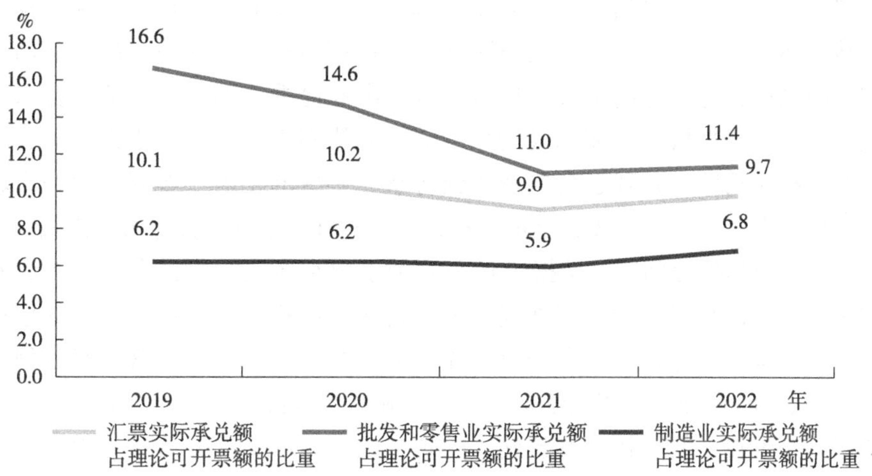

图 3　2019—2022 年实际开票额占理论可开票额的比重

三、充分发挥票据功能作用助力服务中国式现代化的研究

基于以上分析，无论是从总量来看还是从制造业、批发和零售业来看，票据市场的发展潜力都是很大的。因此，积极发展票据业务，助力服务中国式现代化具有重要意义。

（一）加快修订《票据法》，适应票据新规变化，助力服务中国式现代化发展

1. 修订《票据法》，让《票据法》更好地契合票据实践需要

对于贸易背景的认定，建议将第十条“票据的签发、取得和转让，应当遵循诚实信用的原则，具有真实的交易关系和债权债务关系”中的“和”改为“或”，以便从贸易背景和债权债务两个维度推动业务发展，促进票据流通、协调业务监管。

对于票据追索权，建议部分保留追索权，即仅保留对票据承兑人、保证人、收款人和贴现人等关键节点的追索权。一是从业务的角度看，票据承兑人应承担第一性的付款责任；票据收款人作为承兑人的贸易伙伴，应了解承兑人的经营状况；票据贴现人基于对承兑人的授信（部分商业银行基于对收款人的授信）办理票据贴现业务，对其生产经营、支付信用有较为全面、深入的了解。因此，上述票据关系人可以作为被追索的对象。票据贴现前，中间手的背书人并未与承兑人发生直接贸易往来，且背书行为

并非保证行为，对中间手的追索不合理；票据贴现后，票据在金融机构间的转让属于金融市场行为，应由贴现行承担信用风险，这一点已在业内形成广泛共识，并已付诸实践，目前风险资本计提重复不利于降低票据市场融资成本。二是从票据流动性的角度看，如能实现对关键节点的追索，将提升票据流动性，有利于商票及小银行承兑银票的发展，有利于票据市场整体繁荣发展。综上所述，全链条追索不合时宜，建议部分保留追索权。

对于票据拆分问题，票据可拆分有利于中小企业日常经营与结算，有利于充分发挥票据支付结算功能。但在司法层面仍存在一些问题，如票据拆分后，每个被拆分的票据是否不受其他被拆分票据的影响等。建议修订《票据法》时充分考虑相关情况，一是明确票据可拆分；二是明确拆分后的票据是一个独立的个体，其流转、贴现、兑付等不受拆分后其他被拆分票据的影响；三是明确票据拆分前如果违反相关法律法规，拆分后的票据同样应承担责任。

对于电子票据，建议将电子票据、数字票据纳入《票据法》，一是明确电子票据、数字票据的法律地位，调整相关表述，以适应数字经济发展需求；二是明确电子票据、数字票据线上追索的有效性，要求电子票据必须通过线上追索，禁止电子票据开展线下追索。

明确票据大概念及狭小概念，大概念可包含类票据产品，类票据产品必须遵循《票据法》的要求。由于《票据法》不可能随时修订，建议设立票据市场主导部门并牵头设立市场创新机制，一是避免部分创新产品出现无法可依的窘境；二是票据创新产品需经过有关部门审批，避免监管套利。

2. 适应票据新规变化，跟上中国式现代化发展步伐

中国式现代化要求金融回归服务实体经济的本源。票据新规将票据期限缩短至最长6个月，对于商业银行而言可能意味着利润空间的压缩，并对从业人员的二级市场研判能力提出了更高的要求。但是从企业端来看，票据期限缩短后，票据的支付功能与资金属性、交易属性得到凸显，票据的支付性、流动性被进一步强化，更加符合企业日常资金周转需求，票据的市场接受度也将进一步提升，这对于缩短企业账期、加速资金周转具有重要意义。期限的缩短有利于进一步发挥票据支付功能，对于减轻企业占款压力，降低中小企业融资成本是个利好消息，并且将在一定程度上抑制票据投机行为的产生。

票据新规扩大了市场参与主体，进一步放开持票主体和贴现主体至自然人，为个体工商户和农村承包经营户进入票据市场拓宽了渠道。市场监

管总局的数据显示，截至 2022 年，全国登记在册的市场主体共 1.69 亿户，其中个体工商户等超过 1 亿户。参与主体的放开有利于进一步提升票据市场服务实体经济的深度与广度，满足微型企业用票与融资需求，为实现中国式现代化提供了良好的金融工具。

规范最高承兑余额和保证金余额比例上限。出于风险防控的考虑，票据新规规定银票和财票最高承兑余额不得超过承兑人总资产的 15%，保证金余额不得超过承兑人吸收存款规模的 10%。这一规定对个别过度依赖票据资产及票据业务吸收存款的金融机构具有一定的约束力，能够防范因过度承兑而导致的到期兑付风险，也能在一定程度上减少融资性票据规模，促使票据回归真实交易，进而推动票据市场出清。由于大部分金融机构和财务公司的承兑余额与保证金余额比例显著低于监管规定，因此，这一规定基本不会对市场造成影响，同时，有利于大型银行积极发展票据业务。发展低保证金比例的优质银票业务，不仅能够帮助商业银行控制好保证金比例，防止因保证金存款到期而引发的流动性风险，还能降低资本占用，促进银行业发展。值得注意的是，承兑余额和保证金余额比例只是针对银票和财票的限制，由于商票依托企业自身信用签发，不存在保证金缴纳要求，从某种程度上来讲，这一限制也为商票的发展提供了空间。

（二）推动票据发展，服务中国式现代化

1. 推动票据全生命周期发展

可由人民银行统筹规划中国票据市场的顶层设计。组织研究票据市场框架体系的创新发展，统筹票据市场基础设施建设，从宏观层面制定票据市场发展规划、发展战略及长短期目标，积极研究探索市场经济条件下的票据制度和票据信用理论体系；以人民银行和金融市场监管部门为牵头单位，探索构建我国票据市场框架体系；建立以 ECDS 为核心的覆盖票据市场承兑、贴现、转贴现、回购、再贴现及衍生产品、新产品、评级、经纪等全生命周期的中国票据市场体系。

2. 推动制造业、批发和零售业票据发展

票据既有支付结算功能，也有扩张信用的融资功能，理应是我国多层次融资体系的一部分。股票、债券、短期融资券、中期票据、PPN、ABS 等融资工具只适用于金字塔尖的少数大型制造业、批发零售企业，多数中小制造业、批发零售企业在公开市场上没有评级，不适宜在资本市场上大规模融资。同样，相对于银行贷款，票据市场基础设施完善，电子票据最长期限为半年，并且可以自主约定到期期限，通过企业网银签发、流转，非

常便捷，还可以同开户银行“一事一议”，满足双方约定的特定条件时可获得银行承兑作为信用加持，这些基本属性同中小制造业、批发零售企业的短期融资需求十分契合。同时，依托上下游的真实贸易背景，票据的到期兑付具有自偿性特征，并且对于长期在某家银行做基础支付结算的企业，银行可以获得稳定的大数据以帮助灵活调整、控制票据信用敞口的比例，尽可能创造条件为制造业、批发零售企业提供短期流动性支持。综合来看，中小制造业、批发零售企业的票据融资可获得性比信贷融资更高，在获得金融机构中长期贷款的同时，也可约定配套签发票据以满足短期流动性管理需要，长短结合使得票据的优势更加明显。

3. 发展供应链票据

供应链票据平台依托电子商业汇票系统，为企业提供电子商业汇票签发、承兑、背书、到期处理、信息服务等功能。供应链票据平台与供应链金融平台对接，能够实现对上下游企业间资金流、商流、物流、信息流的整合，因此，相较于传统票据业务，供应链票据具有全生命周期风险可控的优势。由于供应链企业之间往往具有较长的贸易链条，容易形成“三角债”，大部分企业更倾向于使用票据结算货款。供应链票据将票据嵌入供应链场景，依托平台签发，通过流转带动企业信用传递，凭借科技赋能实现了票据可拆分、任意金额灵活支付，还可以通过贴现等帮助企业快速融资。供应链票据本质上为票据，有《票据法》作为保障，因此，上下游支付、融资更加安全。同时，票据新规明确了供应链票据的地位，为供应链票据发展扫清了制度障碍，有利于供应链内中小企业与票据市场对接，为供应链持续稳定运营与发展提供了金融支持。

4. 发展应收账款票据化

应收账款淤积，资金流动不畅是当前实体经济发展面临的重要问题。国家统计局的数据显示，2022 年底我国规模以上工业企业应收账款达到 21.65 万亿元，相较于 2021 年末增长 14.73%。由于应收账款不具有确权效果，其流转过程对原始债务人的约束往往较弱，容易发生故意赖账、拖欠等情况，造成对企业的二次盘剥。与之不同，票据具有固定的账期，具有到期无条件付款的特性，具有确权性，为企业回款提供了保障，而且票据融资成本往往更低，具有跨区域、流动性强等优势，可成为企业应收账款的重要替代工具。电子票据的发展赋予传统票据互联网属性，使得票据货币化支付成为可能，产业链上下游企业间可以通过签发、背书转让票据轧清应收应付款项，实现应收账款票据化。票据新规发布后，票据期限逐渐

缩短至不超过6个月，更加匹配企业账期，对于减少企业资金占用，加快资金回笼，加速资金流通，提高企业生产效率具有重要意义。

（三）推动票据重点式发展，服务中国式现代化

1. 推动普惠金融票据化发展

在普惠金融改革试验区三年行动计划的契机下，建议地方金融办与人民银行牵头，通过线上线下相结合的方式，积极开展票据知识教育，举办票据支持普惠金融专题讲座和培训，向各金融机构和企业宣传票据理论知识与操作规范，进一步扩大票据的使用范围。同时，加强票据从业人员操作技能和业务能力培训，建立多层次、常态化的人才培育体系，为票据支持普惠金融发展提供人才储备。

依托政府和各金融机构打造集政策宣传、信息集成、业务咨询、担保、见证等于一体的普惠金融票据信息平台，并与互联网科技和数字金融紧密结合，落实经营主体信用档案，推动票据市场信息透明化，缓解票据信息不对称，为金融机构和小微企业开展票据业务提供互联互通互信的场所。

2. 推动中小微企业票据发展

各银行分支机构通过普惠金融票据信息平台为中小微企业提供全面、高效、专业化的票据融资服务，以畅通融资渠道、降低融资成本的方式，切实改善中小微企业融资环境，竭力促成政府、银行、企业、科技平台多方受益的共赢局面。对于中小微企业持有的票据，商业银行可借助信息相对优势条件对它们进行筛选及分层，积极吸收此类企业持有的由产业链中的核心企业承兑的商业承兑汇票的贴现业务，或适当降低贴现门槛和采取第三方机构参与票据贴现业务进行增信的措施提高中小微企业在票据贴现业务客户群中的比重。同时，在推动落实及时支付条例的基础上，推动大型企业使用商业汇票替代其他形式的账款，积极引导金融机构开展票据贴现和标准化票据融资。人民银行提供再贴现支持，引导票据资金流向，进一步缓解中小微企业资金压力。

3. 推动民营经济票据发展

为了进一步扩大民营企业票据承兑和贴现业务规模，可适当引入第三方融资担保机构、保险机构，通过担保方式为符合条件的民营企业开展票据承兑和贴现业务提供增信，进一步提高票据的认可度和流动性；或采用再担保的方式分散风险，提高担保机构的风险抵御能力和票据融资担保的稳固性。同时，加快对票据市场属于标准化市场的认定，在此基础上推出票据类信用风险缓释工具，提高商业承兑汇票的市场接受度。在上海票据

交易所平台上发展推广商业承兑汇票回购业务，提高民营企业商票的流动性，扩大商业承兑汇票融资渠道，确保后端流转和融资畅通，提高投资者对商业承兑汇票的青睐度，助推民营企业通过商业承兑汇票进行融资。

4. 推动科创企业票据发展

科创企业是国家经济发展的未来，因此，应发挥好政府融资担保机构的作用，通过财政部门、财政资金引入票据市场，并设立准入白名单，通过国家或地方担保基金，为符合国家和本地政策导向的科创企业提供票据融资担保服务，或支持担保机构为缺乏抵押物和信用记录的科创企业提供担保，有效地解决名单内科创企业商票认可度低的问题，并通过财政担保及贴现贴息解决科创企业承兑商票流动性差的问题。同时，探索政府融资担保机构与当地商业银行合作，共同支持科创企业发展，商业银行可以与政府融资担保机构一起分担风险，共享科创企业发展成果，提高财政资金使用效率，努力把科创企业票据业务做大做强。

5. 推动票据数字化转型发展

随着数字技术的不断突破和广泛应用，数字经济已成为重塑全球竞争格局、推动产业变革的核心力量，其发展也推动着票据市场数字化发展进程。票据新规关于信息披露、主体信用评级等的相关规定需要票据市场信息集成化、数字化发展作为辅助。票据数字化发展将进一步提升票据市场透明度，推动基础设施完善，促进信用环境改善，优化信用环境与融资环境，提高市场交易效率，为票据市场创新、服务经济高质量发展提供基础。推动票据数字化发展的前提是票据信息化，即将传统的线下票据业务线上化，通过数据归集、挖掘处理，提升业务效率，改善市场生态环境。近年来，随着票据市场不断发展，其信息化程度得到显著提升，为票据数字化发展奠定了基础。下一步，应加快推动票据市场运用大数据、云计算、人工智能等新兴技术，着力培育票据数字化发展新生态。同步推动票据国际化发展进程，推动跨境票据业务创新发展，推动票据“走出去”，进一步拓展票据发展新领域、新未来。

（四）防范票据风险，服务中国式现代化

1. 科技赋能，提高科技服务票据水平

票据业务具有流动性强、区域跨度大、时效性突出的特点，信息不对称是票据风险频发的主要成因。一是利用信息科技手段建设标准化、覆盖面广的信息采集录入平台。信息采集录入平台应来源广泛，实现各数据源平台数据的接入汇总，并拥有海量相关非结构化信息，按照“科学规划、统一标准、规范流程”的原则，统一采集归口，利用数字信息技术建立索引，实现信息资料管理科学化、规范化，实现信息集中管理，并建立数据质量控制机制，提高数据分类的准确性。二是打造模型化、手段先进的信息分析预测平台。运用科学模型建立宏观经济预警、区域监测评价等系统，对票据数据信息进行多角度、多层次、精细化、准确系统的分析，并展示出区域市场主体的发展情况。同时，对相关机构的交易行为和合规信息进行动态分析，并提供个性化、可定制的直观展示功能。三是搭建智能化、时效性强的信息资讯发布平台。信息资讯发布平台要实现智能分类、科学发布、高效共享，建立业务库、案例库、营销库、经验库、文化库、知识库，集中展现各类报表、信息功能。应尽快将票据全生命周期的各项信息纳入统一信用信息平台，建立完善的信用登记、咨询体系和严格的监督、执行机制，实现票据信息共享、透明，减少信息不对称，有效消除交易风险、降低交易成本，提高交易效率，进一步促进全国统一的票据市场形成。

2. 科技赋能，提高票据风险防范能力

上海票据交易所具有全面、实时的海量数据，需要对这些交易数据进行监测，并制订应急预案，一旦出现异常情况可及时采取措施，维护市场稳健运行。一是利用科技手段搜集整合票据风险信息，包括公示催告、挂失止付、风险票据、票据案件或事件以及可能产生票据风险的其他信息，同时建立黑白名单制度，对具有欺诈、恶意拖欠票款等票据不良行为的客户进行黑名单管理，而对信誉良好、交易活跃、推动票据市场创新发展的客户予以升级，鼓励商业信用发展。二是上海票据交易所可以通过市场变动趋势和客户的风险偏好，借助数据模型建立以情景分析、压力测试为手段的前瞻性风险管理模式，合理地为客户推荐交易对手，匹配其风险收益，并可以通过专业队伍的打造，加强对业务和产品模块中各个环节的风险管理和控制，促使客户提升合规经营意识，推动监管要求在整个市场的传导。三是借助大数据分析完善风险计量模型和内控评价模型，不断推动完善风险量化管理体系，通过嵌入业务和产品模块推动量化监测风险的尝试，并对合规操作和管理进行全方位分析，提升会员的风险防范水平和合规管理能力。四是提供应对票据风险和具体问题的咨询，以及处置票据风险资产的介绍、案例和相关办法等。

票据全生命周期功能作用的分析与思考

肖小和　木之渔　刘　飞[①]

2023年10月召开的中央金融工作会议指出“金融要为经济社会发展提供高质量服务”，票据作为金融产品理应为经济社会发展发挥积极作用。票据是一类金融产品的统称，其历史源远流长，生命周期包含承兑、背书转让、贴现、转贴现、再贴现等业务环节，具有支付与融资两大基本属性，具有流动性管理、宏观调控等特殊功能。票据所具有的属性、功能归根到底是由信用决定的，推动票据信用功能发展有利于促进票据全生命周期、全品类、全功能发展，有利于为经济社会发展提供高质量服务。

一、票据信用发展历程

（一）萌生于新中国成立以前

票据的历史源远流长，最早可以追溯到周朝，商品交易及借贷行为促使票据雏形孕育而生。唐朝时诞生了我国历史上第一种票据——飞钱，这标志着票据汇兑功能出现。宋朝时产生了交子、会子，认票不认人机制开始实施，票据支付结算功能明显加强。清朝时商业经济快速发展，票据（会票、银票、钱票、汇票）开始大量流通。

进入近代，民国时期颁布了中国第一部票据法律——《中华民国票据法》，成立了票据专营机构——票据交换所。

新民主主义革命时期，中国共产党领导人民建立革命根据地，发展期票、本票、支票、汇票等业务，促进了革命根据地的商品交易和贸易流通，起到了发展信用、服务经济的作用。

（二）茁壮成长于改革开放后

1949—1979年，我国实行计划经济体制，限制了商业信用，票据业务发展处于停滞状态。1978年党的十一届三中全会召开，拉开了改革开放的序幕，国家开始有计划地发展商业信用，人民银行在1979年批准部分企业

① 刘飞所在单位为中国人民银行吉安市分行。

签发票据。1981年，人民银行上海分行先后试办了首笔同城商业承兑汇票承兑与贴现业务、跨省市银行承兑汇票承兑与贴现业务，中国票据市场恢复发展。

随着改革开放的不断深入推进以及市场因素的不断引入，尤其是1995年《中华人民共和国票据法》的颁布实行，以及《支付结算办法》《票据管理实施办法》的实施，极大地推动了票据市场发展，更大规模地促进了实体经济发展。2000年以后，随着各商业银行票据专营机构的成立，尤其是2009年电子商业汇票的出现，推动票据市场进入了高速发展的电子化新时代。与此同时，票据业务风险不断积累。经历了多起风险事件后，2016年上海票据交易所成立，票据市场迎来规范、有序发展的新阶段。

二、票据是服务企业的最优信用工具之一

（一）业务属性决定了票据服务的专业性

1. 支付属性

支付结算是票据的基本属性，广泛应用于企业日常生产经营，是中小企业重要的支付方式，票据的支付属性主要体现于票据承兑业务。买方企业可以将已签发或持有的未到期商业汇票支付给卖方企业，实现订单资金的交付，完成商品交易；卖方企业收到票据后，可转让至本方的前手企业，完成采购。企业借助票据支付属性，可以快速、便捷地完成商品交易，实现供应链内闭环支付与结算。根据2022年数据，票据贴现与承兑的比例为71.17%，说明有近30%的票据游离于贴现融资之外，即纯支付票据。

2. 融资属性

融资是票据的重要属性，票据的融资属性主要体现于票据贴现业务，是中小企业的重要融资渠道。持票企业可以借助票据贴现业务，提前获取银行融资支持，保障中小企业在资金头寸不足的情况下，完成日常采购等交易活动。票据的融资属性与支付属性相辅相成，是商品交易的助推器。

（二）同类产品中票据服务更具全面性

1. 与流动资金贷款相比较

一是业务属性不同。票据具有支付与融资双重属性，既可以作为支付工具，又可以作为融资手段，而流动资金贷款虽然也是一种融资方式，但没有支付属性。二是融资成本不同。票据贴现利率总体上低于流动资金贷

款利率（2022 年票据贴现平均利率为 1.94%，同比下降 91 个基点），为企业节约了大量融资成本。三是产品流通性不同。票据到期前可以在企业、金融机构之间不受限制地流转，流通性较强，而流动资金贷款的流动性相对较弱，一般需要按期偿还。四是票据具有信用叠加及追索功能。票据可以通过背书、贴现等方式进行信用叠加，也可以在追索期内追索票据金额，而流动资金贷款一般不具有信用叠加和追索功能。

2. 与债券相比较

一是服务对象不同。票据可以服务大型企业、中小微企业等全部实体企业，债券主要服务大中型企业。二是发行效率不同。票据发行较为便利，尤其是商票，仅需企业内部审批即可发行，而债券发行需要经过复杂的审批流程和发行程序，时间较长，效率相对较低。三是票据灵活性高。使用票据可以根据实际需求进行转让、贴现等操作，灵活性较高，而发行债券的期限、利率等相对固定，灵活性相对较低。四是票据具有信用叠加及追索功能，债券不具备此功能。

综上所述，我们认为票据在服务实体经济、服务企业方面是最优的金融工具，大力推动票据市场发展，有利于促进实体经济发展。

三、票据二级市场产品是最便利的流动性管理工具之一

票据二级市场产品（转贴现、回购、再贴现等）是银行间市场流动性管理的重要工具，也是中央银行调节金融市场流动性的主要工具。

（一）对商业银行流动性的作用

票据二级市场的转贴现、回购等交易，实质上是商业银行将票据作为交易标的或质押物临时换取资金的行为，可避免因流动性不足而出现违约或被监管机构惩罚等情况。由于票据二级市场规模庞大，且日常交易规范、活跃，因此，商业银行通过票据转贴现、回购等产品可以快速回笼资金。2022 年票据转贴现交易金额为 58.20 万亿元，同比增长 24.01%，票据已成为商业银行调节流动性的重要工具。

票据二级市场产品对商业银行流动性的作用体现在两个方面，一是可以帮助商业银行调度资金头寸，优化内部资产负债结构，强化业务经营的稳定性与可持续性，提升经营效率；二是可以强化商业银行应对突发事件的能力，一旦出现备付金不足的情况，可以通过票据二级市场及时化解流动性风险，从而更好地应对市场变化及经济周期的影响。

（二）对金融市场流动性的作用

再贴现是传统的货币政策三大工具之一，其不仅可以传导货币政策，也可以调节票据市场、金融市场的流动性。当前，再贴现余额为5000余亿元。中央银行对票据市场注入流动性，可以较好地缓解金融机构的流动性压力，避免金融市场出现流动性不足的情况，并且可以引导金融机构对外的融资价格，增强金融机构的信贷服务能力，提升其经营稳定性，助力金融机构更好地服务实体经济。

四、票据投资及衍生品是服务社会的重要信用短期工具之一

票据投资产品包括标准化票据、票据 ABS 等，票据衍生品包括票据远期、期权、掉期等产品。票据投资及衍生产品均属于创新产品的范畴，是票据市场发展的未来方向。

一是可以增加投融资渠道。以标准化票据为例，其具有“票债联动”的特点，可以联动票据市场与债券市场，集合两个市场的资源更好地服务实体经济，为实体经济寻求更多的融资渠道，为市场闲置资金匹配优质的实体资产。2019 年，标准化票据曾经短暂推出并广受好评，共发行 58 单，合计 61.7 亿元。二是可以对冲风险。对冲风险是金融衍生品的基本特征，不同类别的衍生品可以有效对冲不同的业务风险，包括市场风险、信用风险、利率风险等。通过买入卖出票据衍生品，可以帮助票据投资者锁定价格，降低风险。三是有利于价格发现。票据衍生品市场价格的变动可以反映市场对未来价格变动的预期，及时反馈市场情绪，为市场提供未来价格变动的信号与指引。四是有利于票据国际化。票据投资可以考虑吸引国外资金，票据衍生品可借鉴国外经验，进一步推动票据市场国际化进程，为国内国际双循环发展提供金融支撑。

积极推动票据投资及衍生产品创新，有利于促进票据市场进一步理性成熟，加强与货币市场其他子市场的接轨，进而促使票据市场规模与参与者不断增加，更好地服务经济社会。

五、票据是宏观调控最灵活、最有效的信用工具之一

票据的调控功能主要体现在通过调节货币总量及信贷投向，避免信贷失衡。

一是调节货币总量，避免信贷失衡。票据再贴现业务可以从宏观层面

避免信贷失衡，根据宏观经济需求，通过投放货币调节票据市场或货币市场的总量规模；通过再贴现利率引导市场价格走势，进而传导货币政策，改善货币市场供求关系，实现信贷平衡。票据贴现及转贴现业务可以从微观层面调节商业银行资产负债规模，根据宏观经济不同时期的不同特点调节不同商业银行的信贷规模，并通过扩大或紧缩票据贴现、转贴现业务规模，实现银行自身的信贷平衡。

二是调节信贷投向，避免信贷失衡。票据再贴现业务除了可以调节货币总量以外，还可以通过调节信贷投向避免信贷失衡。信贷结构失衡主要体现为，经济发达地区及大中城市易于获取信贷资金，经济欠发达地区及农村信贷资金较为短缺；工业企业较易获取信贷资金，农业企业较难获取信贷资金；国有及大中型企业较易获取信贷资金，民营及小微企业较难获取信贷资金。再贴现可以根据国家或地方产业政策的要求，有选择地进行融资，调节商业银行信贷投放方向，抑制商业银行对落后产能、受限行业等领域的信用扩张欲望，引导信贷资金理性投放，避免信贷失衡。

票据作为一种流动性强、风险较低、平衡灵动的金融工具，非常适合成为宏观调控工具，如能充分发挥再贴现业务在利率引导、政策传导、投向指引等方面的积极作用，将进一步凸显票据的功能作用，促进金融更好地服务实体经济。

六、票据信用是助力中国式现代化发展的重要工具之一

（一）票据信用功能的定义

信用是指依附在自然人之间、社会组织之间和商品交易之间形成的一种相互信任的生产关系和社会关系。票据信用的核心是信用，是商业信用在票据领域的表现形式，以票据为载体，通过票据行为体现票据主体之间的交易关系和信任关系。

我们认为，票据全生命周期的所有功能属性都基于信用。票据承兑阶段，承兑人基于出票人的信用承诺兑付，收款人基于承兑人的信用签收票据；票据贴现阶段，贴现人基于承兑人或持票人的信用贴现票据；票据转贴现阶段，贴入人基于承兑人或贴现人的信用办理业务；票据投资及衍生品也是基于承兑人的信用。

（二）票据信用功能的发展

改革开放后，票据的重新推出及发展正是基于票据的信用功能。20 世纪 90 年代初中期，企业间货款拖欠现象非常严重，产生了“三角债”问

题，在国务院以及人民银行等相关部委的大力支持下，票据被重新推出，票据的信用功能对化解“三角债”问题起到了有效的作用。

2000年以来，票据的信用功能被人民银行、商业银行更为充分地挖掘，票据市场茁壮成长，如表1所示，票据承兑、贴现业务发生额的增幅分别达到20.4倍与11.5倍，票据信用对实体经济的支持作用愈发显著。

表1　2001年和2022年票据承兑、贴现业务发生额情况 单位：万亿元、%

业务	2001年发生额	2022年发生额	增幅
承兑	1.28	27.4	2040.63
贴现	1.56	19.5	1150.00

（三）新时代对票据信用功能的思考

2023年中央金融工作会议指出“高质量发展是全面建设社会主义现代化国家的首要任务，金融要为经济社会发展提供高质量服务”，我们认为，应当支持票据在先进制造业中的发展、支持票据在科技与数字经济中的发展、支持绿色票据发展、支持普惠票据发展、支持应收账款票据化、支持民营企业票据等发展。

强化票据信用功能是上述发展的前提与基础。一是可以平衡货币总量，发挥票据信用功能，促进票据再贴现进一步提质增效，更好地控制货币信贷规模，通过再贴现业务释放及回收流动性，实现货币供应量与国民经济发展的动态平衡，为社会资源的合理配置及实体经济发展创造稳健、可持续的宏观金融环境，维护宏观经济基本盘。二是可以推动科技创新，票据信用是票据支付与融资的基础，有利于畅通供应链发展，夯实核心企业主体地位，推动创新资源向核心企业聚集，也可以缓解创新型中小企业资金困境，实现信贷资金与创新周期的错配，更好地推动创新发展。

综上所述，现阶段应创造条件充分发挥票据信用功能，进一步凸显票据全生命周期各类产品的特点，更好地服务实体经济，推动经济高质量发展。

票据服务民营经济发展的思考

肖小和　谢玉林

2023年11月，中国人民银行、金融监管总局、中国证监会、国家外汇管理局、国家发展改革委、工业和信息化部、财政部、全国工商联联合印发《关于强化金融支持举措助力民营经济发展壮大的通知》（以下简称《通知》），提出支持民营经济发展的25条具体举措，包括持续加大信贷资源投入、深化债券市场体系建设、更好地发挥多层次资本市场作用、加大外汇便利化政策和服务供给、强化正向激励、优化融资配套政策、强化组织实施保障七大方面。

《通知》提出，积极开展产业链供应链金融服务，促进供应链票据规范发展；完善票据市场信用约束机制，支持民营企业更便利地使用票据进行融资，引导票据市场基础设施优化系统功能，便利企业查询票据信息披露结果，更有效地识别评估相关信用风险。

一、票据功能作用与民营经济发展

（一）票据功能作用

票据是集支付、结算、投资、融资、交易和调控等功能于一体的信用工具。票据拥有支付结算的功能，自企业签发票据进行承兑之后，可以通过背书实现票据权利的转让，票据到期时进行兑付。企业急需资金时，可将手中持有的票据向商业银行申请贴现，此时体现了票据融资的作用。贴现后的票据进入转贴现市场，受到各大银行直贴利率和资金成本差异的影响，转贴现市场上票据的利率起伏变化，存在一定的套利空间，商业银行在转贴现市场上买卖票据，体现的是票据投资、融资和交易的功能。同时，再贴现是中央银行传统的货币政策调节工具之一，是中央银行向商业银行等金融机构投放资金的方式之一，可以引导市场利率和调节社会融资成本，促进经济结构调整和产业转型升级，此时票据发挥了调控的功能。

第一，能够培育商业信用。通过大力发展商业承兑汇票，可以有效降低企业融资成本，有效缓解民营企业融资难、融资贵问题，推动我国商业

信用体系建设。第二，具有传导货币政策的作用。再贴现是中央银行传统的货币政策调节工具之一，是中央银行向商业银行等金融机构提供资金的方式之一，能够调整货币资金总量，可以引导市场利率，调节社会融资成本，支持经济结构调整和产业转型升级，有利于提高资金使用效率，促进信贷资源流向国民经济发展的重点领域和薄弱环节。第三，能够改善融资环境。供应链票据、绿色票据等票据创新产品的出现，丰富了民营企业融资渠道，改善了企业融资环境。第四，能够活跃金融市场。票据市场参与主体众多，交易活跃，并且交易秩序规范，是货币市场的重要组成部分，带动并活跃了货币市场、金融市场。

（二）民营经济发展现状与资金情况

民营经济是国民经济的重要组成部分，是推进中国式现代化和高质量发展的生力军，是中国经济增长的重要贡献者，具有“五六七八九”的典型特征，即贡献了50%以上的税收、60%以上的国内生产总值、70%以上的技术创新成果、80%以上的城镇劳动就业岗位、90%以上的企业数量。同时，民营经济在推动经济发展、促进科技创新、增加就业、改善民生和扩大开放等方面也发挥了不可替代的作用。2023年前三季度，全国新设民营企业706.5万户，同比增长15.3%，新设“四新”经济民营企业占同期新设企业总量的四成。截至2023年9月底，全国登记在册的民营企业数量超过5200万户，民营企业在企业总量中的占比达到92.3%。

但是，长期以来，我国民营经济普遍存在融资难、融资贵问题。民营经济的主体是中小微企业，主要分布在各产业链中下游。一方面，由于中小民营企业大多处于起步阶段，存在自身规模小、可抵押担保资产不足、抗风险能力相对较弱等自身因素。加上银行与民营企业信息不对称，受固有观念的影响，民营企业在金融市场中处于相对弱势的地位，金融机构更倾向于为资质好的大企业、大项目、融资平台等发放贷款。Choice的数据显示，2022年全国债券市场共新增首次发债的发行人592家，其中，国有企业占比超过60%，民营企业占比不足国有企业的一半。另一方面，民营企业获取外部资金的成本显著高于国有企业，贷款利率与融资渠道相对于国有企业劣势明显。中国人民银行的数据显示，2021年企业贷款利率平均为4.61%，而全国新发放的民营企业贷款利率为5.26%，显著高于企业贷款利率平均水平。

（三）票据是服务民营经济的理想工具

首先，票据具有融资功能。相对于贷款、民间借贷等方式，票据融资价格较低，能够有效降低民营企业融资成本。其次，票据与产业链、供应链紧密关联，供应链票据实现了产业链、供应链内的企业借助核心企业信用进行融资的目的，降低了中小民营企业的融资准入门槛。再次，票据是合格的担保品，持票的民营企业可将票据作为质押物，向金融机构申请授信或融资。最后，票据具有很强的流通性，持票的民营企业在日常支付结算中，可直接通过票据背书转让支付货款，无须向外申请贷款，改善了企业资产负债状况。

二、票据服务民营经济发展的思考

（一）改变传统观念，破除思想障碍

票据是金融资源和服务经济的抓手，在经济生活中扮演着重要角色，能够有效缓解中小企业的融资困境，实现供应链中所有企业的资金流转畅通无阻，起到强链、固链的作用。一方面，民营企业要改变陈旧落后的经营理念，以创新性的方式使用商业汇票来满足企业日常的支付结算需求。另一方面，商业银行要改变传统观念，不能过分强调票据在调控信贷规模、完成信贷投放以及实现套利中的作用，而要聚焦票据在服务民营企业中的重要作用，采取各种方式为民营企业融资提供便利。此外，还要破除针对民营企业的各种隐性壁垒，使民营企业能够相对公平地参与市场竞争。

（二）中央银行和银行业要为发展民营经济票据做好宣传推动工作

一方面，中央银行要强化与民营企业主管部门的协作，定下宣传目标，实现票据知识在民营企业中的全覆盖；做好宣传计划，提高宣传频率；创新宣传形式，利用报纸、电视、访谈、微信公众号及微博等平台普及票据领域相关知识，如讲述票据的历史、特点、功能作用、票据追索、票据担保等。另一方面，商业银行要重视票据业务，发挥主动性，调动积极性，经常派遣票据工作人员去民营企业宣讲票据的功能和作用，加强同商业协会的合作，共同宣传票据知识，结合民营企业票据发展实际有针对性地开展票据培训，实现业务下沉，不断向中小微民营企业渗透。

（三）民营企业要积极发展签发承兑业务和争取银行承兑业务

资产规模较大、商业信用良好的大型民营企业可以积极签发商业承兑汇票，改善企业的应收账款项目，降低资金成本，缓解流动性压力，增强民营企业在极端情况下的资产快速变现能力。同时，对于资产规模相对较

小且自身签发的商票认可度不足的中小型民营企业，要争取银行承兑业务，以银行信用来为企业增信，从而不断发展自身的商业信用。

（四）各金融机构要严格落实《通知》的相关规定

银行业要加强民营企业票据承兑与贴现工作，对于白名单内的民营企业，开展票据秒贴，有利于民营企业使用票据进行融资；优化高科技、普惠、绿色等政策倾斜领域的票据承兑和贴现流程；对经营情况良好的民营企业，可以合理提高其票据风险容忍度，强化对民营企业使用票据的保护。保险公司和再担保公司要做好承兑、贴现担保工作，加强企业合作，完善信用信息共享，减少信息不对称，使民营企业接收和使用票据无后顾之忧。中央银行要对民营企业票据再贴现加大额度与利率倾斜力度，从而提高商业银行对民营企业开展票据业务的积极性，推动民营企业发展壮大。

（五）推动供应链票据发展，重点对民营企业票据实施额度和利率倾斜

《通知》明确指出要“促进供应链票据规范发展”。供应链票据属于电子商业汇票，其出票、承兑、背书、质押、保证、提示付款和追索等业务，均适用票据法律关系，受《票据法》保护。供应链票据具有“可拆分”的特点，能够实现票据的多级流转，解决上下游企业资金流转问题。一方面，在现有供应链票据使用的基础上，要放宽民营企业使用供应链票据签发、承兑、贴现的额度，并将该企业使用供应链票据的额度情况实时反馈给企业。另一方面，可以通过多部门相互协作，对符合条件的民营企业，在其开立供应链票据时提供优惠利率，从而吸引更多的民营企业使用供应链票据，推动供应链票据发展。

（六）加强民营企业应收账款票据化，推动民营企业做大做强

目前，大多数民营企业都将扩大销售摆在首位，过分强调销量、营收、利润等指标，忽略了企业现金流量的管理。应收账款催收不及时，缺乏风险防范和管理意识，内控机制不健全，导致我国民营企业的应收账款常年居高不下。推动应收账款票据化，将应收账款转化为应收票据，能够很好地解决这个问题。

（七）金融科技成为票据市场新发展阶段的重要支撑力量

相比于传统票据技术，以云计算、大数据、人工智能和区块链为代表的新兴技术手段，在赋能票据流通效率、服务票据业务管理、推动票据模式创新、助力票据信用建设、重塑票据生态体系上作用显著。因此，银行业和保险业要加快科技化、数字化转型，为民营企业票据业务发展发挥数

字金融作用，推动数字化、信息化、规范化、标准化建设，探索票据服务民营经济新模式，促进民营企业长远发展。

（八）防范民营企业票据风险

在使用票据不断推动民营企业发展的过程中，势必伴随着票据风险的增加，如合规风险、操作风险、信用风险和法律风险等，这就要求民营企业加强对票据风险的防范。一是民营企业自身要建立完善的票据管理制度和流程，严格控制票据的签发和使用，加强内部控制，实行职责分离。二是提升员工的票据风险防范意识，熟悉票据业务操作，检查票据背书是否连续等。三是加强外部审计对民营企业票据风险的防范，完善票据市场信用约束机制，优化票据市场基础设施，更有效地识别民营企业票据风险。

票据新规变化影响及票据发展研究

肖小和　李紫薇

摘　要：2022年11月11日，中国人民银行、中国银行保险监督管理委员会联合印发《商业汇票承兑、贴现与再贴现管理办法》（以下简称新规），自2023年1月1日开始正式实施。新规重新定义了商业汇票的内涵及期限，确立了总体风险管控框架和管理内容，明确了基础设施、电子票据及供应链票据的定位，拓宽了票据发展空间，使其回归真实交易，并首次提出发展票据经纪等要求，给票据市场带来了新的变化与机遇。本文立足新规发布背景，分析票据新规主要变化以及给市场带来的影响，提出应在防范风险的前提下，充分发挥票据期限优势，服务实体经济短期资金需求，发展承兑业务，推动应收账款票据化、票据保贴和保证业务发展，落实票据信息披露，建立保险、担保机制，发展票据评估评级，推动票据交易创新，推进信息化、数字化、国际化发展进程。

关键词：票据　新规　供应链票据　应收账款票据化　票据保证　票据评级

一、新规主要变化

新规共八章42条，涉及承兑、贴现和再贴现、风险控制、信息披露、监督管理、法律责任等方面，与《商业汇票承兑、贴现与再贴现管理暂行办法》相比呈现出许多亮点。

（一）总体解读

新规与1997年发布的《商业汇票承兑、贴现与再贴现管理暂行办法》相比，最显著的区别体现在名称上，新规直接命名为“办法”，并以人民银行及银保监会令的形式发布，而之前为“暂行办法”，说明票据市场已经成为金融市场不可或缺的重要组成部分和服务实体经济的重要工具。

与《商业汇票承兑、贴现与再贴现管理暂行办法》偏重于业务管理不同，新规偏重于规范管理。这与两份制度出台的时代背景有关，1997年，票据市场尚不成熟，参与者对票据产品不太了解，银行管理较为粗放，因此，制度更偏重于业务管理；2022年，票据市场已较为成熟，业务风险点前期暴露较多，银行管理逐步精细化，已无须过多强调业务细节，更需要从宏观层面引导市场规范发展。

（二）重点解读

1. 强调真实交易关系和债权债务关系

新规要求办理票据承兑、贴现等业务需要有真实交易关系和债权债务关系，与《票据法》的提法保持一致。新规进一步提出“承兑的金额应当与真实交易关系和债权债务关系、承兑申请人的偿付能力相匹配”，确保票据市场服务于实体经济，避免出现过度融资以及票据投机等情况。与此同时，新规对无真实交易关系和债权债务关系的票据承兑或贴现行为提出了相应的处置要求，表明了人民银行等监管部门规范发展票据市场的决心。

2. 回调票据期限至最长6个月

新规要求票据的付款期限与真实交易的履行期限相匹配，且自出票日起至到期日止最长不得超过6个月。票据期限从1年重新调回6个月，凸显了票据的支付功能与资金属性和交易属性，进一步强化了票据的支付性、流动性，加快了票据资产的周转速度。

3. 扩大贴现主体至自然人

新规第十四条提到“申请贴现的商业汇票持票人应为自然人、在中华人民共和国境内依法设立的法人及其分支机构和非法人组织”，首次正式提出自然人可以作为持票人申请贴现，具有实践意义。

4. 规定承兑余额及保证金余额比例上限

新规第四章为风险控制章节，提出了最高承兑余额占比及保证金余额占比两项指标。一是在一定程度上规范了票据承兑业务发展规模，促使商业银行合理分配资产负债，防止部分商业银行或财务公司对票据业务过分依赖。同时，比例管理实事求是，既留有空间，又赋予办法修改部门调整的余地。二是两项指标尽管主要针对银票及财务公司承兑汇票，但为商票发展提供了空间，也为规范管理商票提供了新的思路。

5. 明确票据经纪业务

新规首次提出票据经纪的概念，明确票据经纪机构应为金融机构，并着重提到票据经纪机构应当具有专业的从业人员。这是票据市场的一大突破，有利于活跃票据市场，提升实体经济支付与融资效率，改善企业、金融机构流动性管理。

6. 规范信息披露制度

新规将信息披露提升至前所未有的高度，除在准入要求中明确提出信息披露要求外，还为信息披露辟出专门章节详细规定披露原则、披露途径、披露监测及其他披露要求，说明人民银行等对票据市场极为重视，对增强票据市场透明度、提升票据服务实体经济功能心情迫切。新规下发的同日，上海票据交易所发布了《商业汇票信息披露操作细则》，确保信息披露工作无缝衔接。

7. 鼓励对承兑人进行主体信用评级

对于在债券市场无信用评级、非上市公司的商业汇票承兑人，新规鼓励信用评级机构在票据流通前对其进行主体信用评级，并按规定披露相关信息。这意味着票据评级市场或将起步，主体信用评级将为票据信用评级提供依据，票据市场信用环境有望进一步改善。

二、新规的影响

新规的出台是适应票据市场发展的需要，是服务经济高质量发展的需要，是服务中小微企业及供应链经济的需要，更是创新服务实体经济的需要。受新规影响，票据市场呈现出新的发展变化，并将迎来新的发展机遇。

（一）未来影响

1. 从《票据法》修订的角度看

新规是修订《票据法》的前期制度准备，评估新规的实施效果，可为《票据法》修订提供参考，确保《票据法》的修订符合经济形势及市场发展要求，促使票据更好地服务经济高质量发展。

2. 从企业信用评估的角度看

票据信息披露是企业信用评估的重要组成部分，新规进一步明确了信息披露的必要性与重要性，尤其是鼓励信用评级机构对非上市公司、债券市场无信用评级的企业开展主体信用评级，有利于未来企业信用信息大数据及信用信息集成化、数字化、应用化发展和票据评级业务开展，有利于参与银行和财务公司调整票据经营策略，更好地服务经济金融。

3. 从票据数字化的角度看

新规肯定了电子商业汇票、供应链票据等票据领域数字化成果，体现了鼓励创新的积极态度，为未来票据市场整体数字化转型、数字化发展奠定了基础。

4. 从风险控制的角度看

新规在票据风险管控方面涉及较多，相关措施较为具体，具备可实施性。但需要注意的是，类票据业务（电子债权凭证）仍在票据体外运行，未来将对票据市场形成新的影响，此类业务的监管部门不十分明确，难以控制其业务风险，可能会在一定程度上对冲新规的影响。

5. 从市场变化的角度看

一是从总体上看票据市场将有一个适应过程，在一定时间内可能会出现业务量缓增或减少的趋势，相应的调整完成后，很快就会重新呈现增长的态势，尤其是对于中小微企业以及供应链企业来说适应期相对较短；二是票据支付结算属性将得到提升，短期融资将成为重点，尤其是应收账款票据化进程将加快，有利于压缩中小企业应收账款账期，减少资金占用；三是贴现的波动性将会降低，波动幅度进一步压缩；四是票据交易要求将会更高，票据衍生品、票据创新将成为票据市场发展的重点；五是票据信用功能将进一步发挥作用。企业与银行业金融机构度过调整期并熟悉新规要求后，票据信用将成为服务企业支付性和流动性、调整银行流动性的重要工具之一。

（二）具体影响

1. 回归真实交易的影响

新规对真实交易关系和债权债务关系提出了要求，且与《票据法》第十条的提法一致，表明票据业务回归真实交易的决心。新规进一步将贴现申请材料扩充至一切能够反映真实交易关系和债权债务关系的材料，而非仅限于合同和发票，此举将进一步拓宽贴现业务创新发展空间，提升票据融资助力实体经济发展的力度。

2. 缩短票据期限的影响

尽管票据期限缩短至最长 6 个月对于商业银行而言可能意味着利润空间的压缩，并对从业人员的二级市场研判能力提出了更高的要求，但是从企业端来看，期限的缩短有利于进一步发挥票据支付功能，对于减轻企业占款压力，降低中小企业融资成本是个利好消息，并且将在一定程度上抑制票据投机行为的产生。

3. 扩大参与主体的影响

新规进一步放开持票主体和贴现主体至自然人，为个体工商户和农村承包经营户进入票据市场拓宽了渠道。市场监管总局的数据显示，截至

2022 年，全国登记在册的市场主体共 1.69 亿户，其中个体工商户等超过 1 亿户。参与主体的放开有利于进一步提升票据市场服务实体经济的深度与广度，满足微型企业用票与融资需求。

4. 规范比例上限的影响

出于风险防控的考虑，新规规定银票和财票最高承兑余额不得超过承兑人总资产的 15%，保证金余额不得超过承兑人吸收存款规模的 10%。这一规定对个别过度依赖票据资产及票据业务吸收存款的金融机构具有一定的约束力，能够防范因过度承兑而导致的到期兑付风险，也能在一定程度上减少融资性票据规模，促使票据回归真实交易，进而推动票据市场出清。由于金融机构和财务公司的承兑余额与保证金余额比例显著低于监管规定，因此，这一规定基本不会对市场造成影响，同时，有利于大型银行积极发展票据业务。

5. 发展经纪业务的影响

新规明确将票据经纪机构从商业银行扩展至金融机构，进一步提高了票据市场对实体经济融资的支持力度，对于解决中小企业信息不对称问题，进一步缓解企业融资难、融资贵问题具有积极意义。

6. 强化信息披露的影响

新规强化了信息披露规则，对于加强商业汇票信用体系建设，提高我国企业信用程度，建立完善市场化约束机制，更好地规范票据市场及参与主体行为，保障持票人合法权益，减少票据纠纷及相关风险具有积极意义。随着参与主体的广泛性不断提高，信息披露的充分性、真实性、适时性不断增强，将为我国票据市场发展，特别是商业承兑汇票发展奠定扎实的基础。

7. 鼓励信用评级的影响

信用评级是票据流通前的重要环节，票据承兑主体的信用直接决定了其兑付以及票据流通、交易的顺畅程度。新规鼓励对非上市公司、债券市场无信用评级的企业开展主体信用评级，一方面有利于票据信息披露的开展，另一方面有利于规范企业信用行为，培育信用评级理念，为未来的商业汇票评级奠定基础，并且有利于推进覆盖全社会的信用信息及信用体系建设。

8. 关于票据监管的影响

新规明确了票据市场监管部门及基础设施的职责，分清监管职责有利于厘清监管部门管理边界，各司其职，共同推进票据市场合规、有序发展，避免出现监管缺位、重复监管以及监管意见相左等情况。

（三）现有影响

2023年是新规正式实施的第一年，受新规影响，票据市场业务发生额出现了不同程度的下降。其中，1月至2月票据承兑发生额仅有3.7万亿元，相较于2022年同期下降了13.95%；贴现发生额为2.4万亿元，同比下降17.24%。尽管这一变化是市场对新规发布的短期反应，但是，票据利率走高、信贷快速增长、类票据发展等因素所带来的影响同样不容忽视。

三、新规实施后的票据市场发展研究

票据有优势、有潜力，市场参与主体应把握新规影响下的市场发展规律，明确票据在服务实体经济中的定位，在把握好真实交易和债权债务原则以及承兑余额与保证金余额比例的前提下，依托供应链票据、票据保证与保贴业务，推动应收账款票据化发展进程，充分发挥票据支付优势，服务实体经济短期资金需求。推动票据市场尤其是商票市场发展，建立保险、担保机制，发展票据评估评级，严控票据风险，促进交易创新，推动票据信息化、数字化、国际化发展进程，进一步提升票据市场服务实体经济发展效能。

（一）认真学习，把握规律，明确定位

票据市场参与主体应该认真学习文件，吃透新规精神。商业银行应该认真分析本行票据承兑、贴现、转贴现等业务的历史发展规律以及客户票据信息变化，以便更好地为下一步发展制定针对性措施。商业银行需进一步明确本行业务发展重点和新规实施背景下所处的地位，结合自身业务优势与战略定位，制定相应的发展举措，推动新规平稳落地。各商业银行在营销市场、开拓创新时要统筹推动票据业务发展，制订综合化的考核方案，并将风险防范作为工作重点。

（二）坚持真实交易和债权债务原则，服务实体经济发展

坚持真实交易和债权债务原则是深化票据市场服务实体经济效能，防止金融脱实向虚的关键。票据回归本源，其根本在于回归支付结算属性，这就要求大力发展票据承兑业务，从源头解决企业资金短缺问题。肖小和、余显财、金睿等（2022）从三大产业增值的特点出发，提出了基于增值税的承兑总量测算方法，并测算出静态条件下2018年票据市场理论承兑量约为190万亿元。尽管近年来票据市场承兑发生额稳步增长，但是

2022 年全市场实际开票量仍只有 27.4 万亿元，远低于 2018 年理论值，表明票据承兑业务依然具有巨大的发展空间。作为票据全生命周期的开端，承兑业务的发展一方面可以缓解货币超发所带来的通货膨胀压力，另一方面可以通过票据的背书流转实现商业信用的叠加与传递，进一步推动票据货币化支付进程。尤其是供应链票据和新一代票据业务系统的相继投产上线，使得票据可等分化成为可能，票据支付结算优势进一步显现。依托新一代票据业务系统，企业不仅可以实现票据等分化签发，还可以根据实际需要对票据进行拆包流转，以满足差异化的货款支付需求，真正做到零成本和低成本融资。

（三）发挥票据半年期限优势，服务企业短期资金需求

人民银行的数据显示，截至 2023 年 1 月，我国企事业单位贷款余额为 143.96 万亿元，其中短期贷款余额为 38.45 万亿元。同时，2023 年前两个月短期贷款增加了 6.2 万亿元，随着短期贷款相继到期，企业将面临相当大的资金缺口。与流动资金贷款相比，票据具有融资成本低、操作便捷等优势，尤其是票据期限缩短后，票据的支付功能与资金属性、交易属性得到凸显，票据的支付性、流动性被进一步强化，更加符合企业日常资金周转需求，票据的市场接受度也将进一步提升，这对于缩短企业账期、加速资金周转具有重要意义。因此，在企业面临较高成本续贷和低成本流动性补充的抉择时，商业银行票据营销应该积极跟进，可以根据企业的实际情况，以票据替换企业部分短期贷款，进一步降低企业融资成本，帮助化解企业流动性困境。

（四）把握好承兑余额与保证金余额比例

尽管承兑余额与保证金余额比例控制对银行和财务公司票据业务发展进行了规范，但也为商业银行发展低保证金比例的优质银票提供了思路。发展低保证金比例的优质银票业务，不仅能够帮助商业银行控制好保证金比例，防止因保证金存款到期而引发的流动性风险，还能降低资本占用，促进银行业发展。值得注意的是，承兑余额和保证金余额比例只是针对银票和财票的限制，由于商票依托企业自身信用签发，不存在保证金缴纳要求，从某种程度上来讲，这一限制也为商票的发展提供了空间。对于商业银行而言，票据贴现归于信贷口径统计，如果能加大人民银行再贴现支持力度，尤其是解决贴现规模问题，通过再贴现资金精准滴灌小微、民营、涉农、绿色等企业，对于进一步降低商业银行贴现贷款比例，调整信

贷规模是个利好消息。

（五）推动供应链票据发展

供应链票据平台依托电子商业汇票系统，为企业提供电子商业汇票签发、承兑、背书、到期处理、信息服务等功能。供应链票据平台与供应链金融平台对接，能够实现对上下游企业间资金流、商流、物流、信息流的整合，因此，相较于传统票据业务，供应链票据具有全生命周期风险可控的优势。由于供应链企业之间往往具有较长的贸易链条，容易形成“三角债”，大部分企业更倾向于使用票据结算货款。供应链票据将票据嵌入供应链场景，依托平台签发，通过流转带动企业信用传递，凭借科技赋能实现了票据可拆分、任意金额灵活支付，还可以通过贴现等帮助企业快速融资。供应链票据本质上为票据，有《票据法》作为保障，因此，上下游支付、融资更加安全。新规明确了供应链票据的地位，为供应链票据发展扫清了制度障碍，有利于供应链内中小企业与票据市场对接，为供应链持续稳定运营与发展提供了金融支持。从这个角度分析，供应链票据业务发展潜力大。

（六）推动应收账款票据化

应收账款淤积，资金流动不畅是当前实体经济发展面临的重要问题。国家统计局的数据显示，2022 年底我国工业企业应收账款达到 21.65 万亿元，相较于 2021 年末增长 14.73%。由于应收账款不具有确权效果，其流转过程对原始债务人的约束往往较弱，容易发生故意赖账、拖欠等情况，造成对企业的二次盘剥。与之不同，票据具有固定的账期，具有到期无条件付款的特性，具有确权性，为企业回款提供了保障，而且票据融资成本往往较低，具有跨区域、流动性强等优势，可成为企业应收账款的重要替代工具。电票的发展赋予传统票据互联网属性，使得票据货币化支付成为可能，产业链上下游企业间可以通过签发、背书转让票据轧清应收应付款项，实现应收账款票据化。新规发布后，票据期限逐渐缩短至不超过 6 个月，更加匹配企业账期，对于减少企业资金占用，加快资金回笼，加速资金流通，提高企业生产效率具有重要意义。

（七）发展票据保证和保贴

在实际的业务过程中，部分信用等级较低的票据面临着二级市场流通性较差的困境，为此需要进一步提升票据信用，以提高票据的市场接受度，降低企业融资成本。票据保证和保贴同属票据增信业务范畴，更多的是针对商票而言。其中，票据保贴是指商业银行在授信额度内，承诺对特定企业票据予以贴现的行为，而票据保证则赋予了票据除承兑人、贴现人以外的第三方信用增持。对银行而言，通过票据增信业务，不仅可以节约风险资产占用，还能够帮助增加中间业务收入，优化业务结构。经银行保证后的商票，具有银行增信，任何银行只要具有保证行授信，都可对其进行贴现。对持票人而言，可以在任何一家具有保证行授信的银行办理贴现，无须占用承兑人授信额度，企业融资便利性大幅提升。因此，商业银行可以鼓励中小微企业预付款用途的银票和大型企业应付款用途的商票向商票保证业务转型发展，辅助商业银行轻资产转型。

（八）推动建立保险、担保机制

推动建立保险、担保机制是实现票据尤其是商票增信，提升票据市场流通性，防范化解信用风险的一个重要途径。在承兑环节，信用等级较低的企业往往缺乏足额或高品质的抵质押物，很难达到银行授信准入门槛。此时可以考虑引入保险公司，由承兑企业作为投保人向保险公司投保承兑保证保险，以承兑人自身的信用保证票据顺利签发。对于贴现环节低信用等级的授信主体而言，可以考虑引入担保公司为其提供担保，凭借商业银行对担保公司的授信，达到担保类票据贴现业务准入门槛。银行、保险公司、担保公司等金融机构可以与信用等级高、产销关系稳定的供应链企业展开合作，为其提供票据保险、担保等服务，协助提升票据尤其是商票的市场认可度。

（九）推动信息披露和评估评级

马克思指出，商业信用是信用制度的基础，其代表为汇票，真正的信用货币不是以货币流通为基础，而是以票据流通为基础。可见，票据的发展对于商业信用体系建设有着至关重要的作用。新规中商业汇票信息披露机制的推出是加快票据市场信用体系建设、防范化解信用风险的一个重要举措。票据信息披露实现了对银票、商票及财务公司承兑票据的信息披露全覆盖，对承兑信息及承兑人信用信息披露做出了严格的规定，并对未按规定披露相关信息的主体进行惩戒，有利于净化票据市场，维护市场秩序，将进一步推动票据信息披露“准、快、全”发展，推动社会信用体系建设。除此之外，新规发展票据评估评级工作也是提升票据市场透明度、改善商业信用环境的一个重要渠道。与债券、信贷评级不同，票据涉及主体众多，任一手背书转让都可能会对评级结果造成影响，而且票据具有签

发频次高、规模小等特点，应充分考虑规模效应带来的评级成本提升问题。因此，票据评级不能简单地照搬债券、信贷评级模式，应加快推动票据评估评级研究，组建票据信用评级机构，为承兑与贴现主体提供全方位、动态化的票据信用评级与追踪服务。

（十）推动交易创新，支付融资效率更高

票据交易是票据市场的核心，串联着金融市场与企业信贷两大板块，使得票据成为调节商业银行资产负债的重要工具。新规的出台带来了交易端买卖频度及票据期限等变化，对业务开展及交易人员的二级市场综合研判能力提出了更高的要求，同时推动金融机构创新交易模式，拓展交易品种，以提升综合创利能力。其中，票据标准化产品，以及票据远期、票据掉期、票据期权、票据互换等不失为重要的创新方向。若能将金融衍生产品及标准化产品引入票据市场，将有利于进一步扩大票据市场参与主体，提升市场活跃程度，加速票据流转，提高支付融资效率，增加票据市场资金供给，更好地服务实体经济发展。

（十一）推动票据信息化、数字化、国际化发展进程

随着数字技术的不断突破和广泛应用，数字经济已成为重塑全球竞争格局、推动产业变革的核心力量，其发展也推动着票据市场数字化发展进程。新规关于信息披露、主体信用评级等的相关规定需要票据市场信息集成化、数字化发展作为辅助。票据数字化发展将进一步提升票据市场透明度，推动基础设施完善，促进信用环境改善，优化信用环境与融资环境，提高市场交易效率，为票据市场创新、服务经济高质量发展提供基础。推动票据数字化发展的前提是票据信息化，即将传统的线下票据业务线上化，通过数据归集、挖掘处理，提升业务效率，改善市场生态环境。近年来，随着票据市场不断发展，其信息化程度得到显著提升，为票据数字化发展奠定了基础。下一步，应加快推动票据市场运用大数据、云计算、人工智能等新兴技术，着力培育票据数字化发展新生态。同步推动票据国际化发展进程，推动跨境票据业务创新发展，推动票据“走出去”，进一步拓展票据发展新领域、新未来。

（十二）防范票据风险

票据风险是票据未来损失的不确定性，只要经营票据业务，就必然存在风险。无论是纸票时代还是电票时代，票据风险都没有因为介质的变化而消亡，只是有了新变化和新特点。新规专门设置风险控制章节，提出了

最高承兑余额占比及保证金余额占比，明确票据承兑人、贴现人及贴现申请人准入要求等，表明票据市场风险防控的重要性与必要性。新时代，除了防控传统领域风险，还需要充分考虑参与主体、信息系统、创新发展、信用领域、业务经营带来的风险点，综合考虑票据功能作用弱化，以及债权凭证兴起所带来的风险冲击，对不同的风险分门别类，有针对性地采取措施，防范化解各种风险。具体而言，需要市场参与主体进一步健全风险监测体系，加强风险识别、分析与评估能力，完善风险监测指标，强化监测结果运用，并充分借助科技手段实行全生命周期风险管理，优化风险监测模型，建立事前、事中、事后全方位的风险应急处置体系，综合提升票据市场风险防控能力。金融机构应健全票据业务管理制度和内部控制制度，审慎开展票据承兑和贴现业务，采取有效措施防范市场风险、信用风险和操作风险。

参考文献

［1］肖小和．商业承兑汇票信息披露相关制度的发布具有里程碑意义［A］．中国票据研究中心．中国票据市场研究 2021 年第 1 辑［M］．北京：中国金融出版社，2021：19-23.

［2］张艳芬．25 年来首次全面修订　票据新规助力中小微融资［N］．证券时报，2022-11-22（A06）．

［3］段思宇，杜川．票据“大法”25 年后焕新　对市场影响几何［N］．第一财经日报，2022-11-21（A01）．

［4］肖小和，余显财，金睿，等．我国增值税政策对承兑汇票发展的影响研究［A］．肖小和，等．新时代中国票据市场发展研究［M］．北京：中国金融出版社，2022：356-369.

［5］王国刚．激活企业间横向金融机制　推进经济步入回升轨道［J］．当代金融家，2020（5）：74-77.

［6］郭晓广，王晟先．完善票据市场信用评级体系［J］．中国金融，2019（18）：71-72.

［7］肖小和．数字经济背景下票据市场发展的再思考［J］．新金融，2022（6）：57-62.

积极发展商票业务 更好服务中国式现代化

肖小和　谈铭斐　熊星宇

商票（商业承兑汇票）作为一种重要的支付结算工具，在中国式现代化进程中发挥着重要作用。商票可以为企业提供融资支持，推动企业技术突破和转型升级，提高企业竞争力等。对于商票服务中国式现代化的探索，笔者认为主要包括以下几个方面。

一、支持实体经济，发展普惠商票

与中国式现代化建设要求“发展成果由人民共享，让现代化建设成果更多更公平惠及全体人民”相一致的金融转型趋势之一是中国普惠金融的快速发展和积极进展。根据《2022 年四季度金融机构贷款投向统计报告》，截至 2022 年末，人民币普惠金融领域贷款余额为 32.14 万亿元，同比增长 21.2%，比各项贷款平均增速高 10.1 个百分点，比上年末低 2 个百分点；全年增加 5.64 万亿元，同比多增 6250 亿元。

在数字经济时代，商票的门槛低、流程短、结算快等独有特点恰好与“快速便捷”的时代特征相匹配，2022 年商票承兑 3.48 万亿元，占 GDP 的 2.8%。同时，商票可以巧妙地服务中小微企业、促进普惠金融发展。中小微企业是我国实体经济环境中活跃度及灵活度最为显著的部分，而中小微企业融资难、融资贵等问题始终是其快速发展的主要阻因。商票可以为小微企业提供多样化的融资渠道，解决融资难等问题，促进发展。

同时，商票作为支付工具可以帮助小微企业方便快捷地进行支付交易，提高了企业竞争力。2022 年，签发票据的中小微企业达 21.3 万家，占全部签票企业的 94.5%，中小微企业签票发生额为 17.8 万亿元，占全部签票发生额的 64.9%；贴现的中小微企业达 32.7 万家，占全部贴现企业的 97.1%，贴现发生额为 14.2 万亿元，占全部贴现发生额的 72.9%。

总体来看，普惠商票有助于引导要素流动、激活市场主体，能够发挥市场优化配置资源的作用，兼顾公平与效率，实现包容性发展。

二、发行绿色商票，助力环保产业

“中国式现代化是人与自然和谐共生的现代化”。党的二十大报告进一步强调了经济社会发展与绿色转型的重要性。发展绿色金融，是推动经济社会发展绿色化、低碳化，实现高质量发展的关键环节，截至2022年末，本外币绿色贷款余额为22.03万亿元，同比增长38.5%，较上年末高5.5个百分点，占企事业单位贷款余额139.36万亿元的15.81%，维持高速增长。然而，从结构上分析，我国绿色金融发展仍然存在不均衡、不充分的问题，绿色金融发展仍需不断破题。

2022年，商业汇票贴现余额为12.8万亿元，占企事业单位短期贷款49.84万亿元的25.68%，而商票占商业汇票的6.58%，通过商业汇票和商票实现绿色贷款的比例较低，服务绿色发展的空间不小。商票的低门槛特点决定了将商票嵌入绿色金融可以有效优化我国绿色金融市场结构，为绿色企业提供便捷的融资支持，同时也可以降低融资成本以鼓励企业开发环保技术和低污染产品，从而推动经济绿色发展。

在绿色商票的发展中，政府和市场都起着重要作用。一方面，企业及金融机构对绿色商票的认知有待提高，金融机构在不断自我创新的同时也要逐渐引导绿色企业积极签发商票；另一方面，人民银行应优化绿色金融激励机制并大力推广绿色商票再贴现等支持政策，如2021年临商银行成功办理临沂市首笔绿色商票直通车商票贴现，为山东华太新能源办理临沂市首单绿色商票再贴现1000万元。商票对绿色金融发展的作用不容忽视，人民银行应增加绿色商票再贴现额度，提高商票在商业银行中的认可度，为环保产业和可持续发展项目提供更加便捷和灵活的融资服务。

三、支撑先进制造，拉动民营企业

我国产业正处于向高端制造业转型的特殊时期，同时，我国宏观经济正由出口导向型向内需拉动型转变。各市场参与主体应抓住转型机遇，在制造业领域大力发展商票。2022年，制造业商票承兑量占商业汇票承兑量的10%，超过8000亿元。

制造业的研发、生产周期普遍偏长，销售回款的速度参差不齐，金融机构可以根据制造业子行业不同的发展阶段和发展特点，把商票嵌入制造业企业的日常经营管理流程，提高商票在制造业企业中的普及率和使用率，加快行业资金周转，降低由于临时流动性不足而导致的经营困难情况发生率。如果能够提高商票签发量占比至25%，一年将有2万亿元以上的承兑量，可有效缓解制造业资金压力。

民营企业是中国式现代化发展中的重要力量。商票可以通过贴现、质押等方式为民营企业提供融资服务，促进其发展。民营企业应积极发挥票据低门槛、高流转的独特优势，获取更加便捷和灵活的融资服务。

四、推动应收账款票据化，清偿企业“三角债”

应收账款淤积、资金流动不畅是当前实体经济发展中存在的重要问题，大量优质企业被“三角债”拖累而影响正常经营，流动性管理较差的企业甚至有倒闭破产清算的可能，中小企业尤为如此。

根据国家统计局数据，近年来我国规模以上工业企业应收账款数额不断攀升，占总资产的比重呈现上升的态势。截至2022年末，规模以上工业企业应收账款余额为21.65万亿元，较上年增长12.3%，占总资产的13.86%，其中中小规模以上工业企业应收账款余额占60%以上。

2021年6月1日，上海票据交易所发布《上海票据交易所发展规划(2021—2023年)》，其中明确提出“在签发端完善供应链票据平台，促进应收账款票据化”。历史经验表明，商票在清偿“三角债”、化解企业间货款拖欠等问题上具有天然优势。发展应收账款票据化，能够化呆滞的账面资金为票据信用资金，将核心企业信用传导至贸易链尾端，不仅能减少核心企业的资金占用，优化报表，而且能缓解中小企业资金困境，缩短账期，加速企业生产运营，促进实体经济发展。

五、数字商票跨时代，融会贯穿供应链

在供应链金融场景下，使用商票进行支付结算，可以锁定账期，有效串联供应链企业，带动优质企业信用传递，轧清供应链上下游企业应收应付账款，实现应收账款票据化。

除此之外，商票还具有融资功能。一方面，其准入门槛低，能更好地覆盖中小微企业，促进企业融通资金，是企业重要的短期融资工具；另一方面，商票贴现利率总体上低于流动资金贷款利率，通过商票贴现融资可以降低企业融资成本，且贴现业务办理更加高效便捷，有利于节约时间成本，加快企业资金回笼速度，加速资金流通，提高企业生产效率，有助于

企业生产经营活动的开展。

随着数字化技术的发展，数字票据服务已成为票据市场发展的新趋势。通过电子商务、区块链技术等手段，商票的交易更加高效、便捷和安全。为了便利企业间贸易结算，上海票据交易所推出等分化票据，几乎能够满足实际贸易场景中的任何面额需求，且完美避开了《票据法》中票据不可拆分支付的规定。

如今，各大商业银行已成功接入上海票据交易所新一代票据业务系统，中小银行也陆续上线，市场参与主体对等分化票据充满期待与热情。未来商票将以数字化为载体，以等分化为翼，充分释放商业信用，在理想的贸易场景中，商票的嵌入将实现供应链企业间的“零货币支付”，以最小的资金占用创造最大的产业价值。

六、防控商票风险，巩固金融稳定

在商票服务中国式现代化的过程中，必须把握风险控制的关键。应该从以下几个方面采取措施。

一是完善风险管理制度。建立完善的风险管理制度，明确风险评估、控制、监测和应对的流程与责任，及时识别和评估风险，并采取相应的措施。

二是加强信用评估和审查。加强对借款人的信用评估和审查，避免出现信用风险和违约风险。特别是在普惠金融、中小企业和民营企业方面，要对借款人的财务状况、经营能力和信用记录进行全面评估。

三是多元化风险分散。采取多元化的风险分散策略，避免出现单一风险点集中的情形。可以通过分散投资对象、多家银行合作等方式进行风险分散。

四是加强信息披露，及时向投资者披露相关信息，防范不当行为和欺诈行为。同时，应该建立健全的投资者保护机制，为投资者提供更加安全的投资环境。

盘活企业资金推进应收账款商票化的研究

肖小和　李紫薇

一、商票与应收账款发展现状

（一）商票发展现状

商业承兑汇票是法人以及其他组织签发的，银行以外的付款人承兑的，由付款人在指定日期无条件支付确定的金额给收款人或者持票人的票据。不同于银票，商票凭借企业自身信用签发、流转，无须缴纳保证金即可开立，具有低门槛的优势。

早在2006年，中国人民银行就已出台《关于促进商业承兑汇票业务发展的指导意见》（银发〔2006〕385号），引导和鼓励商业信用发展，发挥商票对经济社会发展的促进作用，并明确提出“调动各方积极性，建立有效推广商业承兑汇票的良性机制”的发展建议。同年，中国人民银行发布《关于规范和促进电子商业汇票业务发展的通知》（银发〔2016〕224号），鼓励金融机构选择资信良好、产供销关系稳定的企业，鼓励其签发、收受、转让电子商票，探索采用保函、保证、保贴等形式增强电子商票信用。2020年，上海票据交易所上线试运行商业承兑汇票信息披露平台，探索商票信息披露试点。在中国人民银行的指导下，上海票据交易所又推出了供应链票据平台，为供应链企业间的商票流转提供基础设施保障。同年，中国人民银行发布关于规范商业汇票信息披露的公告，明确自2021年8月1日起正式施行，为加强商票信用体系建设，改善市场信用环境奠定了坚实的基础。

近年来，随着票据市场的发展，商票业务量有所提升，然而市场份额并无明显变化，商票承兑、贴现分别维持15%、7%左右的市场占比。2022年，受部分低信用企业违约事件冲击，叠加经济下行压力、类票据发展等因素影响，市场参与主体对商票的接受度有所下降，商票承兑发生额仅有3.93万亿元，同比下降9.72%，承兑占比回落至12.58%；商票贴现发生额为1.28万亿元，同比增长4.81%，市场占比仅为6.63%，创下7年来的最低点（见图1）。

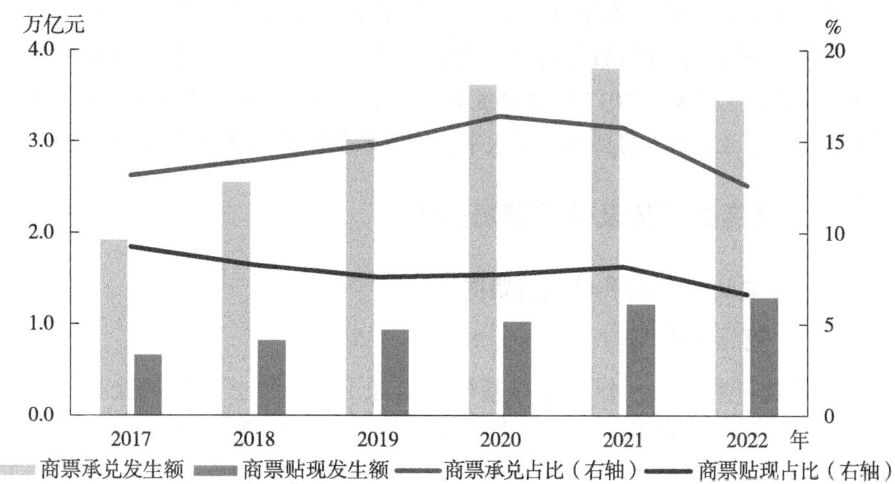

图 1　2017—2022 年商票发展情况

（资料来源：上海票据交易所）

（二）工业企业应收账款发展现状

应收账款是企业因销售商品、提供劳务等经营活动，应向购货单位或接受劳务单位收取的款项，是伴随企业销售行为而形成的一项债权。应收账款常见于赊销方式下，是企业资金流的重要组成部分。应收账款带来了企业回款的不确定性，若管理不当会对企业正常经营周转造成影响，提高企业坏账损失概率。

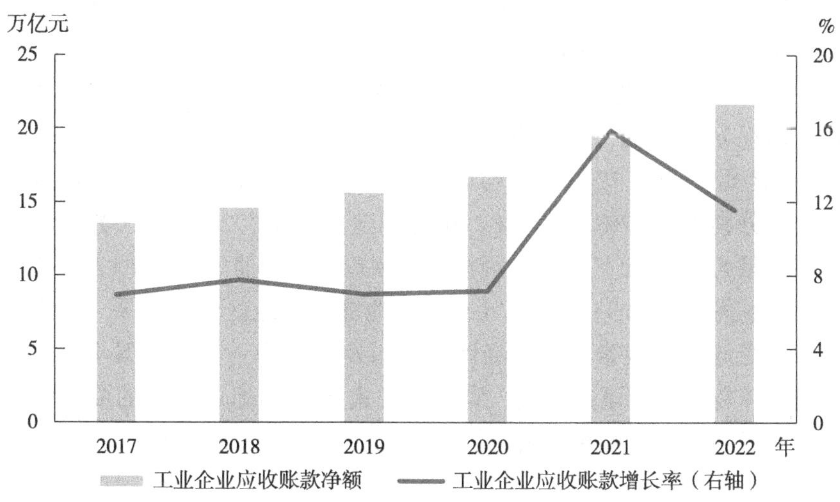

图 2　2017—2022 年工业企业应收账款增长情况

（资料来源：国家统计局）

近年来，应收账款高企愈发成为制约企业尤其是中小微企业发展的重要因素。国家统计局的数据显示，2022 年我国工业企业应收账款净额达到 21.65 万亿元，相较于 2017 年增加 8.09 万亿元，年均增速达到 8.09%，2021 年甚至达到了 15.88%的高速增长水平，应收账款淤积现象严重（见图 2）。

二、商票的优势及使用情况分析

本文主要讨论商票和供应链票据。

（一）商票的优势

商票以《票据法》作为法律基础，依托 ECDS 和上海票据交易所系统运行，有人民银行再贴现政策支持，相较于债券、股票、贷款、应收账款、信用证等产品，具有准入门槛较低、融资手续便捷、功能作用丰富等明显优势。然而，商票在省市、行业的使用情况并不理想。

供应链票据是将票据嵌入供应链场景，通过供应链平台接入即可为平台企业办理出票、承兑、背书、贴现、转贴现、回购、再贴现、质押、保证、追索等全生命周期业务。供应链票据通过科技手段实现了等分化签发，其灵活性相较于传统票据大幅提高。

（二）省市商票发展情况

商票是一种建立在商业信用基础上的支付、结算、融资工具，其发展与地区信用程度休戚相关。分地域来看，我国东南沿海地区经济较为发达，信用程度较高，商票发展较为活跃。2022 年，仅江苏省、北京市、广东省、山东省、浙江省 5 省市商票承兑发生额就达到了 1.95 万亿元，市场占比达到 56.62%；商票贴现发生额为 8062.47 亿元，占据全市场 62.42%的份额。以江苏省为例，2022 年，江苏省商票承兑、贴现发生额分别达到 5032.04 亿元、2996.77 亿元，均居于全国首位，承兑、贴现占地区生产总值的比重分别为 4.07%、2.44%。作为制造业强省，2022 年江苏省制造业票据签发量为 1.27 万亿元，占规模以上制造业增加值的 27.49%，其中，制造业商票签发量达到 931.81 亿元，有力地支持了地区经济发展。反观中西部地区，受地域等因素限制，经济、信用发展较为一般，商票承兑、贴现业务量总体较低，西藏、宁夏、青海、甘肃等西部地区省份的商票承兑市场份额不足 0.50%，贴现量占比仅有 0.25%（见图 3 和图 4）。

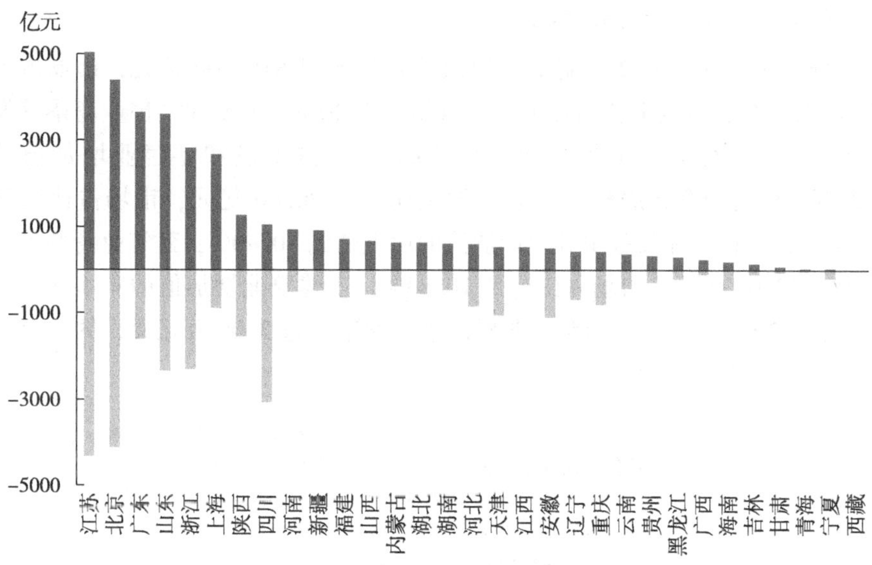

图 3　2019 年和 2022 年承兑情况对比分析

（资料来源：上海票据交易所）

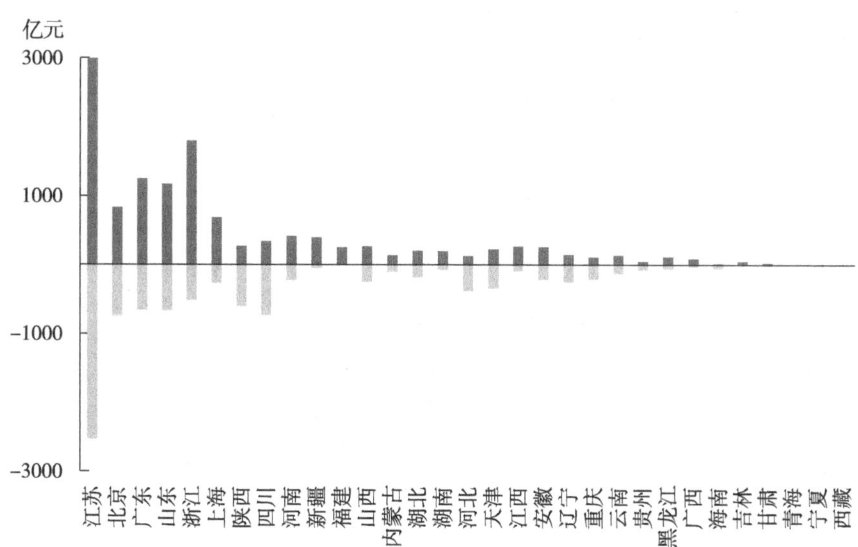

图 4　2019 年和 2022 年贴现情况对比分析

（资料来源：上海票据交易所）

（三）行业商票发展情况

分行业来看，2022 年制造业商票签发量超过 8150.00 亿元，市场占比超过 23.50%，占制造业增加值的比重超过 2.40%；批发和零售业商票签发量为 7125.40 亿元，市场占比达到 20.66%，占批发和零售业增加值的 6.22%；租赁和商务服务业商票签发量超过 4070.00 亿元，市场占比超过 11.80%，占租赁和商务服务业增加值的比重达到 10.40%；建筑业商票签发量为 3733.69 亿元，市场占比达到 10.83%，占建筑业增加值的 4.48%。总体来看，2022 年前十大用票行业累计签发商票超过 3.00 万亿元，约占全市场商票签发量的 90.00%（见图 5）。

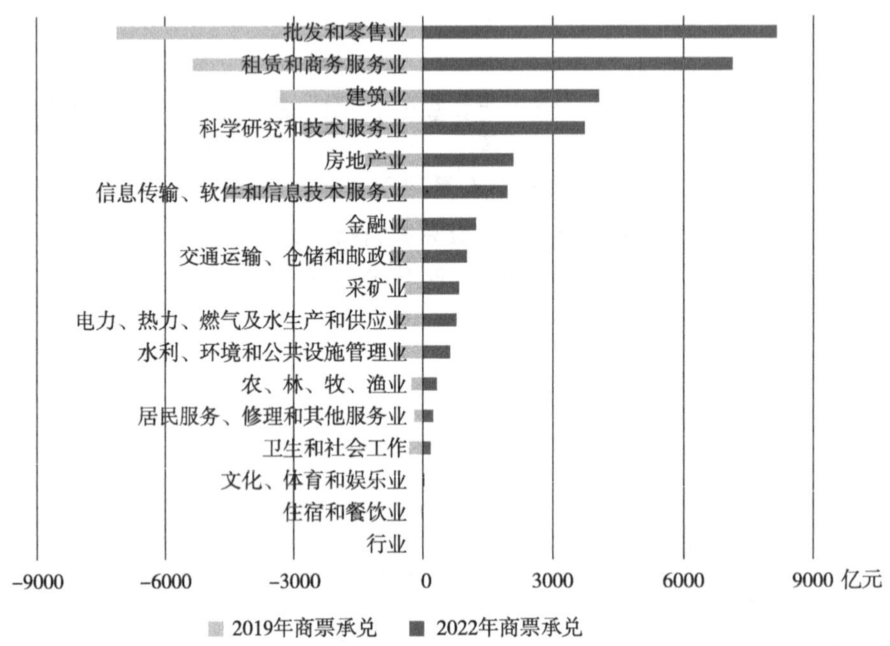

注：本文行业票据统计口径为各省市前十大用票行业汇总值。

图 5　2019 年和 2022 年前十大用票行业商票承兑情况对比分析

（资料来源：上海票据交易所）

（四）供应链票据发展情况

商票具有契合产业链、供应链的天然特性，一方面，供应链金融基于真实贸易背景为商票的真实交易关系和债权债务关系提供保障；另一方面，商票的背书流转可以带动优质企业信用传递，化解上下游企业资金融通困境。为了更好地服务中小企业，支持供应链金融规范发展，2020 年 4

月 24 日，上海票据交易所正式上线试运行供应链票据平台。近年来，供应链票据业务稳步发展。截至 2022 年 9 月，平台登记企业超过 5800 家，累计开展供应链票据业务超过 1800 亿元，贴现量占承兑量的比值达到 70%。其中，小微、涉农、绿色企业占比达到 60%以上，覆盖制造业、建筑业、批发和零售业、租赁和商务服务业、科学研究和技术服务业等。[①] 供应链票据的发展进一步助力了平台企业融资，2023 年 1 月至 6 月，供应链票据平台累计支持企业贴现融资 128.00 亿元。然而，当前供应链票据发展存在准入门槛较高、主体间认识差距较大、业务宣传力度不足、银行参与程度不高等问题。尽管部分省市相继出台政策支持供应链票据发展，受供应链金融风险评估不全面、生态环境尚待完善、类票据冲击等因素影响，供应链票据业务覆盖面有待进一步提升。

三、发展商票服务应收账款的研究

从资金信用的角度来看，应收账款拖欠的产生主要基于以下两点原因：一是资金短缺，二是信用释放不足。电票时代，商票加持企业、银行信用可以实现良性发展，既解决了信用不足的问题，又缓解了融资难题。因此，商票服务应收账款是解决企业间货款拖欠问题以及应收账款理性商票化的有效途径。

（一）转变使用商票的观念

马克思指出，商业信用是信用制度的基础，其代表为汇票，真正的信用货币不是以货币流通为基础，而是以票据流通为基础。可见，票据尤其是商票的发展对于商业信用体系建设有着至关重要的作用，是商业信用服务经济、服务中小企业发展的重要体现。然而，市场对于商票信用低、风险大、流通难的观念早已根深蒂固，转变市场认知对于推动商票发展至关重要。虽然商票凭借企业信用开出，但是可以通过保证、保贴等增信手段进行银行信用加持，达到信用提升的目的。对银行而言，通过票据增信业务，不仅可以节约风险资产占用，还能够帮助增加中间业务收入，优化业务结构。对持票人而言，可以在任何一家具有保证行授信的银行办理贴现，无须占用承兑人授信额度，企业融资便利性大幅提升。

（二）建立用商票解决应收账款问题的机制

由于应收账款不具有确权效果，其流转过程对原始债务人的约束往往

---

① 资料来源：中国支付清算协会《票交所供应链票据平台促进金融创新支持中小微企业发展》。

较弱，容易发生故意赖账、拖欠等情况，造成对企业的二次盘剥。与之不同，商票以《票据法》作为法律基础，且具有固定的账期、具有确权性，可以帮助解决企业应收账款确权难、账期长等问题。2023 年 4 月 28 日，中共中央政治局召开会议，分析研究当前经济形势和经济工作，指出“稳健的货币政策要精准有力” “要下决心从根本上解决企业账款拖欠问题”。本文认为，解决企业账款拖欠问题的抓手在于推动应收账款票据化，而推动应收账款票据化的关键在于应收账款商票化。以 2023 年第一季度末规模以上工业企业应收账款为 21. 59 万亿元，同比增长 11. 0%为例，若全面实现应收账款电票化，且每张票据背书 2 次，银行对最终持票人给予商票保贴融资支持，则 10. 80 万亿元应收账款可降至 5. 59 万亿元。

（三）选择规模以上工业企业应收账款商票为突破口

工业是立国之本，是国民经济的主导产业，也是技术创新的重要载体。从经济贡献来看，2023 年第一季度，工业增加值占 GDP 的比重达到 35. 25%，相较于 2022 年末提升 2. 07 个百分点。2022 年，规模以上工业企业应收账款净额达到 21. 65 万亿元，同比增长 14. 70%，占营业收入的比重达到 15. 70%，占流动资产的比重达到 26. 80%。工业涉及生产、销售、回款等多个环节，研发、生产周期普遍偏长，账期不匹配造成的资金短缺是工业企业普遍存在的问题。受企业规模、治理结构等因素限制，有许多工业企业难以通过股票、债券、银行贷款等方式获得资金，而商票具有准入门槛低、期限短、操作便捷灵活等优势。据测算，2022 年规模以上工业企业理论承兑量可达到 137. 91 万亿元，而实际开票量约为 9. 65 万亿元，仅占理论值的 7. 00%，规模以上工业企业票据承兑具有较大的发展潜力，可作为发展应收账款商票化的重要突破口。

（四）加大规模以上中小工业企业应收账款商票化政策支持力度

国家统计局的数据显示，2022 年规模以上中小工业企业应收账款达到 13. 94 万亿元，占工业企业应收账款的比重高达 64. 42%。中小企业多位于规模以上工业企业供应链上下游，面对规模较大、竞争力较强的核心企业，中小企业在谈判议价过程中时常处于弱势地位，应收账款高企导致的资金链紧张是此类企业在发展过程中面临的常见问题。当前，应收账款融资存在真实性确认困难、业务普及度不够、银企接受意愿不强、流转困难等问题，商票与应收账款使用场景相似，可作为低成本应收账款的替代方式。规模以上中小工业企业在原材料采购环节可以背书转让商票，充分发挥商票支付功能，缓解资金短缺困境；同时，银行等金融机构可以通过利率倾斜等方式加大对中小工业企业商票贴现的政策支持力度，充分发挥票据融资功能，给予中小企业实实在在的资金支持。对于符合要求的商票，可以向人民银行申请再贴现，以货币政策低利率红利精准支持规模以上中小工业企业发展。

（五）加快制定规模以上制造业企业应收账款商票化举措

制造业是我国经济结构转型的基础，是经济高质量发展的重要推动力量。从投资贡献来看，2023 年第一季度制造业投资增长 7.00%，高于固定资产投资增幅 1.90 个百分点，体现出了其重要的拉动作用。近年来，制造业占比及从业人员数量严重下滑，呈现出“去工业化”的特征，加快推动制造业发展转型已成为当前国民经济发展的重点。2022 年 7 月，银保监会办公厅发文提出重点支持高技术制造业、战略性新兴产业，推进先进制造业集群发展，提高制造业企业自主创新能力。国家统计局的数据显示，2022 年制造业应收账款达到 12.37 万亿元，占工业企业应收账款的比重达 57.16%。作为传统用票行业，制造业票据承兑量超过全市场签发量的 30%，是票据市场重要的服务对象。据测算，2022 年规模以上制造业企业理论开票量可达 135.31 万亿元，远高于约 9.00 万亿元的市场签发量，表明制造业票据业务具有巨大的发展潜力。因此，有必要加速制定制造业企业应收账款商票化具体举措，加速推动重点行业、重点领域商票业务，引导“专精特新”企业商票发展等。

（六）以供应链票据作为发展应收账款商票化的重要产品

供应链票据平台与供应链金融平台对接，能够实现对上下游企业间资金流、商流、物流、信息流的整合，因此，相较于传统票据业务，供应链票据具有全生命周期风险可控的优势。由于供应链企业之间往往具有较长的贸易链条，容易形成“三角债”，大部分企业更倾向于使用票据结算货款。供应链票据将票据嵌入供应链场景，依托平台签发，通过流转带动企业信用传递，凭借科技赋能实现了票据可拆分、任意金额灵活支付，一方面，企业可以根据实际支付结算需求，对票据进行拆分和重新组包处理，极大地提高了企业票据支付与流转的便利性；另一方面，企业可以通过贴现或标准化票据融资，以低成本利率实现资金快速回笼。票据新规明确了供应链票据的地位，为供应链票据发展扫清了制度障碍，可以将其作为发展应收账款商票化的重要产品，探索政府性担保或保险担保+供应链票据发展模式，促进应收账款商票化发展。

（七）打造应收账款商票化平台

票据的本源在于支付，只有发挥票据的支付功能，才能真正节省实体经济融资成本。为了寻求应收账款困局化解途径，缓解企业融资难、融资贵问题，探索企业持有的商票如何在企业间通过流通转让，延续票据的支付功能，实现便捷化融资，可以探索应收账款商票化平台建设，专注于商票承兑、贴现市场发展。通过建设统一的信用平台，引导企业更多地将商票应用于生产经营活动，通过平台票据流转，实现商票的闭环运行，提高供应链企业运行效率。可参考“企票通”平台模式，通过运营平台企业间商业信用的聚合，实现产业链信用传导，有重点地解决产业链企业尤其是中小企业应收账款问题，以达到降低企业融资成本、加速企业资金回笼的目的。同时，应收账款商票化平台的发展也有利于培育良好的商票信用环境，提升企业信用，促进商票流通，发挥商业信用服务经济发展的作用。

（八）发挥科技的作用，助力应收账款商票化

充分运用科技手段，从建立主体信用数据库入手，通过多平台对接，实现多渠道数据整合。通过构建相关主体画像、企业信用评级模型及风险预警模型等手段将风险识别前置；利用科技手段实现业务数据自动匹配、智能对比，集聚并运营优质企业信用，打通商票流转堵点。与时俱进地推动应收账款商票化数字化发展转型，进一步明确转型目标和任务，积极发挥科技功能作用，夯实商票数字化转型基础，探索商票数字化转型机制，促进商票数字化与经济产业融合，加强商票数字化转型创新模式业务产品研究，强化商票数字化转型的风险管理，通过商票数字化发展带动产业转型升级，拉动全要素生产率提升，促进内部优化创新，进而实现经济高质量发展。

（九）加强应收账款商票化风险管理

对票据监管机构而言，应进一步健全商票风险监测体系，加强风险识别、分析与评估，完善风险监测指标，强化监测结果运用，借助科技手段进行商票风险管理，优化风险监测模型，建立风险应急处置机制。对金融机构而言，需要树立合理审慎的经营理念，推动过程化与精细化管理；进一步加强风险管理，将风险防范落到实处；在办理商票相关业务时，充分审查贸易背景真实性，严格按照制度规定办理商票业务，严格把控操作风险关口；做好规模以上签发主体商票评级工作，建立白名单管理制度，严

格控制风险敞口，严防部分企业过度签发带来的兑付风险。对企业而言，要增强自身责任意识，在可兑付能力范围内签发商票，强化风险防范意识，加强内部控制。对企业财务人员而言，应加强专业知识学习，掌握常见票据风险形式，提升外部票据审查力度与鉴别能力。

（十）加强商票环境建设，走债券式注册制之路

商票的发展与当地的信用程度休戚相关，良好的信用环境能够提高票据尤其是商票的市场接受度，降低票据流通转让壁垒。推动应收账款商票化发展，可考虑加强与各地征信平台的合作，为企业商票业务发展提供数据化支持，以缓解票据发展过程中的信息不对称问题，优化企业信用发展环境。可考虑推动商票信用评级体系建设，组建商票信用评级机构，为承兑与贴现主体提供全方位、动态化的信用评级与追踪服务。可参考债券注册制模式，建立公开透明、规范有序的商票注册制体系，推动商票签发主体注册制审核模式，压实承兑人及相关增信主体的责任，按照扶优限劣原则，实行签发主体分类监管，进一步完善信息披露流程，完善商票全生命周期监管，加强商票风险防范，建立违约风险处置机制，畅通市场出清渠道。

我国票据市场的现状、问题与发展再研究

肖小和　申　酉[①]

近期，我们根据近年来票据市场发展状况，梳理了票据市场发展成效及存在的问题，并对票据市场的未来发展进行了思考与展望。

一、票据市场发展新变化

（一）市场管理体系逐步成型

近年来，我国票据市场在发展中逐步形成了以人民银行为主要牵头部门，金融监管总局等部门共同参与推进，以上海票据交易所为基础设施，以商业银行、财务公司等金融机构为主要参与者的市场管理体系，为票据市场茁壮发展创造了条件。

票据市场的基础设施主要包括以下内容：一是上海票据交易所。其已成为我国票据市场的交易中心、清算中心、登记托管中心及数据中心，有力推动了票据市场统一规范发展，重塑了票据市场生态。

二是以“企票通”为代表的辅助类基础设施。“企票通”是由中国国新控股有限责任公司设立的央企票据互认及担保平台，有效促进了商业承兑汇票流通，对维护票据市场秩序具有积极意义，是上海票据交易所的有益补充。

三是面向企业用户的基础设施。特指商业银行等金融机构开发的面向企业的相关业务系统及渠道，包括商业银行内部票据系统及网上银行、手机银行等，此类基础设施贴近企业用户需求，是票据服务实体经济的窗口。

（二）票据法规制度渐趋完备

经过多年的法律制度建设，票据市场法律制度渐趋完备。一是《票据法》专门为票据而设，法律完备程度领先于其他结算与融资产品，为票据市场发展奠定了基础；二是人民银行等部门围绕《票据法》制定了一系列票据规章制度，尤其是《支付结算办法》《电子商业汇票管理办法》《商业汇票承兑、贴现与再贴现管理办法》等，对票据全生命周期的各类票据行为做出了详细、

---

① 申酉所在单位为江西财经大学九银票据研究院。

明确的规定，是票据市场持续发展的支撑；三是商业银行、财务公司的内部票据制度办法，对本机构办理票据业务提出了明确要求。

（三）票据产品创新成果显著

近年来，票据市场业务产品不断推陈出新，一是票据种类的创新，推出了供应链票据，畅通了供应链上下游企业的融资渠道，推动了供应链物流、信息流与资金流的一体化发展。

二是票据产品的创新，票付通、贴现通、秒贴、标准化票据等产品不断涌现，较大程度地改善了票据市场的流通性，便利了中小企业融资与结算，助力实体经济发展。

（四）价格形成机制日益完善

近年来，票据市场价格形成机制不断完善，一是承兑费率逐步市场化，如银票承兑手续费，此前长期按照万分之五的标准收取，市场化定价后可以充分体现票据的信用与期限对价；二是票据贴现利率的市场化程度越来越高，与信用主体信用状况、货币市场其他子市场以及商业银行资产负债状况的关联度越来越高；三是票据二级市场推出了收益率曲线，上海票据交易所已推出国股银票及城商银票转贴现收益率曲线，改善了票据市场价格形成机制；四是票据市场价格指数不断完善，江西财经大学九银票据研究院推出票据市场价格指数，为未来的票据衍生品创新提供了条件。

（五）服务实体经济能力提升

近年来，票据市场服务实体经济的能力不断提升，一是票据总量不断提升，2022 年票据承兑累计签发 27.4 万亿元，票据贴现累计办理 19.5 万亿元，票据贴现在 GDP 中的占比达到 16.11%；二是服务中小企业的能力不断深化，票据市场天然具有服务中小企业的属性，据上海票据交易所统计，2022 年签发票据的中小微企业达 21.3 万家，占全部签票企业的 94.5%，中小微企业签票发生额为 17.8 万亿元，占全部签票发生额的 64.9%；贴现的中小微企业达 32.7 万家，占全部贴现企业的 97.1%，贴现发生额为 14.2 万亿元，占全部贴现发生额的 72.9%。

（六）市场风险管控不断强化

近年来，人民银行及上海票据交易所和参与主体不遗余力地强化市场风险管控，风险控制手段不断丰富，收效显著。一是推出票据信息披露机制，实现了对银票、商票及财务公司承兑票据的信息披露全覆盖，明确了逾期风险控制手段，大幅提升了市场透明度，充分保护了持票人的合法权益；二是加强风险制度及市场监测体系建设，及时跟踪分析市场风险迹象，完善预防机制，票据市场风险案件大幅下降；三是推出商票账户主动管理功能，防止不法分子冒用企业名义开立账户，进而签发虚假商票的情况，有效防范了伪假商票风险；四是市场参与主体进一步加强了内部票据风险管理，进一步提升了全市场的安全边界。

（七）市场参与主体不断扩大

近年来，票据市场参与主体不断扩大，一是金融参与主体的扩充，2016年上海票据交易所成立后，票据交易主体从原本的银行类金融机构，扩充至券商、基金、保险、资管等非银行金融机构；二是其他参与主体的扩充，2023年根据《商业汇票承兑、贴现与再贴现管理办法》的要求，贴现业务参与者扩展至自然人，大幅延伸了票据市场参与主体的广度。

（八）应用理论研究不断深化

近年来，票据领域应用理论研究成果丰硕。一是票据研究机构陆续成立，2016年11月，我国首家票据研究机构——江西财经大学九银票据研究院成立；2017年12月，上海票据交易所联合上海财经大学以及多家金融机构发起设立中国票据研究中心。票据研究机构的成立，全方位提升了市场参与者的研究能力，有利于提升金融产业与研究的融合程度，支持票据市场与金融市场的高水平研究工作。

二是研究成果不断涌现，在人民银行、票据研究机构、金融机构的共同努力下，《票据学》《票据史》《票据简史》《票据基础理论与业务创新》等高校专业教材陆续问世，《产业链供应链中票据的应用研究》《新时代票据市场理论与实践》《中国票据市场：历史回顾与未来展望》《中国票据市场发展报告》等多部票据理论著作出版上市，极大地提升了票据市场研究氛围，提高了票据业界基础理论和应用理论研究水平。

二、票据发展面临诸多挑战

（一）票据信用体系亟待建设

成熟的交易市场需要稳定、公允的信用评价体系，以对信用主体的履约能力进行评估与测定，并引导市场的交易对价。票据市场在信用体系建设方面欠账较多，一是缺乏票据信用发展定位，缺少牵头部门对票据信用做出统一部署与整体规划，各市场参与者只能根据自身风险偏好自行规划、自行评估、自行落实。

二是缺乏票据信用管理机制、发展目标及发展手段，导致全市场缺乏统一的评级标准、评估方法、数据来源，缺乏市场统一认可的评级机构，总体来看，票据信用体系建设仍处于较为初级的阶段。

三是商业承兑汇票发展环境受影响，商业承兑汇票基于商业信用，相较于银行承兑汇票而言，其信用风险更难以控制，其发展规划、管理机制等需要围绕信用体系开展，票据信用体系的缺失在一定程度上影响了商业承兑汇票的发展。

（二）票据法规制度发展滞后

《票据法》于20世纪90年代正式发布，并于2004年修订，目前存在以下几方面问题。

一是由于当时经济环境的限制，票据无因性未能最大限度地采用，现应根据当前社会经济状况，进一步明确票据无因性的应用范围。

二是缺乏对票据创新产品的支撑。近年来，票据创新产品不断涌现，电子票据、票据拆分、票据资产转让、票据存托、票据ABS等均缺乏明确的法律支持，需要尽快修订《票据法》，以适应金融创新需求。

三是电票追索权问题。《票据法》体现了纸质票据的追索要求，但电子票据的追索方式不同于纸质票据，电子票据采用线上追索方式，持票人可以方便地追索票据承兑、贴现等关键信用节点，需尽快修订《票据法》，不再将票据生命周期中除承兑、贴现外的其他节点纳入追索范围，以适应票据电子化、数字化发展趋势。

四是商业承兑汇票管理断点，对签发主体总量与结构既没有评级要求，又没有金融监管的职责。

五是票据风险资产重复计提。

此外，票据市场监管政策需要进一步完善，一是中介平台、类中介平台缺乏监管，此类平台实质上是借助票据背书转让违规办理票据贴现业务；二是类票据业务产品（电子债权凭证，类似于商票）缺乏统一监管；三是部分监管政策不适应经济形势或存在政策不一致等情况。

（三）市场基础设施有待强化

票据市场基础设施虽然较之前已有较大改观，但仍然存在以下问题：一是缺乏贴现类基础设施，上海票据交易所仅提供直贴业务后台支持，直贴的撮合仍缺乏相应的基础设施支撑；二是辅助类基础设施缺乏，例如，“企票通”为央企子公司提供互认及担保服务，是典型的补充类基础设施，但是“企票通”服务范围有限，无法为央企之外的企业提供服务，票据市场急需一批类似的基础设施；三是票据经纪发展不力，当前票据市场贴现及交易仍然采用较为传统的模式，票据经纪公司发展任重道远；四是缺乏票据信用评级基础设施及评级机构，信用评级基础设施及评级机构是票据信用体系的重要组成部分，需尽快推动建设。

（四）票据价格机制长期扭曲

票据具有发达的二级市场，且票据二级市场价格由市场自发形成，票据转贴现不仅可以实现金融机构之间的资金融通，还具有调节商业银行资产负债结构的功能。但市场化的票据二级市场价格常常出现十分扭曲的状况，究其原因在于：票据二级市场存在“规模由计划决定，价格由市场决定”的问题，扭曲的票据价格正是计划与市场矛盾的产物，商业银行资金充裕且放贷不足时，票据二级市场价格往往远低于真实价格，甚至明显低于商业银行筹资、融资成本，并传导至直贴业务以及整个票据市场，导致票据市场在“服务实体经济”与“调节银行资产负债结构”之间摇摆。2022 年全市场票据直贴利率为 1.94%，转贴现加权平均利率为 1.75%，有时更低，回报率低于银行的筹资成本，与银行经营本质相悖。

（五）票据市场发展受到挤压

一是受到类票据业务产品（电子债权凭证）的影响。电子债权凭证具有可拆分、可支付、可转让、可融资等特点，对商票市场发展产生了一定的替代性影响，且该类产品无监管部门，信息不公开透明，难以控制其业务风险。二是供应链票据发展受限。供应链票据的功能与类票据业务产品相似，应用于供应链场景中，但受到“劣币驱逐良币”效应影响，生存空间严重受限，业务发展不理想。

（六）票据市场管理缺乏抓手

票据市场发展已经进入电票时代，但人民银行对票据的管理除了再贴现、信贷规模等手段之外，缺乏相应的抓手，尤其是缺乏票据总量管理、结构管理、信用管理（如对评级、授信等的管理）等精细化管理手段。相对粗放的业务管理方式易导致票据市场出现“一放就乱，一管就发展缓慢”的现象。

三、发展票据市场服务实体经济再研究

（一）完善票据市场管理体系

建议构建由人民银行牵头，国资部门、工信部门、商务部门、金融监

管总局、证监会共同参与的票据市场管理体系，明确票据市场发展与创新的目标，界定各部门的职责与分工，各司其职，共同推动票据市场更好地服务经济高质量发展。

（二）尽快修订票据法规政策

一是建议尽快修订《票据法》，建议更新修改理念，进一步明晰票据的无因性，明确票据电子化、信息化、证券化以及可拆分属性，明确供应链票据、数字票据等创新型票据种类和追索重点，允许开展商业本票，明确商业承兑汇票管理机制，明确类票据监管职责，规范类票据开展等，调整票据追索范围。

二是建议在修订《票据法》时，同步完善票据市场相关业务制度与监管规则，适应票据业务发展需要，不重复计提风险资产。票据监管部门对于同类票据业务产品应采用同一监管标准、同一监管力度及同一监管规则。

（三）加快推动票据信用发展

票据信用是商业信用在票据领域的表现形式，以票据为载体，通过票据行为体现票据主体之间的交易关系和信任关系。建议加快推动票据信用发展，一是建议明确票据信用主体，强化对信用主体信用信息、信用数据的收集、管理与分析，为票据信用评级创造条件。

二是建议同债券一样，推动票据信用评级体系建设，明确票据信用评级的方法、机构、模型等，为票据市场投资者、参与者提供客观公正的信用指引，保障票据市场价格体系有效运转及健康发展，更好地服务实体经济及中小企业。

（四）规划建设统一的票据市场

统一的票据市场是指基于统一命名规范、统一基础设施、统一法规制度体系、统一产品体系、统一服务目标、统一技术与数据标准、统一风控体系、统一评价体系，涵盖票据全生命周期的票据市场。规划建设统一的票据市场有利于规范票据市场运行，维护市场秩序，推动票据数字化进程，促进票据更好地服务供应链、产业链，助力实现全国统一大市场战略目标。

（五）完善票据市场基础设施

建议进一步完善票据市场基础设施，更好地服务市场参与者。一是建议推动上海票据交易所发展，进一步优化市场规则，加强产品创新；进一步优化平台系统，将类票据业务纳入平台管理范畴，透明规范运营系统，规范业务发展。

二是建议促进辅助类及贴现类基础设施发展，鼓励“企票通”“军工票”等央企平台不断尝试拓展业务范围，鼓励地方成立票据贴现类及辅助类基础设施，为票据市场发展提供更完备的业务平台。

三是建议推动票据经纪公司和评级发展，不断提升票据市场活力。

（六）完善票据市场价格机制

一是建议采用分级信用价格机制，在票据信用评级的基础上，对于不同信用等级的票据区别定价，通过价格体现票据的信用关系。

二是建议加快产品创新，尽快推动信贷资产证券化进程，打造信贷资产流通二级市场，为商业银行提供更多的资产负债管理手段，避免金融机构过度依赖票据市场调节信贷规模。

三是建议条件成熟时，考虑加快调整信贷规模发放模式与票据管理要求，使转贴现业务像再贴现业务一样办理，不再与信贷规模挂钩，降低信贷规模对金融市场资产价格的扭曲与影响程度。发挥票据支付与直贴服务企业、票据转贴现与交易服务金融流动性调节的功能与作用。

（七）提升票据风险管理水平

一是建议在现有商业汇票信息披露制度的基础上，进一步加强票据风险信息披露及整合，建立票据风险信息平台，强化票据市场风险预警，实现对企业逾期行为的更强约束；二是建议强化风险工具创新，探索研究票据市场利率风险、信用风险衍生产品，为市场参与者提供多样化的避险工具；三是建议调整监管政策，对类票据产品按一般票据业务标准进行监管，防止政策套利，并将类票据平台接入上海票据交易所，统一规范运行。

（八）推动票据应用理论研究

一是建议坚持密切联系实际，充分发挥智库的作用，围绕票据市场痛点问题开展研究，提出针对性的意见、建议及措施，更好地推动票据服务实体经济；二是建议加强票据法律研究，对比中外及各历史时期的票据法律法规，为票据市场构建符合我国国情的法律环境；三是建议强化创新研究，研究借鉴资本市场、货币市场各类产品的优势与特点，研究各类票据的职责和分工，为票据市场创新提供新思路、新办法和新方向；四是建议加强智库建设，加强票据学会与研究机构之间的合作与交流，推动票据研究进一步繁荣。

第三篇

票据指数、价格与相关研究

2023年票据价格指数小幅回升

肖小和　李紫薇　徐　言[①]

摘　要： 票据价格指数用于衡量票据利率的波动情况，对于市场参与者、监管部门以及研究机构都有重要意义。本文依据本课题原研究团队的思路，运用计量方法确定加权系数，旨在建立一个票据价格指数体系，包括票据资金价格指数、票据信贷价格指数、票据综合价格指数，分别反映了票据市场的资金、信贷规模以及总体状况和变化趋势。本文还通过历年的数据和市场信息对票据价格指数体系进行了验证。最后，根据实际和现有的研究成果提出完善票据市场的相关建议。2023年末票据资金价格指数、票据信贷价格指数、票据综合价格指数分别为393点、276点、346点，分别同比增加68点、减少39点、增加12点，信贷和资金环境合理充裕。

关键词： 票据价格指数　指数体系　票据利率

一、指数及票据价格指数的概念、意义及现状

统计学上，指数是反映由不能直接相加的多种要素所构成的总体数量变动状况的统计分析指标，比如大家所熟知的股票价格指数或债券价格指数就是用来衡量股票市场或债券市场的价格波动情况。票据价格指数就是对票据利率进行采样并计算出来的用于衡量票据市场价格波动情况的指数。

构建票据价格指数的意义主要包括以下几个方面：一是可以综合反映票据市场价格总体的变动方向和变动幅度。目前我国还没有形成统一的票据市场，任何单一机构的票据利率都无法综合代表整个票据市场的价格变动情况，因此要构建票据价格指数来反映整个市场票据利率的变化情况和发展趋势，方便票据市场参与者及时准确地了解市场价格变化。二是分析和测定各个因素对票据价格变动的影响方向和程度。票据业务兼具资金和信贷双重属性，影响票据利率的因素主要是资金面和信贷状况，因此，可以根据二者的内在联系建立票据价格指数体系，从而测定各构成因素的变

① 徐言所在单位为江西财经大学九银票据研究院。

动对票据市场价格的影响情况。三是分析研究票据市场价格在长时间内的发展变化趋势。票据价格指数的综合性和代表性较强，能够反映票据市场价格的总体变化。通过对票据价格指数的长期跟踪和分析从中找出规律，并结合自身经验对未来票据价格的走势做出预判，从而减少买卖票据的盲目性，可以获得更多的收益。四是对市场进行综合评价和测定。票据利率作为市场化时间最早、程度较高的利率品种，部分发挥了基准利率的作用，因此，反映票据利率变化情况的票据价格指数既可以代表票据市场的供需情况以及市场资金和信贷状况，在一定程度上也能成为货币市场乃至金融市场的“晴雨表”。

上海票据交易所成立后相继发布了国股银票转贴现收益率曲线和城商银票转贴现收益率曲线，为票据市场定价提供参考。这两条收益率曲线以真实、活跃的票据市场交易为基础，编制时充分考虑了票据市场交易的特性，能够较好地反映市场真实价格走势，因此其代表性和权威性非常高。但是到目前为止，上海票据交易所发布的收益率曲线仅以国有银行和股份制银行以及城市商业银行的票据成交收益率为样本主体进行编制，农商银行等样本数据的缺失不利于其反映农商银行等票据价格变化情况。此外，上海票据交易所在编制收益率曲线时对市场信用主体进行严格区分、分别编制，缺少反映票据市场整体情况的综合票据价格指数。本文力求建立一个票据价格指数体系，既能体现票据价格的总体走势情况，又能反映票据市场资金松紧程度和信贷变化状况的价格走势。

二、票据价格指数的编制及其应用

影响票据利率的因素主要是资金和信贷规模，而不同业务种类的票据价格反映的信息侧重不尽相同。直贴业务与一般贷款业务非常相似，都将直接导致信贷规模增加，因此直贴利率更能反映信贷的宽松状况；回购业务不会导致信贷规模变化，因此是一种资金业务，回购利率更能反映资金面的情况；转贴现业务介于二者之间，既与信贷有关，也涉及资金。根据不同业务的特点，本文建立了票据资金价格指数、票据信贷价格指数和票据综合价格指数，票据资金价格指数是由回购利率和转贴现利率构成，票据信贷价格指数是由直贴利率和转贴现利率构成，而票据综合价格指数不仅包含票据利率，还考虑了报价金额。

价格指数必须具有全国性、代表性和公信性三大特点，因此 2017 年 6 月 30 日以前的票据价格样本选自“中国票据网”，之后的数据选自上海票

据交易所。本文建立的指数是通过对票据利率进行计量建模确定一个比较稳定的系数比例关系，从而形成票据因素价格指数，因此需要一个能够准确反映市场资金面和信贷规模状况的核心指标，本文选取了银行间同业拆借加权平均利率（月）和金融机构贷款加权平均利率（季）。

（一）票据资金价格指数

票据资金价格指数是指通过对“中国票据网”的回购、转贴现利率报价以及后续上海票据交易所成交均价进行系数确定而计算得出的指数，旨在反映票据市场的资金状况和变化趋势。样本数据选择为 2005 年 1 月至 2023 年 12 月的票据利率和银行间同业拆借加权平均利率，变量之间的相关系数和模型详见表 1。可以看出回购利率的系数要远远大于转贴现利率，这符合票据资金价格指数更注重资金价格变化的特性，回购是纯资金业务，而转贴现还包含信贷的因素。

表 1　票据资金价格指数的系数表

项目	正回购利率（*ZHG*）	逆回购利率（*NHG*）	买入利率（*MR*）	卖出利率（*MC*）	银行间同业拆借利率（*TY*）
与 *TY* 相关的系数	0.8073	0.8021	0.7530	0.7655	1
系数确定模型	$TY=0.0062+0.4943ZHG$（$R^2=0.6665$）	$TY=0.0058+0.4560NHG$（$R^2=0.6857$）	$TY=0.0092+0.3233MR$（$R^2=0.5870$）	$TY=0.0092+0.3574MC$（$R^2=0.5887$）	—
系数	0.4943	0.456	0.3233	0.3574	—
票据资金价格指数的公式	即期票据资金价格指数= $\frac{0.4943\times 正回购利率+0.456\times 逆回购利率+0.3233\times 买入利率+0.3574\times 卖出利率(即期数)}{0.4943\times 正回购利率+0.456\times 逆回购利率+0.3233\times 买入利率+0.3574\times 卖出利率(基期数)}\times 1000TY_{t-1}$				
与票据资金价格指数相关的系数	0.9757	0.9846	0.9758	0.9742	0.8013

对历年各月银行间同业拆借利率进行简单平均，发现 2013 年 3 月的数据比较接近平均值，即将该时间点定义为常态，因此本文也将该时间点选为票据资金价格指数的基期，并将基值定为 1000 点，基期前后的指数则根据利率变化情况发生相应变动。通过统计可知，票据资金价格指数与票据平均报价的相关性超过 0.97，说明该指数能够反映票据市场价格的走势。同时，银行间同业拆借加权平均利率与该指数的相关性也在较高区域，表

明票据资金价格指数能够反映票据市场资金价格走势情况。通过历史数据可以发现，当票据资金价格指数超过 1400 点的时候表示市场资金面较为紧张，超过 1800 点的时候代表非常紧张；而当票据资金价格指数低于 700 点的时候表示市场资金面较为宽裕，低于 350 点的时候代表非常宽松（见图 1）。2023 年 12 月，票据资金价格指数为 393 点，同比增加 68 点，显著低于 700 点的临界值水平，说明市场资金面合理充裕。

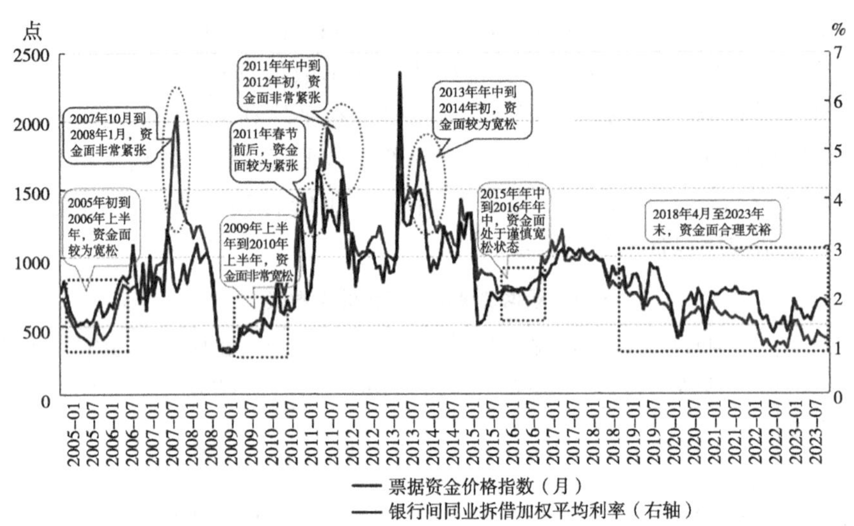

图 1　2005—2023 年票据资金价格指数走势

2005—2023 年票据市场大致经历了 4 次资金紧张阶段和 5 次资金宽松阶段，具体如下。

2005 年初到 2006 年上半年，资金面较为宽松。票据资金价格指数逐渐回落至 366 点的低点，随后缓慢回升；1 天期银行间同业拆借加权平均利率基本维持在 1.1%～1.9%的范围内震荡，平均值仅有 1.4%。主要原因为：(1) 受宏观调控和货币政策实施影响，市场整体呈现“宽货币、紧信贷”特征；(2) 人民银行下调超额存款准备金利率，大量挤出资金进入市场；(3) 外汇储备达到 8189 亿美元的高位，“热钱”加速流入迹象明显，导致市场资金面非常宽裕。

2007 年 10 月到 2008 年 1 月，资金面非常紧张。票据资金价格指数剧烈波动，从 1000 点飙升至 2034 点后迅速回落，隔夜 Shibor 一度高达 8.52%，2 周期限的 Shibor 最高达到 13.58%。这一时期经济运行呈现出由偏快转向过热的迹象，人民银行加大了货币政策从紧力度，无论是货币政

策工具、种类还是出台频率都是前所未有的。2007 年人民银行连续 10 次上调存款准备金率，最后一次直接提高 1 个百分点，同时 6 次上调存贷款基准利率，这对市场资金面和信贷规模都产生了重大影响，同年票据利率也完成了以 Shibor 为基准的市场化进程，因此伴随资金价格一路走高。

2009 年上半年到 2010 年上半年，资金面非常宽松。票据资金价格指数在 350 点以下震荡，隔夜 Shibor 处在底部 0.8%左右。由于 2008 年国际金融危机爆发，全球面临经济衰退，我国政府为了应对危机于 2008 年末推出“四万亿经济刺激计划”，信贷规模和资金大量投放，2009 年上半年开始显现，整个市场呈现出资金、信贷规模双宽裕的景象，资金价格创下了历史最低点。

2011 年春节前后，资金面较为紧张。票据资金价格指数攀升至 1400 点左右，隔夜 Shibor 最高达到 8%。原因主要有以下几点：（1）2010 年末存款环比大幅增加 1.55 万亿元，因此，2011 年 1 月 5 日商业银行需补缴存款准备金 2000 多亿元；（2）季后 15 日前所得税预缴，当月纳税入库 2182 亿元；虽然当月人民银行为了缓解春节资金压力而投放基础货币 8773 亿元，但存款准备金净冻结资金 6370 亿元，超额存款准备金更是减少 8370 亿元，市场资金面出现紧张状况。

2011 年年中到 2012 年初，资金面非常紧张。票据资金价格指数在 1464 点与 1940 点之间震荡，其实资金面紧张主要是在 2011 年 6 月末和 2012 年初，隔夜 Shibor 最高达到 8.1667%。主要原因是 2011 年 5 月企业所得税汇算清缴入国库 2687 亿元，6 月末临近半年时点考核，同时人民银行再次上调存款准备金率 0.5 个百分点，约冻结 3700 亿元资金，市场预期相应发生剧烈变化，惜金情绪蔓延，导致资金价格上涨。2012 年春节前后的资金面骤紧情况与 2011 年非常相似，都是上年末存款大幅增加需补缴存款准备金、企业纳税入库、春节备付金等因素导致市场流动性短期稀缺。然而除了这两个时点，2011 年下半年市场资金面整体较为平稳，资金价格也趋于正常水平，但票据利率在 2011 年 9 月突然“高歌猛进”一路飙升，这主要是人民银行新规所致。人民银行要求从 2011 年 9 月开始将信用证、保函和银行承兑汇票保证金存款纳入存款准备金的缴纳范围，分批补缴，当月大约冻结资金 9000 亿元，加上 9 月信贷规模紧张，票据资金价格指数飙升至 1940 点。

2013 年年中到 2014 年初，资金面较为紧张。票据资金价格指数在 1379 点与 1786 点之间震荡，资金面紧张主要集中在 2013 年年中的“钱荒”时期，（1）资金方面，5 月企业上缴所得税入库 4691 亿元，当月新增存款 1.09 万亿元，6 月需补缴存款准备金 1000 亿元。（2）监管政策方面，人民银行加强了外汇资金流入管理，原虚假贸易导致的还汇需求增加，国内流动性减少；银监会发布《关于规范商业银行理财业务投资运作有关问题的通知》，对商业银行非标准化债权理财产品要求压缩达标，增加了流动性需求。(3) 商业银行操作方面，部分商业银行通过期限错配和杠杆交易进行业务盈利，当资金趋紧时加剧了流动性压力。尽管人民银行出手救市以后资金面有所缓解，但金融机构预期已经发生较大变化，市场惜金情绪浓厚，票据资金价格指数在较高位置延续震荡状态，年末受规模紧张影响再度冲高，详见票据信贷价格指数部分。

2015 年年中到 2016 年年中，资金面处于谨慎宽松状态，银行间同业拆借加权平均利率最低至 1.42%，相当于 2005 年外汇占款大幅增加的宽松时期，但票据资金价格指数维持在 650 点与 1000 点之间震荡，基本相当于正常水平。一方面，我国经济处于“增长速度换挡期、结构调整阵痛期、前期刺激政策消化期”三期叠加新常态，货币政策总体保持稳健偏松总基调，共 6 次下调存款准备金率，引导市场利率适当下行，降低社会融资成本。另一方面，票据市场加强监管，表外票据业务回归表内，票据融资余额大幅增加，受规模限制票据利率下行速度和空间有限。由于金融去杠杆政策的影响，资金面总体处于紧平衡状态，利率中枢从底部不断上升，票据资金价格指数也回至 1000 点常态附近。

2018 年 4 月到 2019 年末，资金面较为宽松。票据资金价格指数维持在 650 点与 1000 点之间，总体呈现出下降的趋势。主要原因有以下几点：(1) 上海票据交易所的成立为票据资金交易提供了空间，带来了票据价格的变化，票据价格整体下行。(2) 上海票据交易所成立后正式接管 ECDS，电子票据交易集中在上海票据交易所进行，票据风险相对可控，交易活跃度上升。(3) 在外部环境不确定性增加、国内外风险挑战明显上升的复杂局面下，我国经济下行压力加大，人民银行实施稳健的货币政策，加强逆周期调节，2018—2019 年人民银行共 7 次下调存款准备金率，通过公开市场操作、中期借贷便利等方式灵活保持市场流动性，深化利率市场化改革，完善 LPR 传导机制，打破贷款利率隐性下限，促进货币政策传导，市场整体资金面相对宽松。

2020 年初到 2023 年末，资金面合理充裕。面对新冠疫情带来的巨大冲击，2020 年第一季度以来，中国人民银行多次下调存款准备金率，向市场投放流动性，运用改革的方法疏通货币政策传导，以进一步降低企业融资成本，市场资金面十分宽松。2021 年，宏观政策始终贯彻稳字当头、稳中

求进的工作总基调，强调货币政策的连续性、稳定性、可持续性，始终保持市场流动性合理充裕，中国人民银行多次下调存款准备金率以释放流动性，降低 LPR 贷款利率，市场资金面稳定宽松。2022—2023 年，中国人民银行多次降低存款准备金率，并综合运用再贷款再贴现、中期借贷便利、公开市场操作等多种方式精准有力投放流动性，保持市场流动性合理充裕。

（二）票据信贷价格指数

票据信贷价格指数是指通过对转贴现报价和直贴报价进行系数及时调整而建立的指数，旨在反映票据市场的规模状况和变化趋势。

由于人民银行公布的金融机构贷款加权平均利率是从 2008 年第三季度开始的，因此样本数据选取了 2008 年第三季度到 2023 年第四季度，变量之间的相关系数以及系数确定模型详见表 2。票据信贷价格指数以 2013 年第季度为基期，基值设定为 1000 点，基期前后的指数根据利率变化情况相应发生变动。通过统计可知，票据信贷价格指数与票据平均报价的相关性在 0.98 以上，说明票据信贷价格指数能够反映票据利率的走势，同时金融机构贷款加权平均利率与票据信贷价格指数的相关性也在较高区域，并高于单个票据业务品种报价与贷款利率的相关性，表明票据信贷价格指数更能反映票据市场的规模稀缺程度。通过图 2 可以看出，当票据信贷价格指数超过 1200 点的时候表示信贷规模较为紧张，而低于 600 点的时候表示信贷规模较为宽裕。2023 年第四季度，票据信贷价格指数为 276 点，处于合理充裕区域，同比减少 39 点，信贷环境持续改善。

表 2　票据信贷价格指数的系数表

项目	直贴利率（*ZHT*）	转贴现利率（*ZT*）	金融机构贷款加权平均利率（*DK*）
与 *DK* 相关的系数	0.8905	0.8321	1
系数确定模型	$DK=0.0412+0.4633ZHT$ （$R^2=0.8965$）	$DK=0.04+0.5564ZT$ （$R^2=0.9549$）	—
系数	0.4633	0.5564	—
票据信贷价格指数的公式	即期票据信贷价格指数= $\frac{0.4633\times \text{直贴利率}+0.5564\times \text{买断式转贴现利率(即期数)}}{0.4633\times \text{直贴利率}+0.5564\times \text{买断式转贴现利率(基期数)}}\times 1000$		
与票据信贷价格指数相关的系数	0.9918	0.9888	0.8753

从图 2 可以看出票据信贷价格指数要比金融机构贷款加权平均利率波动得更为剧烈，这比较容易理解，票据作为银行的信贷调节工具，蓄水池作用显著，当信贷规模紧张时银行首选卖断流动性较好的票据资产，同理，当存在闲置资源时银行会通过大量增持票据“撑规模”，因此，票据利率的波动往往比贷款利率大。2008—2023 年票据信贷价格指数大致经历了 2 次紧张和 4 次宽松，具体如下。

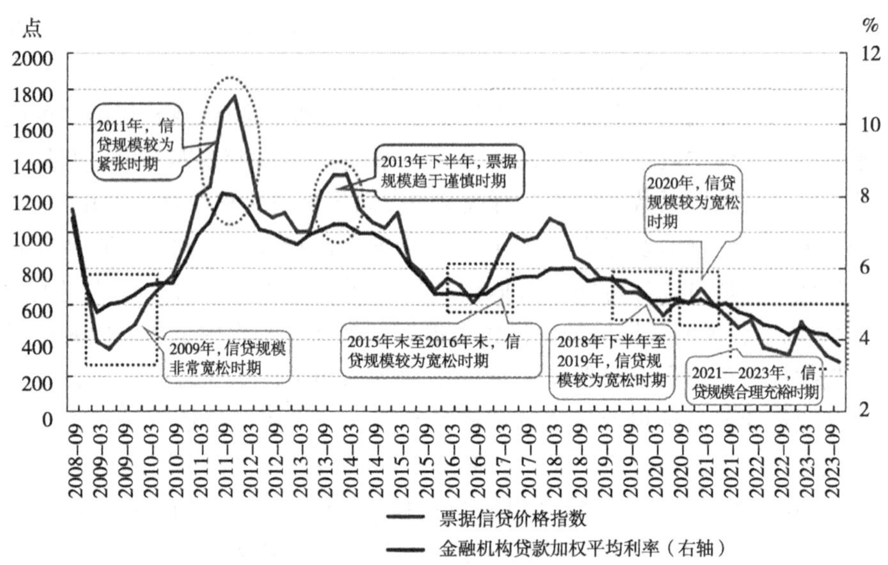

图 2　2008—2023 年票据信贷价格指数走势

2009 年信贷规模非常宽松时期，票据信贷价格指数在 310 点与 490 点之间震荡。我国为了应对国际金融危机而推出“四万亿经济刺激计划”，2009 年上半年新增贷款达到 7.37 万亿元，全年新增了 9.59 万亿元，而 2011 年全年新增贷款还不到 7.5 万亿元，贷款利率回落至年利率 5%以下。信贷规模的宽松迅速传导到票据市场，2009 年上半年票据融资增加了 1.7 万亿元，占新增贷款的 23%，票据利率也创下了历史最低点，2009 年第二季度票据信贷价格指数仅为 308 点，相当于年利率 1.52%，随后新增贷款下降明显，票据融资进入减持阶段，票据信贷价格指数逐渐升高。

2011 年信贷规模较为紧张时期，票据信贷价格指数攀升至 1400 点以上。为了调控“四万亿经济刺激计划”所产生的通货膨胀，人民银行先后 7 次上调存款准备金率，3 次上调存贷款基准利率，并严格控制新增贷款的数量和投放节奏，全年新增贷款仅为 7.47 万亿元，比 2009 年的 9.59 万亿元

和 2011 年的 7.95 万亿元都少，票据信贷价格指数随贷款利率逐渐走高。而 2011 年 9 月新增贷款只有 4700 亿元，是当年新增贷款最少的一个月，同时监管机构加大了票据市场监管力度，对部分金融机构办理票据“绕规模”等不合规行为进行了检查，并要求金融机构开展票据业务自查，这些都促使票据规模紧张，当月票据融资余额减少了 200 亿元，而上月却增加了近 1000 亿元，票据信贷价格指数飙升至 2161 点，相当于年利率 10.65%。随后新增贷款有所增加，票据融资回归至正增长阶段，票据信贷价格指数开始慢慢回落。

2013 年下半年票据规模趋于谨慎时期，票据信贷价格指数在 1200 点附近震荡。由于 2013 年 6 月部分银行资金期限错配引起的“钱荒”以及上半年信贷投放力度过大，此后银行倾向于减持票据回笼资金，票据融资大幅减少了 5235 亿元，票据信贷价格指数维持在 1200 点上下。

2015 年末至 2016 年末信贷规模较为宽松时期，票据信贷价格指数在 600 点附近震荡。为了应对经济下行压力以及经济结构调整，中央采取稳中求进的政策总基调，适时 5 次下调贷款及存款基准利率，2015 年和 2016 年新增贷款分别达到 11.7 万亿元、12.6 万亿元，2015 年票据融资新增 1.5 万亿元，票据信贷价格指数不断下行，2016 年受风险事件频发以及人民银行窗口指导控制票据规模等影响，当年票据融资新增量降至 0.6 万亿元，票据信贷价格指数有所回升。

2018 年下半年至 2020 年末信贷规模较为宽松时期，票据信贷价格指数持续下行至 650 点附近。主要原因有以下几点：（1）随着上海票据交易所的成立，票据市场风险得到有效控制，票据贴现、转贴现活跃度提升。（2）人民银行充分发挥再贴现精准滴灌作用，引导金融机构信贷投放。2018 年，人民银行三次增加再贴现、再贷款额度累计 4000 亿元，2019 年增加再贴现额度 2000 亿元，进一步提升了银行、企业贴现积极性。（3）近年来，我国信贷规模总体宽松，信贷结构持续优化，支持实体经济力度不断加大，2018 年和 2019 年新增贷款分别为 16.2 万亿元和 16.8 万亿元，票据信贷价格指数不断下行。（4）2020 年，根据疫情防控形势和经济发展需要，中国人民银行加大信贷投放力度，分层次、有梯度出台三批次合计 1.8 万亿元再贷款、再贴现政策；创新货币政策工具，运用改革的方法疏通货币政策传导，不断完善结构性货币政策工具体系，以进一步降低企业融资成本，票据信贷价格指数进一步回落。

2021 年至 2023 年信贷规模合理充裕时期，票据信贷价格指数持续下行至 315 点。2021 年 3 月 22 日人民银行召开的信贷结构优化调整座谈会指出，调整优化重点领域和薄弱环节的信贷结构，坚持用改革的办法疏通政策传导，包括保持小微企业信贷支持政策的连续性、稳定性，持续推动企业综合融资成本稳中有降，票据信贷价格指数极速回落。2022 年第二季度，受新冠疫情及经济下行压力影响，面对着企业信贷需求转弱，中国人民银行召开货币信贷形势分析会议，引导金融机构加大信贷支持实体经济力度。2022 年下半年，信贷需求边际好转，在中国人民银行的引导下，金融机构合理把握好信贷投放力度和节奏，维持信贷规模合理充裕。2023 年第一季度，受季节性因素及疫情防控政策调整影响，信贷投放有所加快，总量适度，节奏平稳；第二季度以来，市场信心不足，预期偏弱，信贷有效需求不足，人民银行加强逆周期调节，引导金融机构信贷均衡投放；第四季度，人民银行统筹考虑岁末年初投放节奏，平滑信贷增长。总体而言，2023 年信贷规模合理充裕，票据信贷价格指数低位运行。

（三）票据综合价格指数

票据综合价格指数是指以“中国票据网”报价金额或上海票据交易所成交金额为系数权重对加权平均利率建立的综合指数，旨在反映票据市场的总体状况和变化趋势。实际上票据综合价格指数应该包含直贴报价情况，但由于开始时“中国票据网”仅有转贴现报价和回购报价，后续上海票据交易所开始公布直贴价格，因此 2017 年以前不考虑直贴业务，之后加入直贴因素。票据综合价格指数的公式为

$$\text{即期票据综合价格指数}=\frac{\text{直贴金额}\times\text{利率}+\text{买断式金额}\times\text{利率}+\text{回购金额}\times\text{利率（即期数）}}{\text{直贴金额}\times\text{利率}+\text{买断式金额}\times\text{利率}+\text{回购金额}\times\text{利率（基期数）}}\times 1000$$

样本区间选择为 2005 年 1 月至 2022 年 12 月，票据综合价格指数以 2013 年 4 月为基期，基值设定为 1000 点，基期前后的指数则根据市场变化情况相应发生变动。通过统计可知，票据综合价格指数与票据平均报价的相关性超过 0. 982，说明票据综合价格指数能够反映票据市场的总体趋势。通过历史数据可以发现，当票据综合价格指数超过 1400 点的时候表示市场总体较为紧张，而低于 700 点的时候表示市场较为宽裕，当超过 2000 点或低于 350 点的时候说明市场处于异常情况（见图 3）。

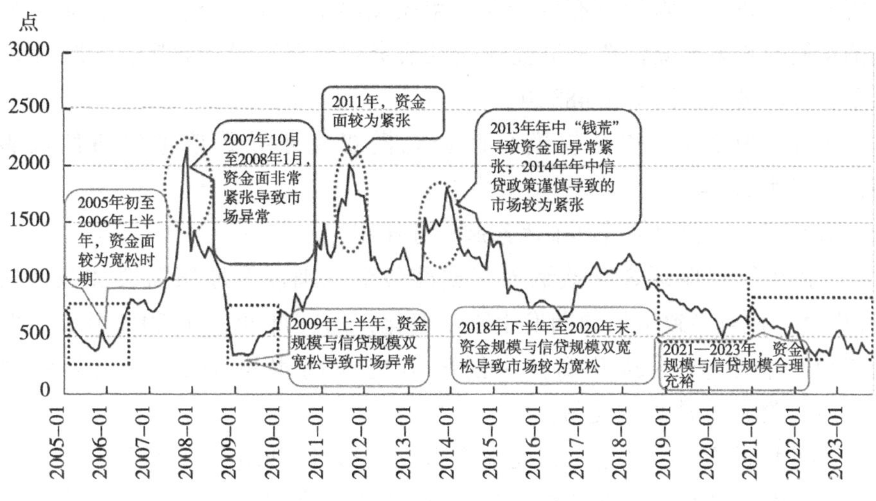

图 3　2005—2023 年票据综合价格指数走势

从图 3 可以看出票据综合价格指数基本涵盖了票据资金价格指数和票据信贷价格指数的波动情况，2005—2023 年票据市场大致经历了 5 次紧张和 3 次宽松，按照导致原因可以分为四种情况，具体如下。

情况一：资金起主导作用

2005 年初到 2006 年上半年，资金面较为宽松时期，票据综合价格指数在 500 点与 700 点之间震荡。

2007 年 10 月至 2008 年 1 月，资金面非常紧张导致市场异常，票据综合价格指数最高达到 2332 点，相当于年利率 9.67%。

2011 年春节前后，资金面较为紧张时期，票据价格不断走高，票据综合价格指数也一路冲高至春节前的 2016 点后迅速回落。

2013 年年中，“钱荒”导致资金面异常紧张，6 月末票据综合价格指数迅速飙升至 2553 点，相当于年利率 10.58%，创历史次高水平。

情况二：信贷起主导作用

2013 年下半年至 2014 年春节，信贷政策谨慎导致市场较为紧张，票据综合价格指数在 1400 点与 2000 点之间震荡。

情况三：二者共同起主导作用

2009 年上半年，资金规模与信贷规模双宽松导致市场异常，票据价格不断回落，票据综合价格指数在 350 点以下震荡，最低达到 297 点，相当于年利率 1.23%，创历史最低水平。

2018 年下半年至 2021 年末，票据价格不断下行。一方面，上海票据交易所成立后票据风险得到有效控制，票据交易活跃度提升。另一方面，稳健偏宽松的政策环境营造了资金规模及信贷规模双宽松的氛围，2021 年末票据综合价格指数回落至 488 点。

2021—2023 年，资金规模与信贷规模双充裕导致票据价格低位震荡，最终达到 346 点。

情况四：监管政策等其他因素起主导作用

人民银行将保证金存款纳入存款准备金范围以及原银监会加强票据“逃规模”检查导致市场预期发生剧烈变化，2011 年年中至 2012 年初，票据综合价格指数不断升高，并创出历史最高水平 2906 点或年利率 12.04%，随后保持高位震荡。

原因前面都已经详述，在此不再重复。2015—2016 年，货币政策总体稳健偏宽松，票据综合价格指数在常态范围内逐渐下行；2017 年，金融去杠杆与监管强化叠加，票据综合价格指数回升至 1000 点以上；2018 年以来，受经济下行压力影响，货币政策趋于宽松，票据综合价格指数逐渐回落，2023 年末票据综合价格指数回落至 346 点，处于相对宽松区域。通过观察票据价格的上述变化，可以发现：第一，票据具有调控功能，尤其是近年特别明显，所以票据价格随信贷规模与资金规模变化而发生变化，在现有票据经营模式与金融管理状态下是一种常态过程。第二，票据价格有时会低于票据资金成本价格，但这并不代表票据交易端不盈利，也不代表组织资金的法人行动态亏损。第三，票据价格与票据资金成本价格的上述背离，一定会表明企业票据融资成本实际降低而对应利润增加。第四，这种票据价格背离票据资金成本价格的现象，需要引起各方的重视。

三、发挥票据价格指数的作用，完善市场价格体系建设

票据价格指数体系能够反映票据市场价格总体走势，同时也可以清晰地展现各主要因素对票据利率的影响方向及程度。既可以让市场主体及时准确地了解市场现状并进行分析和预判，也可以被监管机构用于观测市场，或作为货币政策的中介指标，同时也可以成为专家学者研究讨论的重要市场指标。但目前由于票据制度落后等因素的制约，票据价格指数的代表性和权威性受到一定程度的影响，作用也难以发挥到最大，因此本文根据实际和现有的研究成果提出完善票据市场的相关建议，以进一步释放票据价格指数的真正作用。

（一）尝试票据衍生产品，提高市场有效性

随着票据市场的发展，常规票据产品将无法满足市场的需求，因此可以对票据业务证券化、票据远期、票据期权、票据期货等衍生产品进行尝试和试验，通过市场套利机制优化价格发现功能，提高市场有效性。

（二）建立做市商机制，提高市场流动性

做市商的重要作用之一就是每天对市场进行买入和卖出报价，从而形成市场利率的上下限，促进市场有效价格的形成。同时也为市场提供流动性，特别是在市场异常的情况下可以满足最基本的交易需求，保证市场的正常运行和市场价格的连续性。

（三）尝试融资性票据，丰富市场交易产品

目前《票据法》规定票据必须具有真实贸易背景，这与票据已经逐渐演变成一种融资工具的趋势不相适应，应该面对票据市场发展的现实，对融资性票据进行试点，在试点成熟后可以进一步修改《票据法》的相关规定。

（四）增加票据市场参与主体，认可并规范票据中介机构的发展

票据中介机构能够提升市场活跃程度并提高票据融资效率，但法律的缺位导致票据中介机构一直游走在灰色地带，建议尝试对票据中介机构明确法律身份和行业标准，丰富票据市场参与主体。

（五）票据价格指数编制和发布的建议

票据价格指数可以为每天编制和发布，在编制使用时，可以分三个阶段进行：第一阶段为指数核证阶段；第二阶段为指数试运行阶段；第三阶段为正式发布运行阶段，即通过官方网站、媒体等途径正式对外发布。

2023年中国票据发展指数达到21371点

——中国票据发展指数的构建与应用分析

肖小和　李紫薇　徐　言

摘　要：为了有效衡量和反映我国票据市场发展状况与结构变化情况，本文运用主成分分析法创造性地构建了中国票据发展指数及中国票据生态指数、中国票据金融指数、中国票据价格指数、中国票据创新指数、中国票据风险指数等二级指数。随着近年来我国经济金融环境的不断改善，中国票据发展指数在2015年末达到了12778点，相比基期增长了近12倍，年均增长率超过21%；2016—2017年，受票据风险事件频发、监管趋严以及金融去杠杆等因素影响，票据市场回归理性发展，中国票据发展指数有所回落；2018年，为了应对经济下行压力，政策环境趋于宽松，票据业务恢复增长，中国票据发展指数达到13699点；2019年，在国内外风险挑战明显上升的复杂局面下，中国经济总体平稳，票据市场稳步增长，票据支持实体经济功能进一步强化，中国票据发展指数达到14039点；2020年，面对新冠疫情带来的巨大冲击，在各方共同努力下，全国复工复产稳步推进，票据市场也迅速恢复正常运行，对传导货币政策、推动宏观经济企稳起到了重要推动作用，2020年票据利率中枢整体下移，充分发挥支持实体经济的作用，票据融资成本进一步下降，中国票据发展指数持续增长至15292点。2021—2022年，我国票据市场运行总体平稳，业务总量稳中有升，在“稳字当头”的总基调下，票据利率进一步下行，票据融资成本进一步下降，加上商业汇票信息披露规则全面实行，新一代票据业务系统顺利投产，商业承兑汇票发展迎来了新的契机，票据服务实体经济的能力进一步凸显，中国票据发展指数快速上升至17976点，同比增长965点。2023年，票据市场持续稳健发展，各项业务同比增长，票据利率保持低位，在支持实体经济回升向好、促进中小微企业稳健发展等方面发挥了积极的作用，中国票据发展指数上升至21371点。

关键词：票据　发展指数　主成分分析

一、票据市场概述

商业汇票（以下简称票据）是指由付款人签发，由承兑人承兑，并于到期日向收款人或被背书人支付款项的一种票据。21 世纪以来，票据市场发展迅速，2015 年全国金融机构商业汇票累计承兑量和累计贴现量分别为 22.4 万亿元和 102.1 万亿元，相比 2001 年分别增长 17.5 倍和 55.8 倍，年均增速分别达到 22.7%和 33.3%；2016 年和 2017 年，受票据风险事件频发、监管趋严以及金融去杠杆等因素影响，票据市场回归理性发展，全国金融机构商业汇票累计承兑量分别为 18.1 万亿元和 14.63 万亿元，同比分别回落 19.2%和 19.17%；累计贴现量分别为 84.5 万亿元和 59.34 万亿元，同比分别回落 17.2%和 29.78%；2018 年，票据业务进入恢复性增长阶段，累计承兑量和累计贴现量分别为 18.27 万亿元和 9.94 万亿元①，同比分别增长 24.84%和 38.83%；2019—2023 年，票据市场持续稳定增长，2023 年累计签发商业汇票 31.4 万亿元，累计贴现 62.6 万亿元，分别较 2022 年增长 14.6%和 16.1%。

票据作为一种重要的支付结算和投融资工具，其快速发展对我国经济金融的发展具有极大的推动作用。

（1）票据作为经济贸易往来中的一种主要支付结算工具，特别是银行承兑汇票兼具信用增级、延期支付和背书转让三大优点，为加快商品流通和资金周转提供了极大的便利和支持。2023 年，票据承兑余额为 17.1 万亿元，相比 2001 年增长了 33.5 倍。

（2）票据业务可以为实体经济特别是中小企业提供便捷的融资渠道和低成本资金，降低企业融资成本，有效扶持企业发展壮大。票据贴现与普通贷款相比融资成本往往较低，且流程简单、获得资金周期短，特别是对于信用等级相对较低的中小企业，银行承兑汇票所具有的银行信用、放款速度快等特点，对解决我国中小企业融资难问题具有得天独厚的优势和作用。2023 年，全市场用票企业家数约为 320 万户②，其中，签发票据的中小微企业为 21.3 万家，占全部签票企业的 93.1%，中小微企业签票发生额为 20.7 万亿元，占全部签票发生额的 65.9%；贴现的中小微企业达 32.0 万家，占全部贴现企业的 96.5%，贴现发生额为 17.5 万亿元，占全部贴现发

① 《2018 年第四季度中国货币政策执行报告》未公布票据累计承兑与贴现数据，本文引用上海票据交易所《2018 年票据市场运行情况》中的累计承兑和贴现数据，此贴现数据仅指直贴业务。

② 资料来源：上海票据交易所《上海票据交易所 2023 年工作回顾》。

生额的 73.6%，票据服务实体经济质效进一步提升。①

（3）票据业务是银行业优化资产负债结构、加强流动性管理、提高收益的一个重要手段。票据资产兼具资金和信贷属性，且具有较好的流动性，成为调节银行信贷规模和管理流动性的主要工具之一。票据承兑业务和贴现业务可以为银行带来承兑保证金存款和贴现资金留存，为银行主动增加存款提供抓手。票据业务还可以给银行带来承兑手续费中间业务收入、贴现利息收入、转贴现利差收入、回购利率收入以及再贴现低成本资金，为银行扩盈增效、调整收入结构开辟新路径。

（4）票据资产逐渐成为投资和交易的重要标的。票据资产风险相对较低、收益可观，逐渐成为理财产品和资管产品重要的基础资产，从而银行、信托、基金、证券公司、财务公司以及企业、个人均直接或间接参与票据资产投资链条。为了规范标准化票据融资机制，更好地服务中小企业融资和供应链金融发展，中国人民银行出台《标准化票据管理办法》，该办法于 2020 年 7 月 28 日正式实施。截至 2020 年末，共有 16 家金融机构创设发行标准化票据 58 只，总规模达到 61.73 亿元。随着票据市场的深化发展和多元化参与主体的参与，票据资产的交易功能不断增强，票据经营模式也从持有生息为主向持有与交易获利转变，市场流动性进一步提高，票据交易也逐渐成为货币市场重要的交易类型。银发〔2016〕224 号文进一步放开了票据市场参与主体，证券、资管产品等非银行金融机构均可参与票据交易，2023 年票据交易量达到 104.9 万亿元，同比增长 19.1%。

（5）票据的调控功能进一步深化。票据再贴现业务是中央银行传统的三大货币政策工具之一，兼具数量型和价格型双重优势，可以调控市场资金面、调节信贷投向、引导市场预期，也是定向支持民营、小微、绿色、创新等国家鼓励性领域、促进实体经济发展最直接、最有效的途径。2023 年，中国人民银行运用支农支小再贷款、再贴现引导地方法人金融机构扩大对涉农、小微和民营企业的信贷投放，年末再贴现余额为 5920 亿元。随着我国经济从高速增长向高质量增长转变，货币政策对精准有效的要求不断提高，票据再贴现的调控功能将进一步深化。票据除了再贴现调控功能外，在贴现、转贴现及回购业务上也随着市场发展和业务发展及利率变化，具有阶段性的调控作用，从近几年票据利率的一些阶段性变化中就可以明白其中的道理。

① 资料来源：中国人民银行《2023 年金融市场运行情况》。

因此，我们有理由相信，随着票据市场稳健规范发展，未来对我国调整经济结构，服务实体经济，解决民营、小微企业融资难融资贵问题，提高金融效率，深化金融改革，必将发挥更为独特的作用。

二、中国票据发展指数的概念及意义

中国票据发展指数是通过对系列指标体系进行数量处理而构建出的一个旨在反映我国票据市场发展状况与结构变化情况的指数。它至少包括中国票据生态指数、中国票据金融指数、中国票据价格指数、中国票据创新指数和中国票据风险指数等二级指数。

构建中国票据发展指数的主要意义在于以下几点：一是可以量化我国票据市场的发展水平，科学合理地划分发展阶段，研究和评价历史发展轨迹，进而规划市场未来发展方向并制定相应政策；二是票据业务对经济增长特别是中小企业融资具有重要作用，中国票据生态指数可以准确判断全国以及各个地区票据发展对经济的影响程度，以制定适合经济发展要求和区域发展特点的票据发展战略；三是票据市场作为市场化时间最早、程度最高的金融市场子市场之一，其活跃程度和参与度都已经成为货币市场乃至金融市场重要的组成部分，中国票据金融指数能够衡量票据市场化程度，以此判断金融市场化进程，从而为进一步推进票据市场化和金融体制改革提供理论依据；四是中国票据价格指数够衡量票据市场利率的总体走势，既可以成为市场参与者判断当前市场价位以及未来走向的依据，也能为政策制定者或研究者提供市场资金、规模紧缺与否的参考；五是票据市场的活跃度高，新产品新业务层出不穷，同时监管政策也频频出台，创新与监管的博弈较为激烈，中国票据创新指数既可以测量票据市场的创新程度和创新冲动，又能使监管机构清楚了解市场发展和创新情况，从而制定科学合理的监管政策，引导票据创新走上健康可持续发展之路；六是票据的流动性较强，市场的参与主体多样，涵盖了企业、银行、财务公司、信托等，中国票据风险指数通过测度票据市场的风险因素，综合反映市场的信用风险、欺诈风险等状况，能够前瞻性地预判部分系统性风险。

三、中国票据发展指数的构建及实证分析

（一）中国票据生态指数

该指数用来衡量我国实体经济增长情况以及票据对实体经济的支持作用，因此选择了国内生产总值（*GDP*）、社会融资规模（*SHR*）以及承兑余

额（*CY*）、票据累计承兑量（*LC*）、贴现余额（*TY*）、累计贴现量（*LT*）共6个变量。

本文采用主成分分析方法构建中国票据生态指数模型，并进行实证分析。主成分分析是利用降维的思想，将众多指标转化为一个或几个综合指标的多元统计分析方法。综合指标不仅保留了原始变量的主要信息，而且去除了彼此之间的相关部分，可以去粗取精，非常适合用于指数的构建。具体步骤如下。

1. 数据选取

考虑到数据的可得性和统一性，我们选择2002—2023年的GDP和票据年度数据，共有22期。进行主成分分析必须进行标准化处理，即

$$X_{ij}^{*}=\frac{X_{ij}-\bar{X}_{j}}{S_{ij}},\ i=1,\ 2,\ \cdots,\ 22;\ j=1,\ 2,\ \cdots,\ 6$$

其中，X_{ij}^{*} 表示第 i 期第 j 个指标的标准化值，$\bar{X}_{j}$ 和 S_{j} 分别表示第 j 个指标的平均值和标准差。进行标准化处理后每个变量的平均值为零，方差为1，以消除由于量纲的不同而带来的一些不合理的影响。

2. 数据检验

对变量进行相关性观察及KMO和Bartlett的检验（见表1），可以看出票据市场交易情况与GDP之间存在很高的相关性，且KMO和Bartlett的检验值均符合主成分分析的标准。

表1　票据市场与实体经济相关性矩阵

变量	*CY*	*LC*	*TY*	*LT*	*GDP*	*SHR*
CY	1.0000	0.9534	0.8535	0.7385	0.9682	0.9526
LC	0.9534	1.0000	0.7206	0.7993	0.8838	0.8603
TY	0.8535	0.7206	1.0000	0.5638	0.9213	0.8742
LT	0.7385	0.7993	0.5638	1.0000	0.6825	0.5927
GDP	0.9682	0.8838	0.9213	0.6825	1.0000	0.9460
SHR	0.9526	0.8603	0.8742	0.5927	0.9460	1.0000
KMO和Bartlett的检验						
取样足够度的Kaiser-Meyer-Olkin度量						0.8344
Bartlett的球形度检验					近似卡方	176.5236
					Df	15
					Sig.	0.0000

3. 主成分分析

通过 SPSS 软件对承兑余额（CY）、票据累计承兑量（LC）、累计贴现量（LT）和 GDP、社会融资规模（SHR）进行主成分分析，结果显示第一主成分的方差提取率（累计贡献率）达到 90.31%，可根据因子载荷矩阵计算出各标准变量的权重系数，由此计算出标准化的中国票据生态指数（BEI^*）。

BEI_j^*（标准化）$= 0.421CY_j^* + 0.4245LC_j^* + 0.3288TY_j^* + 0.4224LT_j^* + 0.424GDP_j^* + 0.4199SHR_j^*$

根据变量的平均值和标准差进行还原得到

BEI_j^*（标准化）$= -4.1088 + 0.1488CY_j + 0.0681LC_j + 0.6136TY_j + 0.0314LT_j + 0.0275GDP_j + 0.0728SHR_j$

鉴于常规指数均为正数，因此假设将中国票据生态指数（BEI）的基期定为 2002 年，并将基值定为 1000 点，从而得出中国票据生态指数（BEI）的公式为

$$BEI_j = \frac{BEI_j^* + 4.1088}{BEI_1^* + 4.1088} \times 1000$$

$$= \frac{0.1488 \times CY_j + 0.0681 \times LC_j + 0.6136 \times TY_j + 0.0314 \times LT_j + 0.0275 \times GDP_j + 0.0728 \times SHR_j}{0.1488 \times CY_1 + 0.0681 \times LC_1 + 0.6136 \times TY_1 + 0.0314 \times LT_1 + 0.0275 \times GDP_1 + 0.0728 \times SHR_1} \times 1000$$

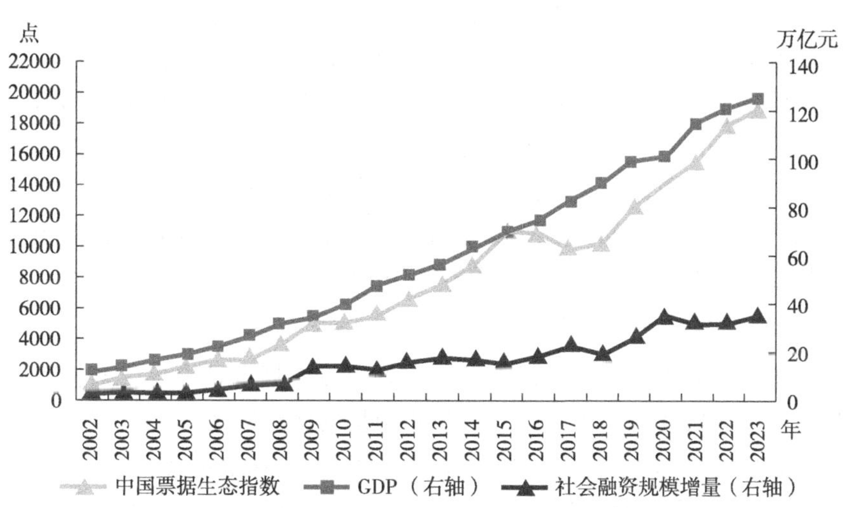

图 1　2002—2023 年中国票据生态指数走势

从图 1 中可以看出，（1）中国票据生态指数和国内生产总值、社会融资规模走势保持较高一致性，它们的相关性都在 0.94 以上，说明中国票据生态指数能够代表票据市场经济环境的变化。（2）中国票据生态指数和国内生产总值的相关系数略高于社会融资规模（0.980>0.941），表明中国票据生态指数反映 GDP 更多一些，因为 GDP 代表我国总体经济情况，是票据

业务的本源，而社会融资规模则代表了金融对实体经济资金支持的总量，涵盖的票据业务主要是新增票据余额和未贴现银行承兑汇票，但二者的量往往较小且不稳定。（3）2002—2015 年，中国票据生态指数和国内生产总值、社会融资规模都在不断走高，表示随着 2002 年以来我国经济的快速增长以及金融支持实体经济力度的加大，票据市场的经济环境不断改善，2015 年达到 11133 点；2016—2017 年，由于我国经济增速转轨，金融去杠杆，票据市场理性回归，中国票据生态指数回落至 9788 点；2018 年，为了应对经济下行压力，政策环境趋于宽松，中国票据生态指数回升至 10259 点；2019 年，在国内外风险挑战明显上升的复杂局面下，中国经济总体平稳，票据市场稳步发展，票据支持实体经济功能进一步强化，中国票据生态指数达到 12508 点；尽管受到了新冠疫情的冲击，但全国上下齐心协力攻克难关，市场流动性较为充裕，随着复工复产的稳步推进，我国经济发展有序恢复，成为 2020 年唯一保持经济正增长的国家，票据市场也迅速恢复正常运行，中国票据生态指数达到 14117 点；2021—2022 年，在新冠疫情散发多发、外部环境不确定的情况下以及经济下行压力下，我国有效实施宏观政策，经济持续稳定恢复、稳中向好，票据市场稳健运行，随着票据市场基础设施的不断完善以及相关法规相继出台，商业汇票信息披露规则正式施行，新一代票据业务系统投产上线，我国票据市场生态环境持续提升，中国票据生态指数达到 17418 点。2023 年，票据新规正式施行，其更强调真实交易关系和债权债务关系，规定了承兑余额及保证金余额比例上限，规范了信息披露制度，票据市场规范性趋严，生态环境进一步提升，中国票据生态指数上升至 19125 点。

（二）中国票据金融指数

该指数用来衡量我国票据市场与金融市场发展的契合度，选择了代表信贷市场的贷款余额（*DY*）和代表货币市场的交易量（*LHB*），以及票据市场的承兑余额（*CY*）、票据累计承兑量（*LC*）、贴现余额（*TY*）、累计贴现量（*LT*），共 6 个变量。仍采用主成分分析方法构建中国票据金融指数模型，数据选取 2002—2023 年的金融市场和票据年度数据，共有 24 期。通过表 2 可以看出，各个变量之间的相关程度都比较高，检验指标也非常适合进行主成分分析和指数的构建。数据处理过程与中国票据生态指数一致，在此不再赘述。通过 SPSS 软件对上述指标进行主成分分析，结果显示第一主成分的方差提取率（累计贡献率）达到 90.87%，可根据因子载荷矩阵计算出各标准变量的权重系数，最终得出中国票据金融指数（*BFI*）的公式为

$$BFI_j = \frac{0.1495 \times CY_j + 0.0683 \times LC_j + 0.5933 \times TY_j + 0.0314 \times LT_j + 0.0213 \times DY_j + 0.0053 \times LHB_j}{0.1495 \times CY_1 + 0.0683 \times LC_1 + 0.5933 \times TY_1 + 0.0314 \times LT_1 + 0.0213 \times DY_1 + 0.0053 \times LHB_1} \times 1000$$

表2　票据市场与金融市场相关性矩阵

<table>
<tr><td>变量</td><td>CY</td><td>LC</td><td>TY</td><td>LT</td><td>DY</td><td>LHB</td></tr>
<tr><td>CY</td><td>1</td><td>0.9534</td><td>0.8535</td><td>0.7385</td><td>0.9438</td><td>0.8820</td></tr>
<tr><td>LC</td><td>0.9534</td><td>1</td><td>0.7206</td><td>0.7993</td><td>0.8284</td><td>0.7432</td></tr>
<tr><td>TY</td><td>0.8535</td><td>0.7206</td><td>1</td><td>0.5638</td><td>0.9538</td><td>0.9783</td></tr>
<tr><td>LT</td><td>0.7385</td><td>0.7993</td><td>0.5638</td><td>1</td><td>0.6176</td><td>0.6146</td></tr>
<tr><td>DY</td><td>0.9438</td><td>0.8284</td><td>0.9538</td><td>0.6176</td><td>1</td><td>0.9799</td></tr>
<tr><td>LHB</td><td>0.8820</td><td>0.7432</td><td>0.9783</td><td>0.6146</td><td>0.9799</td><td>1</td></tr>
<tr><td colspan="7">KMO和Bartlett的检验</td></tr>
<tr><td colspan="6">取样足够度的Kaiser-Meyer-Olkin度量</td><td>0.6567</td></tr>
<tr><td colspan="5" rowspan="3">Bartlett的球形度检验</td><td>近似卡方</td><td>223.4533</td></tr>
<tr><td>Df</td><td>15</td></tr>
<tr><td>Sig.</td><td>0.0000</td></tr>
</table>

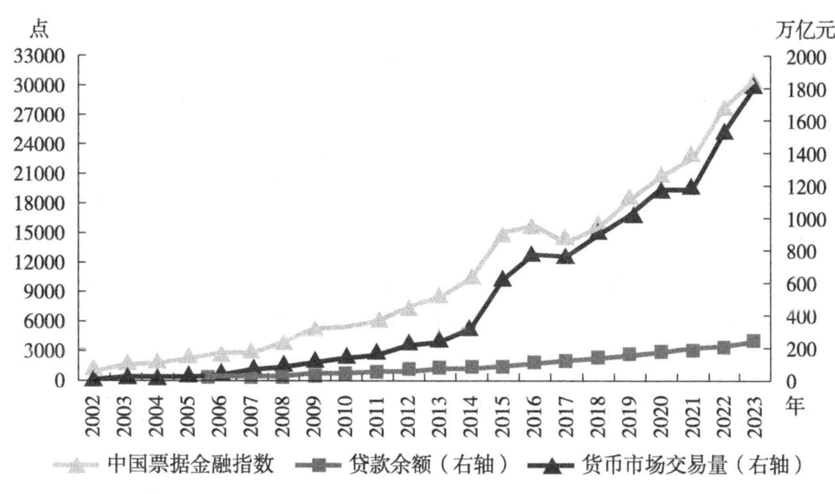

图2　2002—2023年中国票据金融指数走势

同理，鉴于常规指数均为正数，假设将中国票据金融指数（*BFI*）的基期定为2002年，并将基值定为1000点，可得到2002—2023年中国票据金融指数走势，如图2所示。从图2中可以看出，（1）中国票据金融指数与贷款余额、货币市场交易量的走势非常吻合，相关系数都超过了0.97，说明中国票据金融指数可以代表我国金融市场的整体情况。(2) 票据兼具信贷属性和资金属性，中国票据金融指数与贷款余额的相关系数略高于与货币市场交易量的相关系数 (0.983>0.977)，表明票据的信贷调节作用有所增强，票据在企业贷款中发挥的作用进一步提升。(3) 2002—2016 年，中国票据金融指数和贷款余额、货币市场交易量都在不断走高，票据市场的金融环境不断提升，2016 年中国票据金融指数达到 15624 点；随着金融去杠杆和监管强化，2017 年成为金融市场的转折点，货币市场和票据市场交易量均出现下滑，中国票据金融指数相应回落至 14084 点；2018 年，货币政策转向，资金面宽松，金融市场交易活跃，中国票据金融指数回升至 15537 点；2019 年，中国人民银行运用多种货币政策工具加大逆周期调节力度，金融市场交易活跃，信贷结构进一步优化，中国票据金融指数稳步提升至 18394 点；2020 年，中国人民银行保持流动性合理充裕，市场资金面相对宽松，加大信贷支持力度，降低社会综合融资成本，完善结构性货币政策工具体系，精准滴灌，中国票据金融指数增长至 20696 点；2021 年，人民银行综合利用多种货币政策工具保持流动性合理充裕，强调信贷结构调整优化，引导重点领域和薄弱环节信贷投放，持续推动企业综合融资成本稳中有降，中国票据金融指数达到 22511 点；2022 年，中国人民银行两次降低存款准备金率，并综合运用再贷款再贴现、中期借贷便利、公开市场操作等多种方式，短中长期相结合，保持流动性合理充裕，且多次召开货币信贷形势分析会议，引导金融机构加大信贷支持实体经济力度，中国票据金融指数达到 26927 点；2023 年，中国人民银行综合运用降准、再贷款再贴现、中期借贷便利、公开市场操作等方式精准投放流动性，在稳健货币政策的导向下，持续强化逆周期调节和跨周期调节，货币信贷和社会融资规模合理增长，信贷结构不断优化，中国票据金融指数上升至 30578 点。

(三) 中国票据价格指数

该指数用来衡量我国票据价格走势情况和趋势，由于没有官方发布的权威数据，因此选择了“中国票据网”的利率报价加权平均值，分别是转贴买入利率 (*MR*)、转贴卖出利率 (*MC*)、正回购利率 (*ZHG*) 和逆回购利率 (*NHG*)，共 4 个变量[①]。数据选取时间段为相对较全且具有可比性的 2010—2023 年，由于时间短，因此使用季度数，共有 56 期。仍采用主成分

① 2017 年以后使用上海票据交易所发布的数据。

分析方法构建中国票据价格指数模型，通过表 3 可以看出，各个变量之间的相关程度都较高，检验指标（KMO 和 Bartlett 球形度检验）也非常适合进行主成分分析和指数的构建。数据处理过程与上述一致。通过 SPSS 软件对上述指标进行主成分分析，结果显示第一主成分的方差提取率（累计贡献率）达到 92.3325%，根据因子载荷矩阵计算出各标准变量的权重系数，可以得出标准化的中国票据价格指数（BPI^*）。

$$BPI_j^*\text{（标准化）} = 0.4993\,MR_j^* + 0.5076\,MC_j^* + 0.4797\,ZHG_j^* + 0.5128\,NHG_j^*$$

根据变量的平均值和标准差进行还原得到

$$BPI_j^*\text{（标准化）} = -6.9087 + 27.2008MR_j + 29.4656MC_j + 42.1583ZHG_j + 41.0791NHG_j$$

鉴于常规指数均为正数，因此假设将中国票据价格指数（BPI）的基期定为 2010 年第一季度，并将基值定为 1000 点，从而得出中国票据价格指数（BPI）的公式为：

$$BPI_j = \frac{BPI_j^* + 6.9087}{BPI_1^* + 6.9087} \times 1000$$

$$= \frac{27.2008 \times MR_j + 29.4656 \times MC_j + 42.1583 \times ZHG_j + 41.0791 \times NHG_j}{27.2008 \times MR_1 + 29.4656 \times MC_1 + 42.1583 \times ZHG_1 + 41.0791 \times NHG_1} \times 1000$$

表 3　票据价格相关性矩阵

变量	*MR*	*MC*	*ZHG*	*NHG*
MR	1	0.9908	0.8512	0.8941
MC	0.9908	1	0.8614	0.8893
ZHG	0.8512	0.8614	1	0.9698
NHG	0.8941	0.8893	0.9698	1
KMO 和 Bartlett 的检验				
取样足够度的 Kaiser-Meyer-Olkin 度量				0.6618
Bartlett 的球形度检验			近似卡方	353.9495
			Df	6
			Sig.	0.0000

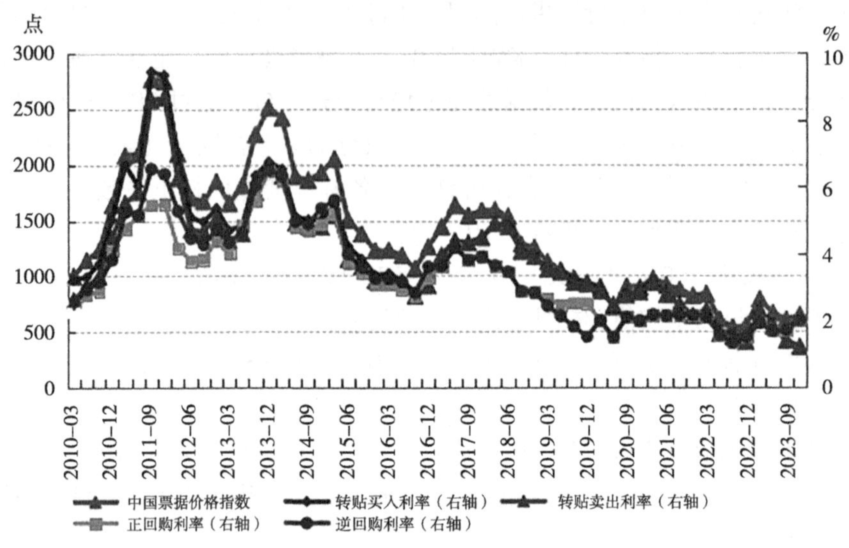

图3　2010—2023年中国票据价格指数走势

从图3中可以看出，（1）2010—2023年，中国票据价格指数与票据市场利率走势基本保持一致，相关性均在0.96以上，说明中国票据价格指数能够代表票据价格的整体走势。（2）中国票据价格指数与逆回购利率契合程度最高，二者的相关性达到0.9825，回购是纯资金业务，而转贴现还包含信贷的因素，与票据价格受资金因素影响更明显的特点相符。（3）2015—2016年，在全球量化宽松和我国保增长政策背景下，中国票据价格指数不断走低；随着宏观政策逐渐收紧，2017年，中国票据价格指数有所回升；2018年，政策环境趋于宽松，中国票据价格指数开始回落；2019年，政策环境较为宽松，加大逆周期调节、结构调整和改革的力度，以进一步降低企业融资成本，中国票据价格指数持续走低；面对新冠疫情造成的冲击，2020年第一季度以来，中国人民银行多次下调存款准备金率，向市场投放流动性，加大信贷投放力度，运用改革的方法疏通货币政策传导，以进一步降低企业融资成本，市场资金面较为宽松，中国票据价格指数迅速回落；虽然第三季度中国票据价格指数有所回升，但整体处于低位震荡的状态，第四季度中国票据价格指数回落至891点；2021年以来，无论是资金面还是信贷规模都稳定偏宽松，引导票据价格快速回落，2022年中国票据价格指数回落至552点；2023年，全市场资金面保持合理充裕，信贷投放合理增长，中国票据价格指数小幅回升至645点。

（四）中国票据创新指数

该指数用来衡量我国票据业务和产品的创新情况，可以从票据业务和产品的创新数量、交易量、总收入以及在票据传统业务中的占比等维度进行测评。中国票据创新指数可以反映不同时期票据市场的活力以及未来的发展趋势和持久力，同时也可以成为监管机构出台政策的依据和效果反映指标。但由于目前这几个指标均没有公开的官方统计数据以及其他权威性较强的替代数据，因此此处仅提出相关想法供探讨和完善，当然，监管机构建立票据创新统计制度体系及系统之后也可以取得。

（五）中国票据风险指数

该指数从票据承兑垫款率、票据贴现逾期率、票据案件发生率、票据资金损失率等维度进行评估，用来衡量我国票据市场的综合风险状况，可以成为祟据经营机构把控风险、制定经营策略的重要参考指标。但是，目前这些指标难以搜集到适合的数据，票据承兑垫款率只有 2007—2009 年的季度数，缺少最新数据，据典型调查大致在 0.15%与 0.25%之间，但不够准确，因此此处仅提出相关想法供探讨和完善，当然如果监管机构能建立票据风险统计制度和相关系统即可公开发布。

（六）中国票据发展指数

该指数用来衡量我国票据市场发展的总体情况，选择了代表票据市场的承兑余额（*CY*）、票据累计承兑量（*LC*）、贴现余额（*TY*）、累计贴现量（*LT*）、转贴买入利率（*MR*）、转贴卖出利率（*MC*）、正回购利率（*ZHG*）、逆回购利率（*NHG*）和未贴现银行承兑汇票（*WYC*），代表实体经济方面的 *GDP*、社会融资规模（*SHR*），代表金融方面的贷款余额（*DY*），代表货币市场的交易量（*LHB*），代表创新方面的票据理财产品占比（*PLC*），代表风险方面的票据承兑垫款率（*PCD*），共 15 个指标，虽然票据理财产品占比和票据承兑垫款率不能完全代表票据创新和风险情况，但限于公开可得数据考虑将其纳入指标体系。数据选择 2003—2023 年的季度数，共有 84 期数据，但由于票据理财产品占比和票据承兑垫款率数据的限制，实际自由度只有 17 个。对上述数据运用主成分分析方法进行计算，结果显示存在三个主成分，累计贡献率达到 89.11%。通过合并转化计算综合主成分，即中国票据发展指数（*BDI*）。鉴于常规指数均为正数，假设将中国票据发展指数的基期定为 2003 年第一季度，并将基值定为 1000 点，得到 2003—2023 年各季度中国票据发展指数走势，如图 4 所示。

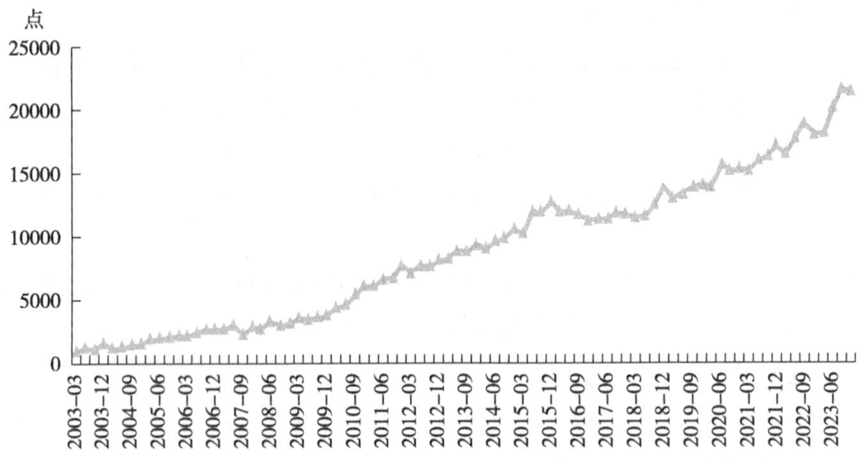

图 4　2003—2023 年中国票据发展指数走势

通过分析可知，（1）随着近年来我国经济金融环境的不断改善，票据市场得到了迅猛发展，中国票据发展指数在 2023 年末达到了 21371 点，相比基期增长了近 21 倍，年均增长率超过 101.9%。（2）中国票据发展指数存在明显的周期性波动，即年末迅速升高、年初回落的特点，这与 GDP 等经济金融指标存在周期性变化是相一致的。（3）构建的指标中与中国票据发展指数相关性较高的有票据承兑余额、票据累计承兑量、累计贴现量、*GDP*、贷款余额、货币市场的交易量、票据理财产品占比和票据承兑垫款率，而票据利率与中国票据发展指数的相关程度相对较低，这主要是因为票据利率多跟市场资金、信贷规模等资源有关，跟票据市场发展阶段和发展程度的关系相对较小。（4）与中国票据发展指数负相关的指标只有票据承兑垫款率和贴现余额，前者是因为票据市场的发展与风险的发生比例往往成反比，后者主要是因为票据贴现余额作为信贷调节工具受宏观政策影响巨大。

四、中国票据发展指数的应用

（一）区域票据发展指数的构建

中国票据发展指数除了可以用来衡量我国票据市场总体发展状况以外，也能够借鉴用来编制全国各个省市的区域票据发展指数，从而比较各地区票据市场的发展情况，进而有利于地方监管机构出台适合区域特色的票据发展政策，也方便各类型、各地区的市场参与主体制定相适应的经营策略、设计适销对路的票据产品。由于区域性数据比全国性更少，因此本文选择了承兑余额、承兑发生额、贴现余额、贴现发生额、GDP和贷款余额六个指标，并假设2006年全国平均水平为基值，同样运用主成分分析法得出2006—2022年全国31个省、自治区和直辖市（香港、澳门、台湾地区除外）票据发展指数，如表4所示①。

① 2016年、2017年、2018年、2019年、2020年、2021年和2022年海南省相关票据数据未公布，本文引用2015年数据来计算相应年份的票据发展指数。2022年天津市相关票据数据未公布，本文引用2021年数据来计算票据发展指数。2020年、2021年和2022年贵州省相关票据数据未公布，本文引用2019年数据来计算相应年份的票据发展指数。2018年、2019年、2020年《山东省金融运行报告》未公布票据承兑余额、承兑发生额、贴现余额、贴现发生额数据，本文引用山东省2017年相关数据来计算相应年份的票据发展指数。2018年、2019年、2020年和2021年《天津市金融运行报告》未公布票据承兑余额、承兑发生额、贴现余额、贴现发生额数据，本文引用天津市2017年相关数据来计算相应年份的票据发展指数。2019年、2020年上海市相关票据数据未公布，本文引用2018年数据来计算相应年份的票据发展指数。2019年、2020年、2021年西藏自治区相关票据数据未公布，本文引用2018年数据来计算相应年份的票据发展指数。2019年湖南省相关票据数据未公布，本文引用2018年数据来计算票据发展指数。2020年和2021年新疆维吾尔自治区相关票据数据未公布，本文引用2019年数据来计算相应年份的票据发展指数。

表 4　2006—2022 年中国各地区票据发展指数

地区	2006 年	2007 年	2008 年	2009 年	2010 年	2011 年	2012 年	2013 年	2014 年	2015 年	2016 年	2017 年	2018 年	2019 年	2020 年	2021 年	2022 年
全国平均	1000	1795	1822	1925	1902	1969	2064	2010	1985	1882	1907	1913	2030	2301	1901	2147	2540
广东	3478	5539	5319	5760	5349	5853	6085	6207	6437	5276	5604	6529	6659	7162	7809	8627	9924
江苏	3272	5607	5734	5356	6132	6420	7088	7252	7167	6695	6515	6001	6983	8328	6778	7627	9243
浙江	2561	5753	5868	5873	5590	5470	5464	4981	4999	5309	4873	4475	5481	6630	4603	6100	7929
山东	2808	4804	4687	4958	4677	4885	5269	5220	5108	4820	5077	4444	4568	4586	3627	4860	5606
河南	1235	2328	1522	3291	3568	3132	2258	2224	2212	2181	1902	2833	2598	3415	2711	2785	3179
上海	2504	4261	4795	4439	3362	3478	3396	3557	3666	2779	2129	2668	3428	3588	2667	3237	3797
北京	1701	2738	2871	2886	2802	2744	2764	2615	2615	2614	2732	2654	2792	4592	3319	3242	3674
辽宁	1451	2587	2614	2928	2600	2554	2707	2720	2540	2583	3019	2542	3092	3106	2357	2336	2337
河北	1205	1914	1781	1996	2040	2142	2227	2414	2390	2420	3684	2373	2082	2298	1878	1989	2498
湖北	857	1631	1104	1381	1268	1519	1617	1997	1950	2036	2137	1962	2063	2518	2038	2199	2567
四川	1044	1815	1687	1912	2041	2018	2240	2162	2031	1923	2448	1836	2010	2244	1898	2136	2650
福建	770	1546	1544	1707	1777	2056	2155	2192	2179	1769	1957	1738	2533	2650	2238	2479	3187
重庆	772	1387	1402	1770	1543	1635	1905	1981	1976	1858	1678	1569	1653	2278	1427	1600	1996
安徽	632	1155	2773	1802	1746	1741	1916	1701	1675	1568	1590	1538	1683	2180	1707	1921	2298
陕西	507	1066	1092	1148	1109	1156	1159	1171	1172	1327	1268	1449	1681	1888	1430	1534	1970
山西	701	1088	941	930	1080	1304	1357	1645	1273	1127	1249	1376	1857	1252	1392	1575	1638
内蒙古	376	795	790	819	930	1034	1019	1087	1057	984	1121	1331	1289	1090	762	867	1055

续表

地区	2006 年	2007 年	2008 年	2009 年	2010 年	2011 年	2012 年	2013 年	2014 年	2015 年	2016 年	2017 年	2018 年	2019 年	2020 年	2021 年	2022 年
天津	635	1182	1266	1491	1660	1791	2015	2026	1864	1741	1469	1323	1346	1305	1013	1084	1067
湖南	562	1095	153	714	920	847	960	1423	1470	1199	1367	1288	1277	1373	1473	1715	2111
江西	405	767	766	877	968	1090	1114	1122	1185	1438	1037	1141	1089	1621	1388	1670	2026
云南	427	857	814	882	864	909	1018	1135	1022	913	926	1027	1247	908	1183	1388	1628
广西	312	617	1044	193	174	203	218	867	982	970	713	786	932	1104	991	1080	1233
新疆	282	515	480	536	734	591	682	763	707	731	893	732	753	1053	798	844	1015
吉林	334	665	772	766	751	936	1267	1072	961	1157	845	729	693	713	636	610	808
黑龙江	529	898	911	934	875	912	1055	909	716	884	962	672	715	794	658	647	737
贵州	196	397	370	403	456	481	517	628	707	631	510	601	572	701	603	651	691
甘肃	223	370	662	451	404	468	541	534	642	583	487	502	524	557	545	580	682
西藏	0	0	0	0	0	0	0	38	68	39	32	437	97	102	81	84	184
宁夏	94	186	178	206	228	283	292	285	298	267	317	371	425	415	311	334	353
青海	45	120	107	119	153	179	186	203	221	216	270	327	306	354	266	387	272
海南	82	156	623	1223	1256	1243	1437	192	258	304	291	404	491	514	353	369	377

1. 全国各地区历年的票据发展指数

全国各地区历年的票据发展指数如表 4 所示，我国的票据发展水平总体上呈现提高的趋势，特别是广东、江苏、浙江、山东、福建等地上升幅度较大，但是受新冠疫情影响，区域票据发展指数整体回落。随着后疫情时代企业复工复产，经济回升向好，2022 年区域票据发展指数有所回升。

2. 全国各地区票据发展指数的分析

2006—2022 年全国各地区票据发展指数的差距情况如表 5 所示，从中可以看出，全国各地区全距与标准差正在逐步增大，极差由 2006 年的 3433 点增加到 2022 年的 9740 点，标准差由 2006 年的 974 点增加到 2022 年的 2491 点。票据发展状况在不同维度上并不均衡，地区之间的差距正在逐步加大，东部经济发达地区的票据发展指数明显高于西部欠发达地区，形成东西部之间较为明显的区域差异，即一个地区票据市场的发展情况基本与该地区的经济总量和贷款总规模是相一致的。同时，我们也发现近几年中部地区票据市场的增长速度较快，经济发达的东部地区增长速度反而较慢，这与我国整体经济结构调整、中西部经济金融发展速度加快是相辅相成的。

表 5 2006—2022 年全国各地区票据发展指数差距情况

年份	地区数	极小值	极大值	全距	均值	标准差
2006	30	45	3478	3433	1000	974
2007	30	120	5753	5633	1795	1700
2008	30	107	5868	5761	1822	1731
2009	30	119	5873	5754	1925	1731
2010	30	153	6132	5979	1902	1666
2011	30	179	6420	6241	1969	1702
2012	30	186	7088	6902	2064	1768
2013	31	38	7252	7214	2010	1769
2014	31	68	7167	7099	1985	1776
2015	31	39	6695	6656	1882	1622
2016	31	32	6515	6483	1907	1661
2017	31	327	6529	6202	1860	1585
2018	31	97	6983	6886	2030	1774
2019	31	102	8328	8226	2301	2071

续表

年份	地区数	极小值	极大值	全距	均值	标准差
2020	31	81	7809	7728	1901	1789
2021	31	84	8627	8543	2147	2071
2022	31	184	9924	9740	2540	2491

（二）区域票据发展指数的聚类分析

本文采用聚类分析方法对我国各地区历年的票据发展指数进行归类，通过对输出结果的分析，按照地区来确定票据发展指数的类别，并研究票据发展指数对各个地区的影响。

在聚类方法上，选择组间连接法，即当两类合并为一类后，所有的两两项之间的平均距离最小。同时，运用标准差标准化方法（Z-scores），把数值标准化到Z分布，标准化后变量均值为0，标准差为1。最后，输出结果的树状聚类图如图5所示。由图5可以看出，全国各地区可以明显分为3大类。

第一类：广东、浙江、江苏、山东。这四个省市在GDP和贷款规模上均是全国前列，它们的共同特点主要是东南沿海地区经济发达，企业贸易结算和融资需求旺盛，票据资源和金融资源丰富，市场交易活跃，创新能力强，因此该地区从票据承兑、银行直贴到金融机构的转贴现都很活跃，因此票据发展指数在全国遥遥领先。

第二类：河南、福建、北京、上海、辽宁、安徽、河北、湖北、四川、山西、云南、重庆、山西、江西、湖南。这些地区属于经济金融发展第二梯队，经济基础相对较好，金融活跃度相对较高，票据在企业间的支付结算需求和金融机构间的周转融资需求均较为旺盛，因此这些地区各类票据业务均处在全国的中上游。

第三类：海南、宁夏、西藏、青海、贵州、甘肃、黑龙江、吉林、天津、内蒙古、新疆、广西。这些省份大多位于中西部地区和东北地区，经济总量和金融资源存量不及一二梯队省份，票源较为稀缺，参与主体相对较少，投入票据市场的金融资源也不足，票据市场发展相对落后。

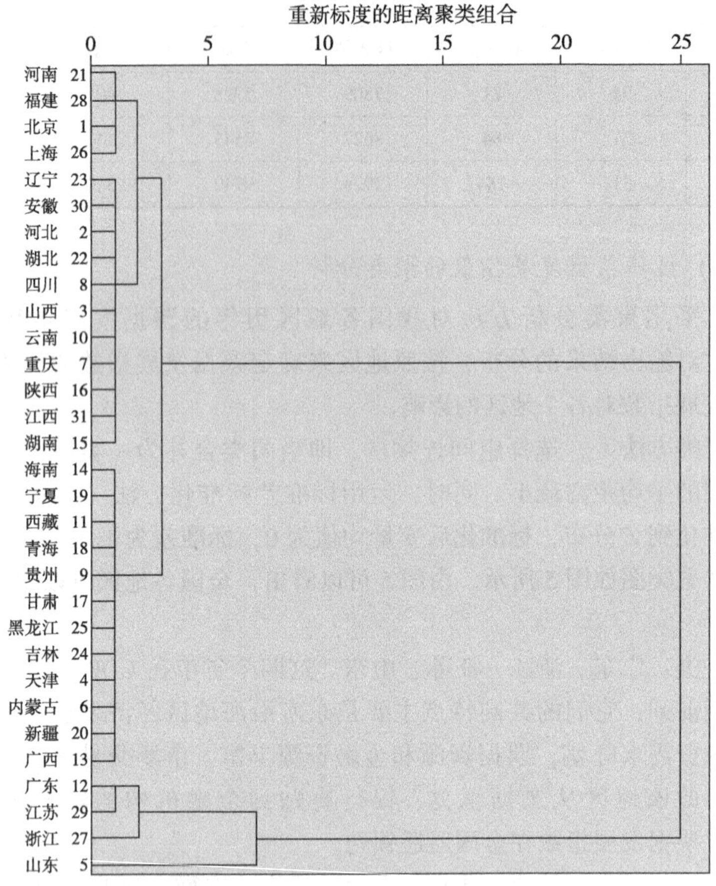

图 5　使用平均连接（组间）的谱系图

参考文献

[1] 中国人民银行货币政策分析小组．历年中国区域金融运行报告［M］．北京：中国金融出版社．

[2] 上海票据交易所．2021 年票据市场发展回顾［EB/OL］．上海票据交易所官网．

[3] 雷宏．金融发展指数构建与中国金融市场化进程评价［J］．中北大学学报（社会科学版），2007（6）．

[4] 曹颢，尤建新，卢锐，陈海洋．我国科技金融发展指数实证研究［J］．中国管理科学，2011（3）．

江西2023年社融与GDP分析及建议

肖小和　李紫薇

一、江西社融基本情况分析

面对错综复杂的国内外形势，江西省经济回升向好，2023年全省地区生产总值达到32200亿元，按不变价格计算，同比增长4.1%，占全国GDP的比重为2.6%。社会融资规模增量为9354亿元，占全国的比重为2.6%①；新增人民币贷款5223亿元，占全国的比重为2.4%；新增外币贷款23亿元，占比-1.0%；委托贷款增量为28亿元，占比14.1%；信托贷款增量为-73亿元，占比-4.6%；未贴现银行承兑汇票增量为338亿元，占比-19.0%；企业债券增量为1192亿元，占比7.3%；政府债券增量为1844亿元，占比1.9%；非金融企业境内股票融资增量为165亿元，占比2.1%②。截至2023年12月末，江西金融机构本外币各项贷款余额为58049亿元，各项存款余额为58038亿元，存贷比高达100.0%，高出全国存贷比16.4个百分点③。2023年江西社融增量、委托贷款增量、企业债券增量的全国占比高于GDP，尤其是在存款资金来源不足，即存贷比高出全国平均水平16.4个百分点的情况下，仍然积极支持信贷投放，促进经济高质量发展，可见江西金融支持经济发展力度空前。

在社融增速方面，2023年江西社融同比增速略高于广东、浙江，主要体现在债券融资的拉动上，社融占GDP的比重达29%，高于全国和广东占比。2023年江西企业债券增量达到1192亿元，同比增长50.3%，远高于浙江（15.4%）、广东（-125.2%）以及全国平均水平（-20.9%）；政府债券增量为1844亿元，与2022年基本持平。然而，在本外币贷款、股票融资、未贴现银行承兑汇票、委托贷款、信托贷款方面均出现了不同程度的负增

① 资料来源：国家统计局。

② 资料来源：中国人民银行。

③ 资料来源：中国人民银行南昌中心支行。

长。值得注意的是，2023 年江西票据承兑量为 6327.6 亿元，同比增长 22.2%[①]，结合未贴现银行承兑汇票增量同比下降 212.3%，表明 2023 年江西贴现融资增加，票据支持实体经济的能力进一步提升。

① 资料来源：上海票据交易所“票信宝”。

表1　2023年江西等地社融情况

单位：亿元

地区	GDP	社会融资规模增量	人民币贷款增量	外币贷款增量	委托贷款增量	信托贷款增量	未贴现银行承兑汇票增量	企业债券增量	政府债券增量	非金融企业境内股票融资增量
江西	32200	9354	5223	23	28	-73	338	1192	1844	165
浙江	82553	37305	26902	-205	214	-137	1092	4048	2718	1120
广东	135673	31350	22832	424	94	-535	-57	-469	4710	1244
三省合计	250426	78009	54957	242	336	-745	1373	4771	9272	2529
全国	1260582	355779	222242	-2205	199	1575	-1783	16230	96045	7931
江西的全国占比	2.6%	2.6%	2.4%	-1.0%	14.1%	-4.6%	-19.0%	7.3%	1.9%	2.1%
浙江的全国占比	6.5%	10.5%	12.1%	9.3%	107.5%	-8.7%	-61.2%	24.9%	2.8%	14.1%
广东的全国占比	10.8%	8.8%	10.3%	-19.2%	47.2%	-34.0%	3.2%	-2.9%	4.9%	15.7%
三省占比	19.9%	21.9%	24.7%	-11.0%	168.8%	-47.3%	-77.0%	29.4%	9.7%	31.9%

资料来源：中国人民银行。

表2　2023年江西等地社融增量与GDP对比分析

地区	社会融资规模增量/GDP	人民币贷款/GDP	外币贷款/GDP	委托贷款/GDP	信托贷款/GDP	未贴现银行承兑汇票/GDP	企业债券/GDP	政府债券/GDP	非金融企业境内股票融资/GDP
江西	29.0%	16.2%	0.1%	0.1%	-0.2%	1.0%	3.7%	5.7%	0.5%
浙江	45.2%	32.6%	-0.2%	0.3%	-0.2%	1.3%	4.9%	3.3%	1.4%
广东	23.1%	16.8%	0.3%	0.1%	-0.4%	0.0%	-0.3%	3.5%	0.9%
全国	28.2%	17.6%	-0.2%	0.0%	0.1%	-0.1%	1.3%	7.6%	0.6%

二、关于江西金融发展的建议

通过比较分析江西社融数据可知，江西金融资源投入尚有空间，建议江西适度加大金融资源投入并提高使用效率，尤其是继续加大资本市场和票据市场支持力度。基于此，本文提出以下几点建议。

（一）大力推动“映山红行动”，扩大股票市场融资总量

为了贯彻高质量发展理念，2018 年，江西省委、省政府战略性地提出实施企业上市“映山红行动”。2019 年 3 月，江西省地方金融监督管理局发布《深入推进企业上市“映山红行动”工作方案》，提出实施重点产业龙头企业上市培优计划、企业上市区域协同发展计划、规上企业股改培育计划、省属国有企业上市促进计划、上市公司再出发计划、私募股权基金精准推进计划、贫困地区 IPO 绿色通道超车计划七大重点任务，推动更多企业改制上市、再融资、并购重组及创新发展。“映山红行动”实施以来，江西上市企业数量实现了快速增长，尤其是注册制改革以来，江西资本市场发展全面提速，高新科技产业占比持续提高，服务实体成效显著。在“映山红行动”实施的 5 年多时间里，江西新增 A 股上市公司数量远超过去 25 年的，已实现 A 股上市公司设区市全覆盖。证监会江西监管局的数据显示，截至 2023 年 12 月，江西上市公司数量达到 88 家，主要分布在南昌、赣州，分别为 33 家、13 家。2023 年以来，证监会稳步推进全市场注册制改革，加强基金行业制度体系建设，完善证券公司及上市公司监管制度体系，以及资本市场制度建设。然而，受国内经济复苏预期转弱及海外流动性冲击影响，叠加资金面偏紧，2023 年中国股票市场整体表现欠佳。2023 年，非金融企业境内股票融资增量仅为 7931 亿元，同比下降 32.6%，其中，江西股票融资增量仅有 165 亿元，降幅达到 40.0%，相较于浙江、广东分别高出 38.9 个、5.5 个百分点。江西股票融资增量的全国占比仅有 2.1%，与 GDP 占比基本持平，股票市场发展力度仍需进一步提升，需持续推动“映山红行动”，通过 IPO、资管、公募、私募、并购、投资、再融资等方式扩大股票市场融资总量，打造具有区域特色、有竞争力的资本市场板块。

（二）持续扩大政府债券与企业债券发行比例

债券市场是资本市场的重要组成部分，在优化资源配置、实现宏观调控、拓宽企业投融资渠道等方面具有重要作用。2023 年以来，相关部门相

继下发《关于金融支持住房租赁市场发展的意见》《推动科技创新公司债券高质量发展工作方案》《科技创新公司债券上市规则指引》《国家发展改革委等部门关于实施促进民营经济发展近期若干举措的通知》等文件，旨在推动住房租赁企业、科技创新公司、民营企业债券发展，完善债券市场体制机制，推动债券市场统一监管。在稳健货币政策总基调下，2023年，我国债券一级市场平稳运行，二级市场交易持续活跃，全年债券融资增量达112275亿元，同比增长22.4%；江西债券增量为3036亿元，同比增长16.6%。从2023年江西新增债券融资数据来看，江西债券市场发展整体情况较为良好，其中，新增政府债券1844亿元，同比增长0.6%，新增企业债券1192亿元，增幅达到50.3%，高于浙江35.9个百分点。债券市场发达程度与金融市场发展程度紧密相关，需进一步扩大债券市场规模，提高企业债券与政府债券发行比例，加快地方债、专项债发展，以进一步促进资本市场繁荣发展。

（三）尽快推进普惠金融和绿色金融试点

中央金融工作会议首次提出“加快建设金融强国”，并指出要“做好科技金融、绿色金融、普惠金融、养老金融、数字金融五篇大文章”。推动江西经济发展，需重点做好绿色金融、普惠金融文章。

构建普惠金融发展长效机制是促进实现共同富裕的重要抓手。一直以来，党中央、国务院高度重视普惠金融工作，出台了一系列战略规划和政策措施促进普惠金融发展。截至2023年末，银行业金融机构普惠型小微企业贷款余额为29.4万亿元，同比增长23.5%，占本外币贷款余额的12.1%[①]。其中，江西普惠型小微企业贷款余额为8550亿元，同比增长21.10%，占本外币贷款余额的比重达14.7%，高于全国普惠型小微企业贷款占比2.6个百分点；占全国普惠型小微企业贷款余额的比重为2.9%，高于GDP占比0.3个百分点。[②] 发展普惠金融是实现共同富裕的重要环节，吉安市、赣州市作为江西普惠金融改革试点，需进一步加速健全普惠金融服务体系，增强小微、“三农”企业融资可得性，提升中小微、“三农”企业融资通畅性，疏通经济循环“毛细血管”。

提升绿色金融服务能力是助推绿色低碳转型的重要渠道。当前，绿色

---

① 资料来源：中国人民银行。

② 资料来源：《稳中向好！2023年江西金融运行再迈“新台阶”》，https：//news. sohu. com/a/755502209_362042。

金融正在全球范围内蓬勃发展，成为国际金融体系发展的重要趋势。我国绿色金融快速发展，2023 年末，我国本外币绿色贷款余额为 30.1 万亿元，同比增长 36.5%，占本外币贷款余额的比重达到了 12.4%。江西是全国绿色金融试点省份，近年来一直致力于推动绿色金融改革创新，不断丰富绿色金融产品体系及业务品种，强有力地支持了江西绿色产业发展。截至 2023 年底，江西绿色贷款余额为 7717 亿元，同比增长 42.0%，占本外币贷款余额的比重达 13.3%，高于全国绿色贷款占比 0.9 个百分点；占全国绿色贷款余额的比重为 2.6%，与 GDP 占比基本持平①，可进一步积极推动江西绿色金融发展，加快绿色金融向纵深推进，增强绿色金融发展支持力度，探索金融支持“双碳”目标新途径。

（四）继续推进票据业务发展

2022 年，江西规模以上中小工业企业营收达 3.6 万亿元，应收账款为 3544 亿元，占流动资产的 28.1%②。票据是一种普惠型金融工具，准入门槛较低，融资手续便捷，融资成本低，流动性强，具有法律保障，是实体经济最便利、最经济、最好的金融工具，对于解决实体经济短期资金问题，便利企业支付需求具有重要意义，尤其是通过供应链票据融资和应收账款票据化等方式，能够有效缓解中小微企业资金困境。一方面，在供应链金融场景下，使用票据支付结算，可以锁定账期，有效串联供应链企业，带动优质企业信用传递，轧清供应链上下游企业应收应付账款，实现应收账款票据化，从而有效化呆滞的账面资金为票据信用资金，缓解企业资金困境，加速企业生产运营，促进实体经济发展；另一方面，票据覆盖面广，企业可获得性强，能更好地覆盖中小微及普惠企业和绿色金融，促进企业资金融通，是企业重要的短期融资工具。

票据承兑业务作为一项重要的表外业务，在缓和江西资金短缺矛盾、支持中小企业发展方面发挥着重要作用。江西财经大学九银票据研究院、江西省金融学会票据专业委员会自成立以来，通过业务宣传、文件解读、培训、论坛、征文等形式积极推动江西票据业务发展。在多方共同推动下，江西票据业务实现了快速发展。2019 年江西票据承兑发生额为 2824 亿元，2023 年为 6328 亿元，年均增速达到 20.7%；票据贴现发生额由 2019

① 资料来源：《稳中向好！2023 年江西金融运行再迈“新台阶”》，https：//jx.cnr.cn/yw/20240131/t20240131_526578177.shtml。

② 资料来源：国家统计局．中国统计摘要 2022［M］．北京：中国统计出版社，2022：123-124.

年的 2289 亿元增长到 2023 年的 5998 亿元，年均增速为 27.0%。①

尽管如此，我们必须意识到，当前江西票据业务发展仍然呈现出总量不足的现象，2023 年江西票据承兑发生额占票据市场承兑发生额的比重仅有 2.0%，贴现发生额占比为 2.5%。而广东票据承兑发生额为 39941 亿元，占全市场的 12.7%，贴现发生额为 34985 亿元，占比为 14.7%；浙江票据承兑发生额为 34985 亿元，占比为 13.2%，贴现发生额为 30289 亿元，占比为 12.7%。2023 年江西票据承兑发生额占比分别低于广东、浙江 10.7 个、11.2 个百分点，低于 GDP 占比 2.6 个百分点；贴现发生额占比分别低于广东、浙江 12.2 个、10.2 个百分点，说明江西票据业务总量水平有待提高。

2023 年江西银票承兑发生额占 GDP 的比重为 19.6%，贴现发生额占 GDP 的比重为 18.6%，而广东银票承兑发生额占 GDP 的比重为 29.4%，贴现发生额占比为 25.8%；浙江银票承兑发生额占 GDP 的比重为 42.4%，贴现发生额占比为 36.7%②。2023 年江西银票承兑发生额占 GDP 的比重分别低于广东、浙江 9.8 个、22.8 个百分点；贴现发生额占 GDP 的比重分别低于广东、浙江 7.2 个、18.1 个百分点，表明江西票据业务发展与 GDP 的匹配程度不及广东、浙江两省。如果江西银票承兑发生额占 GDP 的比重达到浙江的水平，则可增加 7342 亿元的承兑量；按照 30%的保证金测算，可带来 2202 亿元的保证金存款；若按照承兑发生额的 60%测算余额，将增加 4405 亿元的承兑余额，带来 1321 亿元的存款余额。如果江西银票贴现发生额占 GDP 的比重达到浙江的水平，则可增加 5828 亿元的贴现量；按照贴现发生额的 20%测算，将会增加 1166 亿元的贴现余额。由此可见，江西票据业务发展有待加强，需进一步发挥票据服务实体经济的优势，综合运用票据承兑以及供应链票据等创新产品，发挥票据服务“五篇大文章”的作用，缓解企业资金问题，助推区域经济高质量发展。

---

① 资料来源：上海票据交易所“票信宝”。

② 资料来源：上海票据交易所“票信宝”。

全国和各省市 2023 年新增社融与 GDP 分析

肖小和　李紫薇

一、新增社融与 GDP 对比分析

社会融资规模增量是指一定时期内，实体经济从金融体系获得的资金总额。社会融资规模的变化体现出社会经济的活跃程度，同时也反映了金融体系对实体经济的支持程度。面对复杂严峻的国际环境和艰巨繁重的国内改革发展稳定任务，2023 年我国继续坚持“稳字当头、稳中求进”的工作总基调，继续实施积极的财政政策和稳健的货币政策，加大宏观政策调控力度，加强各类政策协调配合，形成共促高质量发展的合力。在党的二十大、中央经济工作会议以及中央金融工作会议精神的引导下，按照《政府工作报告》的部署，2023 年中国人民银行强化逆周期调节和跨周期调节，我国货币信贷和社会融资规模合理增长，综合融资成本稳中有降，信贷结构不断优化。2023 年，全国社会融资规模增量为 355900 亿元，同比增加 35801 亿元，增长幅度为 11.18%；社会融资规模增量占 GDP 的比重为 28.23%，相较于 2022 年增加 1.78 个百分点。从增量结构来看，2023 年表内融资、直接融资均实现了正增长，成为社融增长的主要支撑。

就各省市社会融资规模增量而言，超过全国平均水平的省市有河北、江苏、浙江、安徽、山东、湖北、广东、四川，其中，浙江的社会融资规模增量达到 37305 亿元，位居全国第一，江苏以 36794 亿元的社会融资规模增量紧随其后，而青海、西藏的社会融资规模增量较低，分别为 559 亿元、834 亿元。各地社会融资规模增量的差异在一定程度上反映出不同地区的经济发展水平，江苏、浙江、广东等经济发达地区，社会融资规模增量相对较高，均超过 30000 亿元；而西藏、青海等经济欠发达地区，社会融资规模增量相对较低，均不足 1000 亿元（见图 1）。

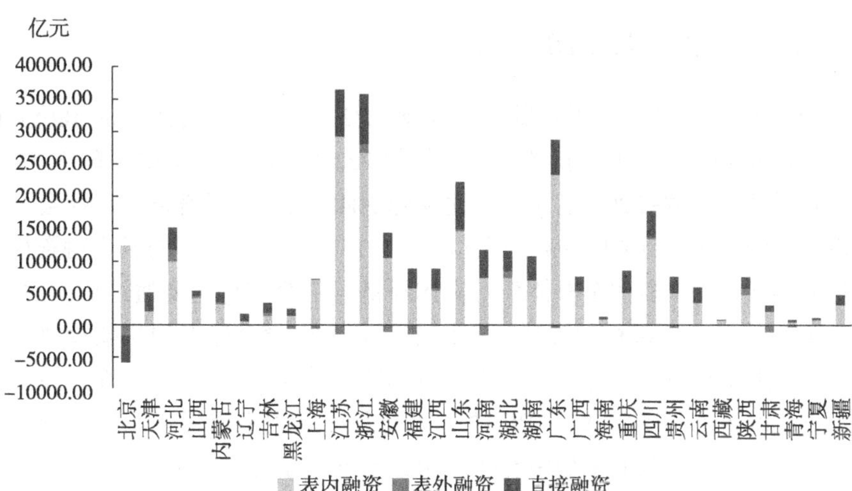

图 1　全国各省市社融增量结构

就各省市社融增量占 GDP 的比重而言，天津、河北、吉林、江苏、浙江、安徽、江西、广西、四川、贵州、西藏这 11 个省市社融增量占 GDP 的比重均超过全国平均水平，其中，浙江这一比例最高，达到了 45.19%，较全国平均水平高出 16.96 个百分点；北京、山西、辽宁社融增量占 GDP 的比重不足 10%，其中，北京仅有 2.39%（见图 2）。

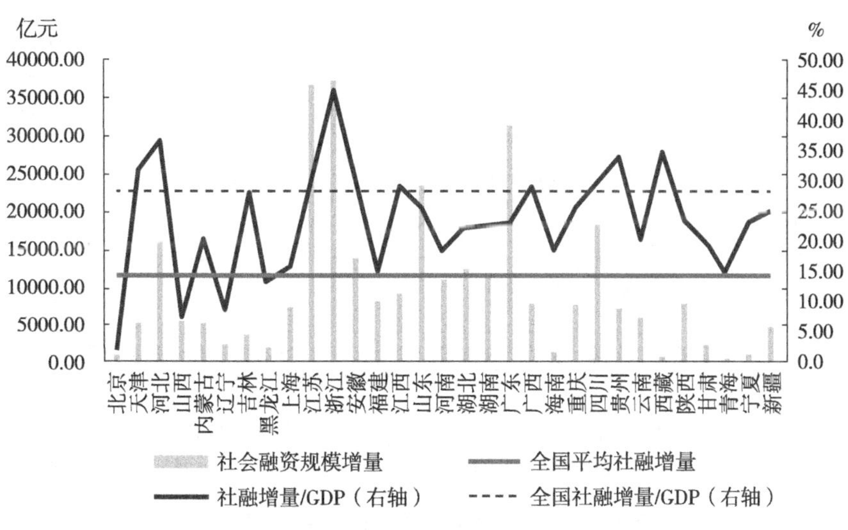

图 2　全国及各省市新增社融占 GDP 的比重

二、新增贷款与 GDP 对比分析

2023 年，全国本外币贷款增量达到 222551 亿元，同比增加 18658 亿元，增长 9.15%，其中，新增人民币贷款 222200 亿元，同比多增 13053 亿元；新增外币贷款-2206 亿元，同比少降 3048 亿元。新增贷款占社会融资规模增量的比重达到 62.53%，同比减少 1.16 个百分点，超过社会融资规模增量的半数以上，表明金融体系对实体经济的资金支持主要通过贷款发放。2023 年以来，人民银行加强逆周期调节，着力引导金融机构贷款投放总量适度、节奏平稳及平滑增长，增强金融支持实体经济的可持续性。随着利率市场化改革的不断深入，LPR 改革效能及存款利率市场化调整机制有效发挥作用，实际贷款利率稳中有降。2023 年全国新增贷款占 GDP 的比重为 17.65%，相较于 2022 年增加 0.81 个百分点。

就各省市本外币贷款增量而言，新增本外币贷款超过全国平均水平的省市有北京、河北、江苏、浙江、安徽、山东、河南、湖北、广东、四川，其中，北京、江苏、浙江、安徽、山东、广东、四川新增本外币贷款均超过 10000 亿元，江苏达到了 29174 亿元，位居全国第一，浙江、广东分别以 26697 亿元、23256 亿元紧随其后，而辽宁、海南、西藏、青海、宁夏新增本外币贷款均低于 1000 亿元（见图 3）。

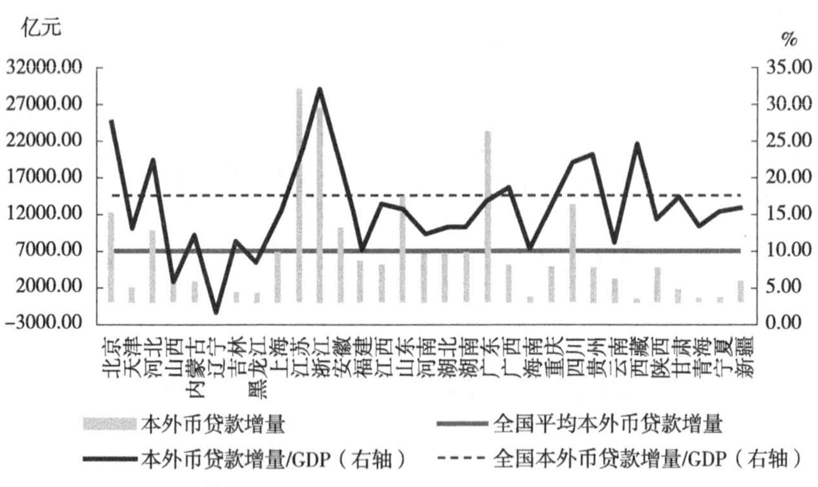

图 3　全国及各省市新增贷款占 GDP 的比重

就各省市本外币贷款增量占 GDP 的比重而言，北京、河北、江苏、浙江、安徽、广西、四川、贵州、西藏 9 省市本外币贷款增量占 GDP 的比重

均超过全国平均水平，其中，浙江这一比例最高，达到了32.34%，较全国平均水平高出14.68个百分点；山西、辽宁、黑龙江本外币贷款增量占GDP的比重不足10%，辽宁最低，为1.77%。

三、新增债券（企业债+政府债）与GDP对比分析

2023年，全国债券增量达到112300亿元，同比多增20563.00亿元，增长22.42%，其中，新增企业债券16300亿元，同比少增4209亿元；新增政府债券96000亿元，同比多增24772亿元。新增债券占社会融资规模增量的比重达到31.55%，相较于2022年增加2.89个百分点，成为推动社会融资规模增量上升的一个重要因素。2023年以来，人民银行发布制度文件规范银行间债券市场债券估值业务，稳步推进债券市场高水平对外开放，债券市场规模稳步增长，利率水平总体下行，全国新增债券占GDP的比重为8.91%，相较于2022年提升1.33个百分点。

就各省市新增债券而言，超过全国平均水平的省市有江苏、浙江、山东、河南、湖南、广东、四川，其中，江苏、浙江、山东新增债券均超过6000亿元，山东达到了7065亿元，位居全国第一；北京、上海新增债券值为负数，分别为-5339亿元、-851亿元。

就各省市债券增量占GDP的比重而言，天津、吉林、江西、重庆、贵州5省市债券增量占GDP的比重超过全国平均水平，其中，天津这一比例最高，达到了16.49%，较全国平均水平高出7.58个百分点；北京、上海债券增量占GDP的比重为负（见图4）。

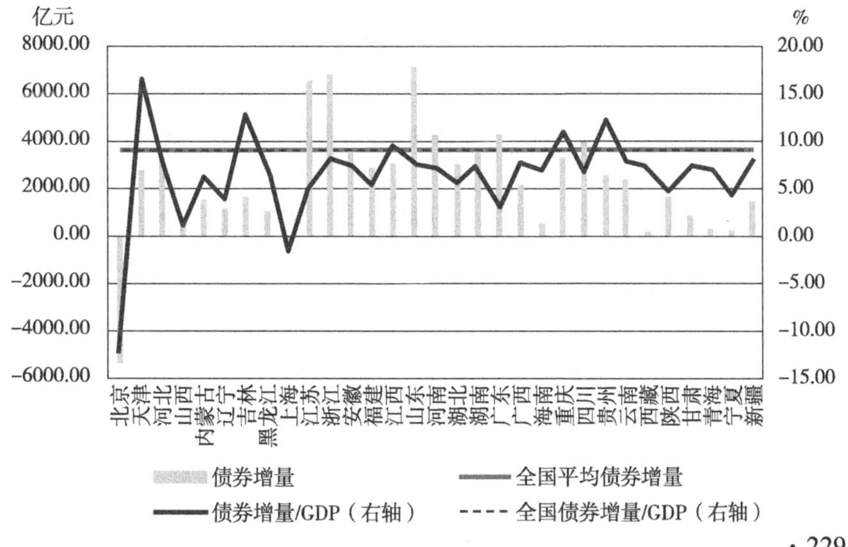

图4 全国及各省市新增债券占GDP的比重

四、新增股票融资额与 GDP 对比分析

2023 年，全国非金融企业境内股票融资额达到 7931 亿元，同比少增 3827 亿元，降幅达到 32.55%。2023 年，全市场注册制改革稳步推进，证券公司、上市公司监管制度体系以及资本市场制度建设持续完善。全年来看，股票市场成交量和筹资额同比减少，全国股票融资额占 GDP 的比重仅为 0.66%，相较于 2022 年下降 0.32 个百分点。

就各省市新增非金融企业境内股票融资额而言，超过全国平均水平的省市有北京、上海、江苏、浙江、安徽、山东、广东，其中，北京、上海、江苏、浙江、广东新增股票融资额均超过 1000 亿元，广东达到了 1244 亿元，位居全国第一；西藏、青海新增股票融资额均低于 10 亿元，其中，青海新增股票融资额仅为 1 亿元。

就各省市新增股票融资额占 GDP 的比重而言，北京、上海、江苏、浙江、广东、甘肃 6 省市股票融资额增量占 GDP 的比重均超过全国平均水平，其中，北京这一比例最高，达到了 2.33%，较全国平均水平高出 1.68 个百分点；山西、广西、青海新增股票融资额占 GDP 的比重不足 0.10%（见图 5）。

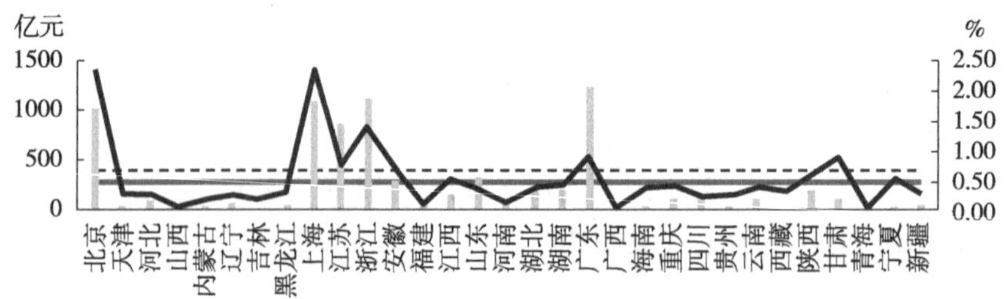

图 5　全国及各省市新增股票融资额占 GDP 的比重

五、直接融资增量（债券+股票）与 GDP 对比分析

2023 年，全国新增债券和股票融资额达到 120231 亿元，同比增加 16736 亿元，增幅达到 16.17%，全国新增债券和股票融资额占社会融资规模增量的比重达到 33.78%，相较于 2022 年提高 1.45 个百分点。2023 年新增债券和股票融资额占 GDP 的比重为 9.54%，相较于 2022 年增加 0.99 个百分点（见图 6）。

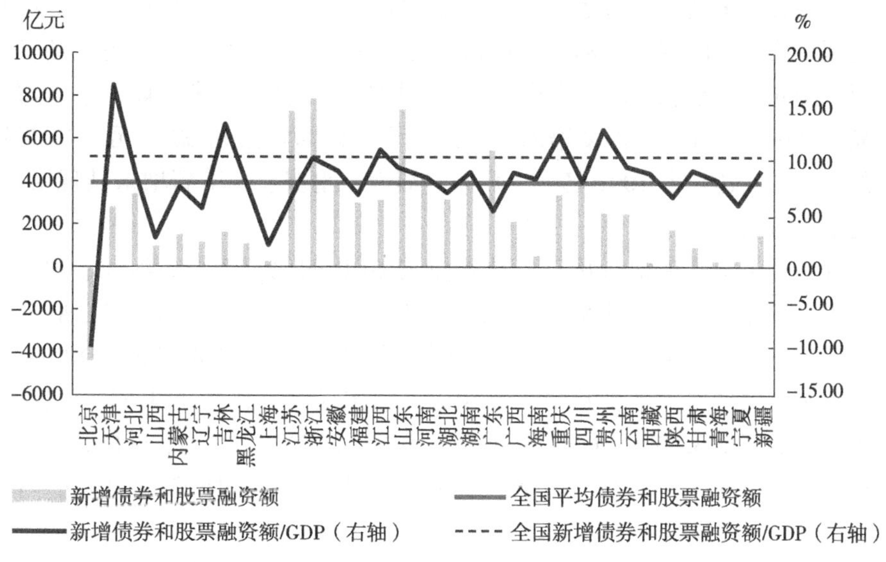

图 6　全国及各省市新增债券和股票融资额占 GDP 的比重

就各省市新增债券和股票融资额而言，超过全国平均水平的省市有江苏、浙江、山东、河南、广东、四川，其中，江苏、浙江、山东新增债券和股票融资额均超过 7000 亿元，浙江达到了 7886 亿元，位居全国第一；北京这一指标为负。

就各省市新增债券和股票融资额占 GDP 的比重而言，天津、吉林、浙江、江西、重庆、贵州 6 省市新增债券和股票融资额占 GDP 的比重均超过全国平均水平，其中，天津这一比例最高，达到了 16.75%，较全国平均水平高出 7.22 个百分点；北京新增债券和股票融资额占 GDP 的比重为负。

六、表外融资增量（未贴现银行承兑汇票、委托贷款、信托贷款）与 GDP 对比分析

2023 年，全国未贴现银行承兑汇票、委托贷款、信托贷款增量为-9 亿元，同比少降 26676 亿元。其中，新增未贴现银行承兑汇票-1784 亿元，同比少降 3132 亿元；新增委托贷款 199 亿元，同比增加 1895 亿元；新增信托贷款 1576 亿元，同比多增 21649 亿元。全国未贴现银行承兑汇票增量占 GDP 的比重为-0.14%，相较于 2022 年增加 0.29 个百分点；全国委托贷款增量占 GDP 的比重为 0.02%，相较于 2022 年增加 0.16 个百分点；全国信托贷款增量占 GDP 的比重为 0.13%，相较于 2022 年增加 1.88 个百分点。

就各省市未贴现银行承兑汇票增量而言，新增未贴现银行承兑汇票超过全国平均水平的省市有河北、山西、内蒙古、辽宁、吉林、上海、浙江、江西、湖北、广东、广西、海南、重庆、四川、云南、西藏、陕西、青海、宁夏，其中，浙江、上海新增未贴现银行承兑汇票均超过500亿元，增量最高的是浙江，达到了1092亿元；广东、海南、重庆、云南新增未贴现银行承兑汇票为负。

就各省市未贴现银行承兑汇票增量占GDP的比重而言，河北、山西、内蒙古、辽宁、吉林、上海、浙江、江西、山东、湖北、广东、广西、重庆、四川、西藏、陕西、青海、宁夏未贴现银行承兑汇票增量占GDP的比重均超过全国平均水平，其中，吉林这一比例最高，达到了3.57%，较全国平均水平高出3.71个百分点；北京、天津、黑龙江、江苏、安徽、福建、山东、河南、湖南、广东、海南、重庆、贵州、云南、甘肃、新疆这一比例为负。

就各省市委托贷款增量而言，新增委托贷款超过全国平均水平的省市有天津、河北、辽宁、江苏、浙江、江西、山东、湖北、湖南、广东、广西、重庆、四川、陕西、甘肃、宁夏、新疆，其中，湖北、江苏新增委托贷款均超过500亿元，湖北的委托贷款增量达到700亿元，为全国最高；北京、山西、内蒙古、吉林、黑龙江、上海、安徽、福建、河南、海南、贵州、青海的委托贷款增量为负（见图7）。

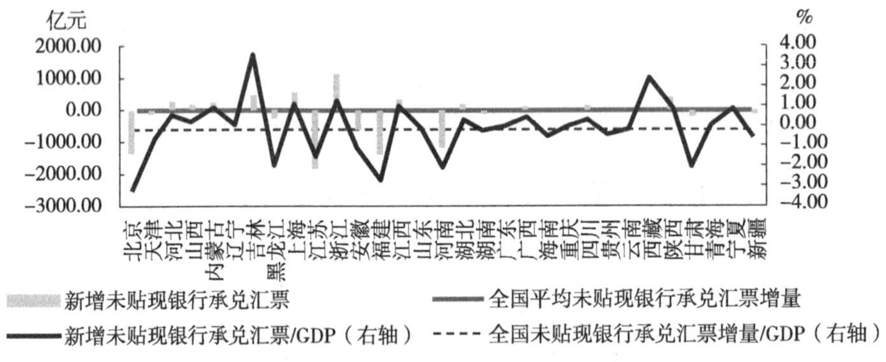

图7　全国及各省市未贴现银行承兑汇票增量占GDP的比重

就各省市委托贷款增量占GDP的比重而言，天津、河北、辽宁、江苏、浙江、江西、山东、湖北、湖南、广东、广西、重庆、四川、西藏、陕西、甘肃、宁夏、新疆新增委托贷款占GDP的比重均超过全国平均水平，其中，湖北这一比例最高，达到了1.25%，较全国平均水平高出1.24个百分点；北京、山西、内蒙古、吉林、黑龙江、上海、安徽、福建、河南、海南、贵州、青海这一比例为负（见图 8）。

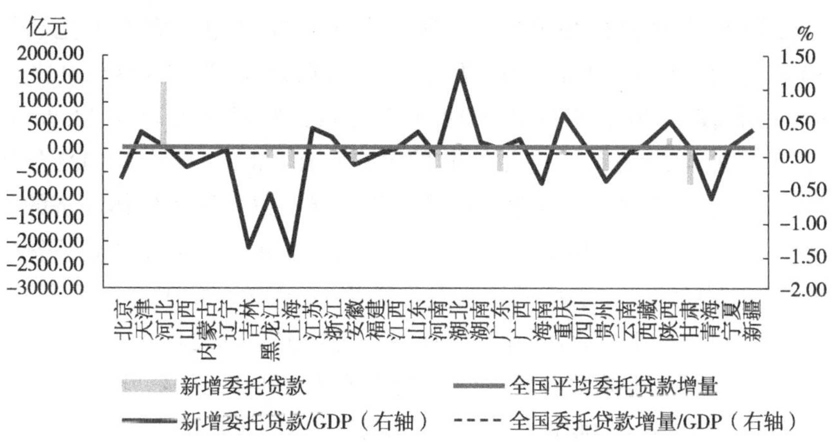

图 8　全国及各省市委托贷款增量占 GDP 的比重

就各省市信托贷款增量而言，新增信托贷款超过全国平均水平的省市有天津、河北、湖北、陕西，其中，仅天津、河北、山西、江苏、山东、湖北、广西、海南、陕西、宁夏实现了正增长；在所有省市中，甘肃的信托贷款增量为-793 亿元，全国最低。

就各省市信托贷款增量占 GDP 的比重而言，天津、河北、湖北、陕西新增信托贷款占 GDP 的比重均高于全国平均水平，而甘肃、青海这一比例低于-5%，分别仅有-6. 68%、-6. 66%（见图 9）。

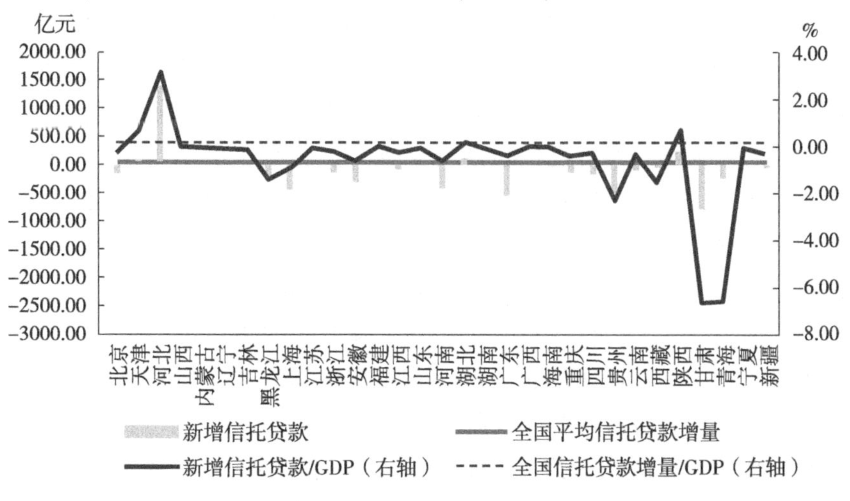

图 9　全国及各省市信托贷款增量占 GDP 的比重

七、票据业务分析

根据中国人民银行相关数据，2023 年我国票据市场签发承兑总量为 31.30 万亿元，同比增加 3.90 万亿元，票据承兑额占 GDP 的比重为 24.83%，相较于 2022 年提升 2.19 个百分点；票据贴现量为 23.80 万亿元，同比增加 4.30 万亿元，占 GDP 的比重为 18.88%，相较于 2022 年提升 2.77 个百分点。票据市场规模的快速增长拓展了票据服务实体经济的力度和广度，中小企业票据覆盖面进一步扩大，2023 年中小微企业签票发生额达到 20.70 万亿元，占全市场签票发生额的 65.90%，贴现发生额为 17.50 万亿元，占比达到 73.60%。服务实体经济是票据市场的初心所在，根据相关性检验，近年来承兑发生额与 GDP 的相关性达到 97.30%，贴现发生额与 GDP 的相关性达到 96.00%，表明票据市场与 GDP 高度相关。

八、结论

综观全国各省市社会融资规模发展情况，有一定规律可循，主要体现为：资本市场发展快的省市有 6 个，其新增社融均高于全国平均水平；货币市场发展快的省市有 10 个，其新增社融均高于全国平均水平。

资本市场为实体经济提供长期资金支持，相较于货币市场，资本市场融资难度较大，资金使用效率较高，准入条件较为严苛。从 2023 年社融数据来看，仅有江苏、浙江、山东、河南、广东、四川的资本市场融资额高于全国平均水平。2023 年 2 月，证监会宣布正式全面实行股票发行注册制改革，这对于完善资本市场功能、落实创新驱动发展战略、提高高质量发展质效具有重要意义，同年 4 月 10 日，首批主板注册制企业上市。

货币市场为实体经济提供短期资金支持，相较于资本市场，货币市场融资难度较小，但是，融资成本相对较高，资金使用效率相对较低。一直以来，人民银行通过宏观调控引导货币政策施行，助力货币市场资金向实体经济传导。从 2023 年社融数据来看，北京、河北、江苏、浙江、安徽、山东、河南、湖北、广东、四川等东南沿海地区的货币市场融资额高于全国平均水平，这些地区实体企业及金融机构数量多，实体经济更倾向于通过本外币贷款从金融机构获取融资。

在委托贷款、信托贷款、未贴现银行承兑汇票三种融资方式中，委托贷款、信托贷款融资便利性相对更高，但是，融资成本也相对较高，对于

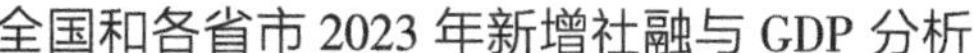

融资的运作要求较高。从 2023 年社融数据来看，天津、河北、湖北、陕西的委托贷款增量和信托贷款增量均高于全国平均水平。虽然这些省市此类业务发展快，但规模不大，与贷款、债券相比体量非常小，对社融贡献不大。

相较而言，票据承兑融资是实体经济最便利、最经济、最好的金融工具，作为货币市场的重要组成部分，票据市场主要解决实体经济短期资金问题，便利企业支付需求。票据的签发、背书流转能够有效地解决企业间的账款拖欠问题，缓解实体经济尤其是小微企业融资难、融资贵问题，一方面，可以缓解由于货币超发而带来的通货膨胀压力；另一方面，实现了商业信用的叠加与传递，未来可进一步加快票据承兑融资发展，服务好“五篇大文章”，推动实体经济更好更快发展。

中国票据市场2023年回顾与2024年展望

肖小和　李紫薇

一、中国票据市场2023年回顾

2023年以来，全球经济在欧美国家高通胀以及中央银行持续加息的影响下仍然延续复苏态势。受硅谷银行、瑞士信贷等事件影响，全球金融市场大幅震荡，发展中国家债务危机深化，经济增长持续分化，叠加地缘政治冲突持续，全球经济发展受到不利影响。2023年是我国全面贯彻党的二十大精神的开局之年，面对复杂严峻的国际环境和艰巨繁重的国内改革发展稳定任务，以习近平同志为核心的党中央团结带领全党全国各族人民，全面深化改革开放，加大宏观调控力度，着力扩大内需、优化结构、提振信心、防范化解风险，我国宏观调控组合政策发力显效，经济运行持续好转，高质量发展扎实推进，积极因素不断积累，为我国票据市场创造了良好的发展环境。2023年是《商业汇票承兑、贴现与再贴现管理办法》（以下简称新规）实施的第一年，受新规影响，票据市场发展呈现出较强的适应性。总体来看，2023年票据市场发展稳中有增，支持实体经济持续发力。

（一）票据市场总体适应新规变化

2023年1月1日，新规正式施行，其将票据期限缩短为最长不超过6个月，并对真实交易关系和债权债务关系提出了更为严格的要求。受新规影响，2023年上半年票据市场交易规模持续回落。1月至6月，票据承兑发生额仅有12.43万亿元，相较于2022年同期下降11.79%；贴现发生额为8.94万亿元，同比下降12.62%；转贴现交易量为33.35万亿元，同比下降10.63%；仅回购交易量正增长，达到32.71万亿元，同比增长38.15%。经历6个月的阵痛期后，票据市场逐渐适应新规变化，呈现出较为强劲的增长势头。尤其是7月，单月票据交易量达到21.84亿元的新高度，其中，承兑发生额为3.02万亿元，贴现发生额为2.49万亿元，转贴现交易量为9.11

万亿元，回购交易量为7.21万亿元，相较于2022年同期分别增长43.00%、59.28%、59.57%、15.34%。7月至11月，票据承兑发生额达到14.89万亿元，相较于2022年同期增长45.63%；贴现发生额为11.71万亿元，同比增长63.99%；转贴现交易量为36.31万亿元，同比增长42.42%；回购交易量为26.65万亿元，同比下降4.83%。究其原因在于受票据期限影响，7月以来2022年与2023年签发的票据陆续到期，导致企业票据需求量激增，推动票据承兑发生额达到历史高点。票据市场供给量的快速增长带动了票据贴现量与二级市场交易量的快速上涨。综合全年来看，2023年1月至11月，全市场票据承兑发生额达到27.32万亿元，同比增长12.36%；贴现发生额达到20.65万亿元，同比增长18.88%；转贴现交易量达到69.66万亿元，同比增长10.91%；回购交易量达到59.36万亿元，增速达到14.86%。11月末，票据融资余额达到13.00万亿元，占企事业单位贷款的比重达8.32%，占短期贷款的比重达31.80%。这与我们之前的预测一致，即"就2023年上半年而言，不排除票据承兑签发在一定时间内出现业务量缓增或减少的可能性。步入下半年尤其是第四季度，在完成相应的调整之后，票据将会有一个逐步加快发展的过程，会重新呈现出新一轮增长的态势"。

（二）服务中小微企业力度加大

从业务发生额来看，2023年1月至10月，中小微企业累计签票金额为15.50万亿元，相较于2022年同期增长6.16%；累计贴现13.10万亿元，同比增长13.91%。从业务占比来看，2023年1月至10月，中小企业签票金额占比稳定在60%以上，中小企业贴现金额占比维持在70%左右，7月以来这两个比例分别提高至65%和74%以上，尤其是2023年7月，中小企业签票金额占比以及贴现金额占比分别达到69.10%和77.30%的较高水平，反映出票据市场服务中小微企业的力度持续加大。

（三）供应链票据继续加快推动

从政策支持方面来看，2023年4月27日，中国银保监会办公厅印发《关于2023年加力提升小微企业金融服务质量的通知》，提出优化服务模式，综合供应链票据等服务方式，强化资金支持和风险保障。2023年8月1日，工业和信息化部、中国人民银行等五部门联合发布《关于开展"一链一策一批"中小微企业融资促进行动的通知》，鼓励银行业金融机构通过票据等方式加大对产业链上下游中小微企业的信贷支持力度。11月27日，人民银行、金融监管总局、证监会等八部门联合发布的《关于强化金融支持

举措　助力民营经济发展壮大的通知》明确提出，促进供应链票据规范发展，完善票据市场信用约束机制，支持民营企业更便利地使用票据进行融资，强化对民营企业使用票据的保护。从供应链票据平台发展情况来看，上海票据交易所引入供应链票据平台，拓宽了企业票据业务办理渠道，打通了平台与金融机构之间的流转壁垒，提高了中小微企业票据融资可得性。自业务开展以来，已有 24 家供应链平台获准接入上海票据交易所。从各地区供应链票据实践来看，2023 年以来，多地人民银行如人民银行深圳市分行、人民银行江西省分行、人民银行河南省分行等相继落地首单供应链票据再贴现业务。

（四）市场创新不断推进

在商业银行票据创新方面，多家金融机构有新动作，例如，农业银行采用“银行自建平台+集团模式+供应链票据”的供应链金融服务新模式，推动首笔“融通 e 票”业务落地，为核心企业及链上客户提供一站式、线上化、高效率的供应链票据全流程服务。邮储银行打造全流程线上化票据承兑业务，提供在线协议签署、出票、承兑、签收、票据大管家等系列服务，此外，邮储银行还面向绿色产业客群推出“绿色票据+数字人民币”贴现产品“绿色 G 贴”，助力节省企业提额开支。平安银行推出“平安数字口袋银行票据贴现服务”，助力缓解小微企业贴现困境。兴业银行通过“兴享”供应链金融平台为华能财务提供票据信息全面可视、在线融资及额度调配等服务，并成功落地央企首笔多层级集团票据池业务。在财务公司票据创新方面，多家财务公司（如中建财务公司）与数科公司共同搭建司库体系建设票据模块，为成员单位提供票据账户管理、票据使用、票据风险监控及票据全流程线上管理等司库体系管理功能，通过与上海票据交易所、商业银行等机构直联互通，实现票据信息的动态采集，以及可视监控和兑付预警。中小金融机构（如广州银行、九江银行、常熟农商银行）票据相关部门作为一级机构的定位，在推动票据市场发展及业务创新方面也做出了积极贡献，其中，广州银行全面理顺票据业务管理架构建立总分票据经营机构，形成金字塔形票据管理架构；九江银行致力于探索“票据+行业场景”运用模式，探索票据在汽车、钢铁、有色金属、医药、家电、商超等五大类别 17 个场景中的服务路径，助力产业链客户融资需求；常熟农商银行针对特色行业及重点客户定向发放贴现优惠券，为超千户企业提供低成本资金支持。在企业创新方面，简单汇推出“银票通”产品，使得供应链票据平台银票签发成为可能，企业可在供应链票据平台上向指定的任意合

作银行发起票据承兑申请，降低了企业银票管理成本和操作成本。除此之外，太原煤炭交易中心落地“票据融资”产品，为交易商提供包括票据流转、查验、托管、贴现、再开票、托收和质押融资在内的票据综合服务，通过与浦发银行开展深度合作，先后成功为交易商发放两笔“票据融资”款项。

（五）票据利率总体下降

从票据融资利率的角度看，2023 年前三季度，票据融资加权平均利率持续下降。第一季度末、第二季度末，票据融资加权平均利率分别为 2.67%和 2.03%。第三季度末，该利率降至 1.80%，同比下降 0.12 个百分点，低于一般贷款加权平均利率 2.71 个百分点，低于企业贷款加权平均利率 2.02 个百分点，对实体经济的支持作用显著。从二级市场利率来看，2023 年以来，6 个月期限的国股银票转贴现收益率曲线呈现出震荡下行趋势，利率中枢基本稳定在 2022 年相似水平，但关键时点利率振幅较 2022 年更为温和。前三季度全市场转贴现加权平均利率分别为 2.19%、1.78%、1.43%。与货币市场其他利率相比较，第三季度 6 个月期限的国股银票转贴现收益率低于同期 AAA 级同业存单利率 91 个基点，该利差较上半年整体水平扩大 0.56 个百分点。

（六）风险防控力度加大

2023 年以来，票据市场持续加大风险防控力度。在制度规范方面，一是再次强调真实交易关系和债权债务关系，明确贴现业务真实交易关系和债权债务关系材料要求。二是规定承兑余额及保证金余额比例上限，并提出了银票和财票最高承兑余额不得超过承兑人总资产的 15%，以及保证金余额不得超过承兑人吸收存款规模的 10%两项风控指标。三是规范信息披露制度，将信息披露主体从商票扩展至银票、财票，并提出失信惩戒措施。四是明确金融机构票据业务管理制度和内部控制制度要求，并提出要采取有效措施防范市场风险、信用风险和操作风险。在风控体系建设方面，上海票据交易所持续完善和优化监测指标体系，完善大数据智能化票据交易风险监测预警平台功能，为票据市场交易监测、风险管理、经营分析等提供了强有力的数据支撑。许多银行持续从定量和定性维度优化信用风险、市场风险和操作风险流程管控，提升风险管理的精准性和有效性。江南农商银行数字化创新推出“E 同赢”平台，通过票据预审查系统，防止“双买回行票”“买入代签票”等情况发生。上汽财务公司通过智能风控系统对电票业务流程风险点进行智能监控、提前预警。

（七）基础设施建设进一步加强

上海票据交易所自2016年成立以来一直致力于提升票据市场各类基础设施，为票据市场提供了优质、高效的发展环境。经过多年不断的开发与迭代，票据市场系统设施已成为票据市场业务拓展、风险防控、创新发展的有力支撑。在系统建设方面，上海票据交易所持续推动票据业务系统升级优化工作，有序组织市场成员重点推进、有序实施新系统的建设、接入和推广工作。中国工商银行等20余家金融机构在上海举行“加快中国票据业务系统接入和推广的倡议仪式”，共同联署发起倡议，呼吁票据市场各金融机构和用票企业从2023年12月15日起将新增电票签发业务转移到中国票据业务系统办理。各市场参与主体一直以来积极响应上海票据交易所的要求，完善自身票据系统，主动做好与上海票据交易所票据业务系统的对接工作。为了保障ECDS系统切换及数据迁移工作顺利完成，各金融机构积极协助企业做好存量到期票据结清工作，加快推进企业信息备案工作，加速推进银企直连改造，积极引导企业客户通过新系统办理业务。当前，票据市场系统设施已由1.0（“纸电融合”）发展到2.0（“电交融合”，笔者定位）。与此前的1.0相比，票据市场系统设施2.0实现了“票据拆分”，优化了票据托收与兑付，强化了风险防控等特点。

（八）应用理论研究进一步繁荣

在市场热点研究方面，中国银行业协会票据专业委员会以防风险、强合规为重点，组织开展业务调研、专题研讨、课题研究、报告编写、刊物出版及宣传等多项活动。江西财经大学九银票据研究院就票据市场风险、中国式现代化票据发展、票据新规的变化影响、《票据法》修订、票据服务民营经济等进行了深入研究。业界部分专家学者就票据风险资产计提等展开探讨。在书籍编写方面，《中国式现代化票据市场研究》《票据使用指南（2023）》等专业著作相继出版，为票据理论与实践提供指导。在研讨会议方面，江西财经大学九银票据研究院分别就“新规对票据市场影响与策略”“中国式现代化与中小银行票据发展”等主题开展学术研讨，探索新时代票据市场变化及发展方向。中国支付清算协会票据工作委员会组织召开“票据业务规范创新交流会”，会议审议通过《票据工作委员会工作规则（2023年修订）》并发起成立政策建议、自律规范和研讨交流三个专项工作小组。江西省金融学会票据专业委员会也就“中国式现代化与票据发展”主题开

展研讨交流。在培训方面，上海票据交易所举办了“票据市场风险防控”“票据交易员专业能力培训”等专题线下培训班，并举办商业汇票信息披露、供应链票据业务、新一代票据业务系统等“票据云课堂”线上培训。

二、中国票据市场2024年展望

根据中央经济工作会议的部署，2024年我国经济坚持“稳中求进、以进促稳、先立后破”的工作总基调，要求多出有利于稳预期、稳增长、稳就业的政策，在转方式、调结构、提质量、增效益上积极进取，不断积累更多的积极因素，不断巩固稳中向好的基础。在宏观政策方面，继续实施积极的财政政策和稳健的货币政策，强化宏观政策逆周期调节和跨周期调节，增强宏观政策取向一致性，加强财政、货币、就业、产业、区域、科技、环保等政策的协调配合，确保同向发力、形成合力。围绕推动高质量发展，突出重点，把握关键。同时，要注意把握和处理好速度与质量、宏观数据与微观感受、发展经济与改善民生、发展与安全的关系，不断巩固和增强经济回升向好态势。票据作为金融支持实体经济发展的有力抓手，在2024年有望迎来新的发展契机。

（一）业务总量预测增长，业务结构有望调整

从2023年下半年市场数据来看，票据市场对新规展现出了较强的适应性，并呈现出较为强劲的发展势头。新规关于票据期限的调整，加速了资金支付频率，在一定程度上加快了企业回款速度，降低了企业融资成本，同时，新规关于贴现主体的扩充，更符合票据市场服务实体经济的初衷。2024年，票据承兑量在票据新规适应期过后、资本新规利好发展以及中央金融工作会议要求做好“五篇大文章”的指引下预计会有稳中求进的增长态势，贴现量尽管会受到资本新规变化的影响但预计会有稳中偏增的趋势，随着信息披露工作走向规范化、正常化，商票未来发展会有较快增长的基础，一级市场发展步伐可能会快于二级市场，并且国有银行发展可能会快于股份制银行，股份制银行发展可能会快于中小银行。

（二）票据服务中小微企业会有新动作与效果

随着金融业积极做好“五篇大文章”，下一步，票据服务绿色金融、普惠金融以及数字金融等将会有新的发展模式与创新产品。在支持中小微、民营企业方面，将进一步推动中小微企业应收账款票据化发展，缓解企业资金矛盾，更加注重企业票据融资便利性，加大企业票据使用保护力

度，强化票据市场信用约束机制，引导运用信息披露结果评估信用风险。金融机构在做好票据贴现等常态化金融服务的基础上，将优化整合单项产品，推出集支付结算、融资融信、避险等于一体的综合服务，并通过线上渠道延伸服务触角，以适应企业资金需求灵活性高、周转速度快等特点。人民银行将通过再贴现政策继续引导金融机构加大对普惠小微、制造业、绿色等重点领域和薄弱环节的支持力度，鼓励发挥供应链票据等金融工具的作用，支持供应链上中小微及民营企业融资，如果未来再贴现利率与时俱进地适时调整，对供应链票据再贴现、绿色票据再贴现、普惠企业再贴现等在利率上给予倾斜的话，票据市场发展一定会有新亮点。资本新规执行后，如果相关部门能够根据中小微企业票据发展诉求以及金融业服务中小微企业的真实情况，与时俱进地对相关制度实事求是地进行调整，票据服务中小微企业的效果有望更佳。

（三）利率中枢有望变化，波动性持续增强

展望2024年，经济工作总基调将更加突出“进”字，同时强调“先立后破”，通过发展保持经济稳定增长。积极的财政政策适度加力、提质增效，稳健的货币政策灵活适度、精准有效，保持流动性合理充裕，在保持信贷增量稳定的同时，更加注重资金供给结构优化。综合来看，2024年票据价格将总体呈现趋降后势变化状态，季度、月度、旬度及一些敏感点起伏变化、波段操作将呈常态化，在经济内生增长与政策支持下，利率中枢可能会发生变化，不排除进入后阶段会有市场调整变化期。

（四）供应链票据加快发展，标准化票据有望重启

从资金信用的角度来看，应收账款拖欠主要基于资金短缺和信用释放不足。近年来，针对应收账款日益高企问题，国家采取了一系列举措清理企业账款拖欠问题。2023年4月、9月，中共中央政治局和国务院就企业账款拖欠问题提出了解决要求。人民银行金融市场司在《推动中国金融市场高质量发展　助力加快建设金融强国》一文中提出，规范创新供应链票据、标准化票据等产品，促进产业链供应链稳定循环。票据兼具信用、支付、融资功能，是解决企业货款拖欠问题以及应收账款理性票据化的有效途径。在国家大力发展供应链金融的背景下，应收账款票据化以及供应链票据有望加快发展。作为联通货币市场与资本市场、企业直接融资的重要渠道，标准化票据尤其是标准化商票有望重启。

（五）票据市场创新步伐有望加快

在加快市场体系建设进程方面，一是促进跨界、跨业发展，适时引进

信托、证券、基金、保险等，促进票据市场不断涌现更多的跨专业和跨产品的组合产品以及资产业务与中间业务相融合的综合服务产品。二是建立统一的信用评级、资信评估、增信保险制度，推行信用评价制度，成立统一、规范、权威的信用评估机构，建立健全适合票据业务的评级评估指标体系，实行信用定期考评制度，推行票据担保支付机制和保险制度，积极推进社会信用生态环境建设。三是积极发展票据远期、期权、互换产品。

（六）统一市场规范性加强，风险防范水平提高

随着票据市场统一步伐不断提速，统一市场规范性将显著加强，风险防范水平将进一步提高。一是在“坚持把防控风险作为金融工作的永恒主题”的工作基调下，类票据有望纳入监管，其规范性发展也将引起各方重视。二是资本新规的执行进一步规范了票据市场参与主体的行为与考核，在一定程度上体现了监管约束同业空转、引导回归实体本源的思路，有利于调整票据供需关系，推动供需平衡，引导票据价格回归内在价值。三是互联网票据平台继续整治，企业票据交易行为将趋于规范。

（七）金融科技持续发力，数字化票据呈现新亮点

票据市场系统设施3.0，即“数字票据”（笔者定义，数字票据与新一代系统的融合）是系统设施的未来发展目标。数字票据作为数字金融的重要组成部分，是数字货币的重要应用场景，未来将随着数字经济的发展不断充实完善，也将推动票据市场为实体经济提供更加便捷高效的服务。未来数字票据有望朝着树立战略思维、构建市场生态，打造框架体系、做好顶层设计，强化信息披露、提升市场透明度，夯实科技赋能、完善设施基础，以数据为核心、服务实体经济，创新服务模式、深耕中小企业，防范市场风险、加大监管力度，统筹发展路径、分步有序推进的方向稳步发展。

（八）市场信用管理框架逐步建立，商票将迎来发展机遇

票据信息披露实现了对银票、商票及财务公司承兑票据的信息披露全覆盖，对承兑信息及承兑人信用信息披露做出了严格的规定，并对未按规定披露相关信息的主体进行惩戒。未来信息披露制度进一步执行到位，商业汇票信用信息透明度将进一步提升。一方面，将促使签票企业与承兑人注重提高自身可信程度；另一方面，为票据市场发展奠定了扎实的信用基础。此外，评估担保体系开始推进，商业信用框架体系与机制有望建立和不断完善，这将为商业承兑汇票发展营造良好的信用环境，提供新的发展机遇。

（九）票据市场未来将会进一步发展

票据基础设施、新一代票据业务系统到位后，票据市场有望进一步发展。一是进一步有序发展，未来系统设施可以进一步强化风险管理相关功能模块，帮助系统参与者管控票据业务风险，及时防堵风险漏洞，防止风险案件发生，促进票据市场更加有序地发展。二是进一步快速发展，未来系统设施可以持续优化系统规则，提升业务处理效率，加强与周边系统的交互，保障票据业务进一步提质增效，促进经济高质量发展。三是进一步加快创新发展，未来系统设施可以强化对创新的支持，一方面，推动票据创新产品尽快落地，优先推动票据在先进制造业发展、推动绿色票据发展、推动普惠票据发展、推动应收账款票据化、推动民营企业票据发展，并最终实现数字票据；另一方面，进一步加快推动票据国际化进程，未来随着市场对中国票据国际交易中心建设的需求增加，一旦成功建立，将对提升票据跨境交易的稳定性与安全性，吸引更多境外机构、境外资金参与票据市场具有重要意义，将为国内国际双循环提供金融支持。

（十）应用理论研究呈现新变化

聚焦国家政策方针以及票据市场发展热点问题，票据应用理论研究将呈现以下几个方面的新变化：一是加强助力“五篇大文章”的票据发展研究内容，探索票据服务绿色金融、普惠金融、数字金融，以及服务中小微、民营企业发展的路径，助力票据服务经济高质量发展研究；二是加快《票据法》修改研究，加强票据风险研究，推动银行业尤其是中小银行票据业务风险防范研究；三是加强票据市场基础设施功能作用研究，推动统一票据市场研究；四是规范供应链票据创新发展研究，建立健全票据市场信用管理框架体系研究、信息披露与商业汇票发展研究，探索票据评级、评估、担保机制。积极发挥票据理论研究先导作用，促进票据市场更好地服务中国式现代化发展。

电子债权凭证发展机理与监管的比较研究

肖小和　胡　晓[①]

摘　要：近年来，电子债权凭证快速兴起，由于其兼具支付和融资属性，且凭证的票面设计及要素与票据高度相似，因此也被称为类票据。电子债权凭证不是票据，其产生有特定的环境和市场需求，对于缓解产业链上下游资金压力和中小企业融资问题具有一定的正面创新价值。但是，电子债权凭证在目前制度规则、监管体系不明确的情况下已然发展到相当大的体量，特别是属于金融业务性质但未纳入金融监管，从而对金融风险防范、货币政策、社会公平等产生了一系列复杂影响，未来势必需要采取果断的规范措施，避免电子债权凭证市场成为“灰犀牛”。票据是规范的应收账款表现形式，电子债权凭证的出路还是票据。票据市场正处于数十年未有的改革转型中，未来票据与电子债权凭证可以在统一监管标准、加强功能监管、重视行为监管的基础上兼收并采，一方面，票据市场应通过自身创新与完善提升市场竞争力，坚持应收账款票据化的导向，继续做大市场；另一方面，电子债权凭证平台要开放共享，定位于服务，加快与供应链票据接轨；各级管理部门可以在财政奖励、再贴现等方面予以针对性的支持和培育。

关键词：电子债权凭证　机理　风险　监管

一、电子债权凭证的由来

应收账款是企业因赊销而形成的债权性资产。对于单个企业而言，应收账款的存在增加了坏账风险和管理成本，过高的应收账款可能会造成企业流动资金紧张从而影响正常的生产经营活动；对于社会而言，如果企业之间存在大规模的相互拖欠，就可能会形成“三角债”，极易引发大规模的债务违约和生产停滞。因此，如何兼顾“效率”和“成本”，有效化解和盘活应收账款对于宏观经济稳定和微观企业稳健经营具有重要的意义。

---

① 胡晓所在单位为兴业银行成都分行。

近年来，我国传统的应收账款融资模式效率不足且存在较大市场盲区的短板日益暴露。无论是保理、应收账款质押融资还是票据贴现（这里的票据特指商业汇票，含银行承兑汇票和商业承兑汇票），或只能满足核心企业上游一级供应商的融资需求，或需要银行授信支持，加上保理确权难、贴现门槛较高且票据不能拆分，手握应收账款的中小企业难以获得融资，大量应收账款资产无法流动，造成企业支付和融资的梗阻。2021 年底，我国工业企业应收账款余额达 18.9 万亿元，占 GDP 的 16.5%，应收账款的快速增长已成为制约我国产业升级的重要因素。

为了推进供给侧结构性改革，提高经济增长质量和效率，国务院办公厅、商务部等八部门先后出台《关于积极推进供应链创新与应用的指导意见》、《关于开展供应链创新与应用试点的通知》（商建函〔2018〕142 号），鼓励商业银行、核心企业等建立供应链金融服务平台，为上下游中小微企业提供高效便捷的融资渠道。同时，我国供应链金融也出现了由银行主导转为由龙头企业、核心企业主导的趋势。在此背景下，“X 信”“X 链”“X 单”“X 宝”等多级流转的电子债权凭证迅速兴起，其中以中企云链的“云信”最具代表性。

中企云链成立于 2015 年，由中国中车联合部分央国企、金融机构和民营企业，经国务院国资委批复成立。“云信”作为其核心产品，被定义为“一种可流转、可融资、可拆分的标准化确权凭证（电子付款承诺函），实现了反向保理的线上化、标准化，从被动确权到主动确权”。中企云链发展迅速，截至 2022 年 6 月末，云链平台注册企业用户超过 17 万家，核心企业实现“云信”确权超过 6600 亿元，为产业链中小企业提供应收账款保理融资超过 4600 亿元。

二、电子债权凭证发展机理和市场现状

（一）电子债权凭证的市场契合点

电子债权凭证如雨后春笋般快速发展，与其契合解决市场痛点的特点密不可分。作为在企业购销过程中自发产生的商业信用，应收账款缺乏格式化的权利凭证，债权债务关系不透明，不仅难以确权，还款期限不固定，而且债务人还保留了对应收账款的抗辩权，因此，应收账款在企业之间或银企之间流转、融资的难度较大。

对此，电子债权凭证针对性地“借鉴”了票据的部分优点，主要包括天然确权、可流转性和引入电子签名。

（1）确权。从表面来看，电子债权凭证是由核心企业依据真实交易产生的债权债务关系在各自平台上开立的“电子流转单”，同时核心企业出具“电子付款承诺函”，声明放弃因商业纠纷而可能产生的付款抗辩权。例如，某电子债权凭证项下，核心企业通过协议约定的方式明确：该凭证的开立基于供应链上真实、合法、有效的交易；凭证开立时，基础交易合同项下供应商的相应义务已履行完毕，应收账款关系明确、无争议；承诺不因任何原因主张所开立的电子债权凭证无效或撤销，不因任何原因主张就履行应收账款债权项下的清偿义务进行抗辩，到期无条件向电子债权凭证的最终持有人履行清偿义务。

（2）可流转性。电子债权凭证的持有人可以在各自平台上将债权凭证全部或部分转让给第三人，但受限于平台自身的割裂性和封闭性，凭证跨平台、跨供应链流转受限。此外，持有人也可以通过保理等方式进行融资；实际操作中，金融机构采用反向保理的模式参与电子债权凭证融资较为常见，并在人民银行征信中心动产融资统一登记公示系统中办理相应的应收账款转让登记。

（3）引入电子签名。电子商业汇票系统（ECDS）关于主体身份真实性审核和电子签名的机制安排，在相当程度上防范和化解了纸票时代存在的伪假票据风险，电子债权凭证也做了相似“借鉴”。电子债权凭证平台不仅要对用户进行身份审核，而且电子债权凭证的开立及流转也需要加载相关企业的可靠电子签名，以保障相关行为由当事人做出。

尽管电子债权凭证的本质仍是基于基础交易而产生的债权债务关系，但是其在一定程度上将权利形式标准化、具象化，便于流转，形成“支付”属性；另外，通过平台与银行等金融机构的合作，形成“融资”属性（闫东和陈旭，2019）。这与票据的本质（具有融资属性的远期支付结算工具）非常接近。但是，两者之间既有共性，也有区别。

（1）性质的区别。电子债权凭证不是票据，在签发形式、权利基础、法律关系等方面与票据存在本质的区别。票据具有“要式性”特点，其签发有法定的程序和要求；商业汇票在被创设后，即成为独立的权利凭证，原始底层的债权关系已经转变为凭证本身所代表的票据权利。对比来看，电子债权凭证一般被定义为可流转的确权凭证，其性质更接近付款承诺函，其本身并非权利，其所记载的权利仍是底层的债权，而且其开立和签发是按照平台规则进行，属于企业之间“意思自治范畴”，无统一的要式性要求。

(2) 可拆分性的区别。《票据法》第三十三条规定“将汇票金额的一部分转让的背书或者将汇票金额分别转让给二人以上的背书无效”，也就是说，商业汇票不可直接拆分。电子债权凭证不是标准的权利凭证，其所记载的权利仍是底层的债权，根据《合同法》第七十九条“债权人可以将合同的权利全部或者部分转让给第三人”，电子债权凭证可以拆分流转。

(3) 转让流程的区别。票据权利的转让仅需将票据做成转让背书，交付给被背书人，不需要告知票据的付款人（债务人）。电子债权凭证基于原始的债权，根据《合同法》第八十条“债权人转让权利的，应当通知债务人。未经通知，该转让对债务人不发生效力”，因此，电子债权凭证的转让要告知开立人（债务人）。实际操作中，债权转让通知一般通过凭证原持有人（债权人）经由平台向债务人发送的方式实现。

(4) 中间手责任的区别。根据《票据法》第三十七条“背书人以背书转让汇票后，即承担保证其后手所持汇票承兑和付款的责任”，因此，在商业汇票的流转过程中，尽管中间背书人已向后手给付对价，转让票据权利，但仍保留对票据的担保付款责任。在电子债权凭证的流转过程中，原债权关系中的债务人仍为凭证的开立人，债权人由原凭证持有人变更为当前持有人，中间手转让电子债权凭证后实现收益和风险的完全转让。

(5) 转让出表的区别。《企业会计准则第 23 号——金融资产转移》(2017 年修订) 第七条规定“企业在发生金融资产转移时，应当评估其保留金融资产所有权上的风险和报酬的程度，企业转移了金融资产所有权上几乎所有风险和报酬的，应当终止确认该金融资产，并将转移中产生或保留的权利和义务单独认为资产或负债”，由于票据中间手存在的前述或有责任，“应收票据”科目下商业汇票背书的会计政策逐渐收紧为：信用等级较高银行承兑的银行承兑汇票在背书时终止确认，信用等级一般银行承兑的银行承兑汇票以及商业承兑汇票在背书时均继续确认应收票据，待到期兑付后方终止确认。这样，背书、贴现票据将不再直接“出表”，将提高票据中间手的资产负债率，进而对收票意愿产生影响。相较而言，由于性质不同，电子债权凭证转让更能实现收益和风险的整体清洁转让，从而实现“出表”。

综上所述，一方面，电子债权凭证的性质属性、法律关系、签发流转、会计处理等与票据均存在本质的区别，不能将二者混为一谈，电子债权凭证不是票据。另一方面，电子债权凭证在支付属性和融资属性上很接近票据。因此，其也被市场称为类票据，而且“类”得很巧妙，它充分借鉴了应收账款和票据的优点，是介于应收账款融资与商业汇票之间的一种创新金融工具。

（二）电子债权凭证平台“三足鼎立”

由于缺乏公开权威的数据，目前国内究竟有多少电子债权凭证产品并无准确数据；据不完全统计，截至2022年6月，可查询的电子债权凭证平台超过150个，大致形成第三方平台、核心企业自建平台和金融机构自建平台“三足鼎立”的局面。

（1）第三方平台：中企云链“云信”、TCL简单汇“金单”、欧冶金服“通宝”规模靠前，聚合多家核心企业及其上下游、金融机构、保理公司，跨行业运作，客群培养成熟后将拥有较好的“护城河”效应，渠道及流量赋能价值巨大。此外，部分第三方平台具有对外赋能开发能力。

（2）核心企业自建平台：配合自身财务公司、保理公司、集采平台和企业ERP，体现核心企业对上游的辐射能力，核心企业在产业链中具有相对强势的地位。前期以央企为主，以“铁信”“航信”为代表，部分央企甚至存在多个实施主体推进电子债权凭证平台的情况，后来逐渐下沉至地方国企以及龙头民营企业。

（3）金融机构自建平台：以“工银e信”“建行e信通”为代表，国有银行、股份制银行、城商行、农商行、外资银行均有不同程度的参与。例如，“工银e信”业务项下，产业链上的优质企业根据真实贸易背景，在工银数据金融服务平台上签发定时定额定向支付的电子付款承诺函，工商银行可为产业链多级供应商提供在线保理融资服务。由于商业银行受到了更为严格的监管，相当部分银行对于电子债权凭证仍抱持观望态度，开展此类业务的银行多出于获客以及获取合意资产等目的，作为供应链金融生态建设和参与方式的一种。

三、电子债权凭证发展的风险隐患

电子债权凭证的产生在一定程度上契合了市场需求，通过产品创新实现确权和多级、可拆分流转，体现了核心企业信用对整个上游生态的辐射，有助于加快供应链周转效能，缓解中小企业资金压力。但是，我们绝不能忽视其潜在的风险隐患。

（1）“劣币驱逐良币”下的监管套利。电子债权凭证的业务本质与票据完全相同，其产品要素和业务流转均与票据相似，在对票据业务进行严格监管而电子债权凭证缺乏规范的情况下，必然导致“劣币驱逐良币”，产生监管套利，形成非正规金融对正规金融的挤出效应（孔燕，2020）。当前，这种替代趋势已现端倪，一些企业对上游强势供应商仍旧支付银行承兑汇票，其余则以电子债权凭证为主，代替商业承兑汇票。据估算，目前类似于“云信”的电子债权凭证产品累计规模超万亿元，加上平台经营主体复杂，归属于不同管理条线，造成目前对于电子债权凭证不仅缺乏明确的监管体系，缺少统一的标准和指导，甚至还存在“三不管”区域。如此大体量、游离于金融监管之外的科技化“白条”蕴藏的风险须及早防控，如管理不到位，就可能会成为“灰犀牛”，尽管其对于缓解中小企业融资问题具有正面意义，但也可能会引发新的更大风险。

（2）信息不透明加重信用风险隐患。以史为鉴，2016 年以前票据市场风险大案、要案屡见不鲜，其根本原因之一是缺乏阳光化、信息不透明，这也是上海票据交易所成立的重要原因。电子债权凭证缺乏监管，本质上属于企业间的自发行为，封闭性强，与票据底层的“真实交易原则”和顶层的上海票据交易所信息披露、市场风险管理体系相比，电子债权凭证信息披露严重不足，底层基础关系也不清楚，各平台上电子债权凭证开立的额度、期限更是缺乏硬约束和有效的外部监督，导致对于电子债权凭证市场连业务数据都缺乏精确统计，更毋论其底层的基础资产质量如何、风险几何，一旦电子债权凭证多级流转泛滥，就很有可能形成“三角债”，进而引发大面积的企业信用风险和流动性风险。值得关注的是，市场上还出现了利用央国企闲置授信，通过电子债权凭证虚构贸易套取银行资金的情况。

（3）影响货币政策有效性。商业汇票具有支付属性，可以纳入准货币范畴，国际货币基金组织（IMF）2000 年编制的《货币与金融统计手册》即将银行承兑汇票归入“广义货币”。中国人民银行尽管在目前公布的货币层次 M0、M1、M2 中未纳入商业汇票，但也将其作为重要的市场监控指标，在“社会融资规模”中予以统计。然而，电子债权凭证作为供应链闭环使用的支付结算工具和融资工具，在供应链金融体系内产生了“造币”功能，在一定范围内对法定货币具有替代作用，但却不纳入货币供应量统计，这也将对货币政策有效性产生影响。

（4）潜藏道德风险，损害社会公平。核心企业自办应收账款流转存在道德风险，一边故意占用上下游企业账款，一边通过关联机构提供应收账款融资赚取利息，考核激励则会进一步加强核心企业拖欠账款的动力，加剧被拖欠企业的资金困境。对此，相关管理部门已有所察觉并采取针对性纠偏措施，相继出台《关于规范发展供应链金融支持供应链产业链稳定循环和优化升级的意见》（银发〔2020〕226号）、《关于认真贯彻落实〈保障中小企业款项支付条例〉进一步做深做实清理拖欠中小企业账款工作的通知》（国资发财评〔2021〕104号）、《国务院办公厅关于进一步优化营商环境降低市场主体制度性交易成本的意见》等，要求各地清理整治通过要求中小企业接受指定机构的债务凭证或到指定机构贴现进行不当牟利的行为。

四、电子债权凭证的出路还是票据

2019年6月时任人民银行行长易纲在陆家嘴论坛上提出推动应收账款票据化；商业汇票是商业信用的规范化形式，应借鉴20世纪90年代清理“三角债”的成功经验，推动应收账款票据化，为经济高质量发展奠定基础。2020年9月，八部委联合发布《关于规范发展供应链金融支持供应链产业链稳定循环和优化升级的意见》，提出建设供应链金融配套基础设施，提升应收账款标准化程度和透明度，一是人民银行搭建的动产和权利担保登记公示系统，二是上海票据交易所搭建的供应链票据平台。尽管近年来电子债权凭证发展迅猛，对票据产生了一定的替代性影响，但是鉴于电子债权凭证存在的风险弊端，面对应收账款化解压力、供应链效能提升要求，拥有《票据法》清晰的法律保护和广泛市场基础的票据仍旧是最佳选择。

针对当前票据、电子债权凭证以及供应链金融发展的复杂情况，为了更为妥当地兼顾多方目标，实现最大公约数，更好地平衡发展、效率和风险问题，各方应尽快统一方向，并采取针对性措施。

（一）尽快修订《票据法》，将电子债权凭证纳入统一监管

目前我国票据市场相关顶层制度设计，包括《票据法》、电子商业汇票相关管理办法以及监管制度等，或已实施多年，逐渐滞后于市场发展，或多头监管，政策口径不一，因此亟待修订、整合和统一。同时，如何确定电子债权凭证等业务的法律性质、明确规则和管理部门成为亟待解决的问题。因此，应尽快修订《票据法》，在为票据市场未来发展留出充分空间的同时，可将电子债权凭证纳入《票据法》管辖范围，统一监管标准。

在完善制度之外，升级理念同样重要。规范应收账款融资市场，加强对电子债权凭证创新的监管，需要加强功能监管，更加重视行为监管。功

能监管就是对相同功能、相同法律关系的金融产品按照同一规则由同一监管部门进行监管；行为监管针对的是从事金融活动的机构和人，从事金融业务必须要有金融牌照，从事哪项金融业务就要领取哪种金融牌照。相同金融产品不按照同一原则统一监管是造成监管空白、监管套利的重要原因，也是造成金融秩序混乱的重要原因，因而树立功能监管与行为监管的理念是金融稳定的重要基石。就像在公路上，交通规则一致，但如果同时站了三个警察分别指挥军方、政府、公众的车辆，能期望交通秩序改善吗?

在正式法律文件出台前，对于电子债权凭证可在现行法律框架下以“小步快走”的方式审慎推进，例如，建立部际联席会议机制加强协调，明确各方职责和边界，出台制度规范管理，先期实现电子债权凭证业务信息阳光化，在防范“灰犀牛”的同时为后期电子债权凭证纳入票据“并轨”做准备，保障票据市场、供应链金融市场稳定发展。

（二）加快票据市场自身建设，推进票据粒子化进程

在人民银行、上海票据交易所以及各市场参与方的共同努力下，票据粒子化趋势已经显现（见表1），电子商业汇票单张票面金额迅速减小，票据总笔数呈几何级增长，这意味着电子商业汇票的市场重心在不断下沉，市场的深度和广度在不断扩展，票据市场正不断趋于成熟。

表1　电子商业汇票承兑量

年份	承兑笔数（万笔）	承兑金额（万亿元）	平均单张面额（万元）
2015	137.52	5.79	420.83
2016	237.75	8.58	360.88
2017	678	13.02	192.04
2018	1489.36	17.19	86.64
2019	2030.32	19.96	101.72
2020	2270.94	21.86	103.89
2021	2738.25	23.99	114.14

资料来源：中国人民银行。

未来，基于新一代票据业务系统和供应链票据平台，企业可以将所持有的票据拆分或组合成任意金额进行支付，操作的边际成本将趋近于零，此时的票据将趋近“数字货币”，成为具有明确的线性流转记录的电子支付工具，并且电子票据“约期”支付的属性可以与数字人民币的“即期”支付形成互补。这意味着票据将成为新电子支付时代的重要结算工具，将

完全具备支付场景碎片化的条件，企业间小额票据支付应用将更为广泛（闫东和胡晓，2017）。2021 年，我国小额结算市场规模超过 430 万亿元，即使仅有 10%转化为票据结算，其体量也将超过现有票据市场，从而实现票据市场的跨越式发展。

（三）电子债权凭证平台开放转型，抓住供应链票据的契机

无论是先进市场发展经验，还是监管政策导向，供应链金融走“封闭王国”之路是行不通的，坚持开放共享才是长久之计，电子债权凭证平台也不例外。开放既包括对内开放，实现平台与核心企业财务和集采等数据的互联、互通、共享，更包括对外开放，实现产业资源与外部资金的有效对接，发挥不同金融机构的专长和优势，既为产融提供双向的更多选择，降本增效，也避免金融风险过于集中于集团内部。将金融的交给金融机构，平台自身也可以从融资型向服务型、综合型转变。例如，某电子债权凭证平台基于核心企业应付账款为其上游供应商开展的合同贷提供“撮合+确权”服务，电子债权凭证作为重要的确权手段，平台以赚取服务费为目的，不承担信用风险。此外，鉴于“应收账款票据化”是监管机构推动的方向之一，2021 年 4 月上海票据交易所供应链票据平台试运行，首批接入的三家机构包括中企云链、简单汇和欧冶金服，截至 2022 年 9 月已分批接入 18 家符合条件的机构，涵盖商业银行、央企和地方龙头国企。产品是服务的基础，电子债权凭证平台应顺应大势，逐步对接、积极参与供应链票据。

（四）多措并举，支持引导更多企业使用票据

第一，借鉴“军工票”经验，在重点行业复制推广更多行业票，以点带面推广票据。“军工票”是一种新型行业票据，是航天科工等十大军工集团所属财务公司在一致行动的基础上为成员单位签发的纸质商业承兑汇票、电子商业承兑汇票和电子银行承兑汇票的统称，其核心内涵为统一签票理念、统一风控标准、统一增信渠道、统一协调中心。自 2016 年底启动以来，各军工财务公司间互认“军工票”，联合推广，通过合作银行为“军工票”增信打通融资渠道，“军工票”签发规模不断扩大，市场认可度不断提高，不仅有效缓解了军工集团间应收账款相互拖欠、“两金”压降难等问题，提高了产业链运行效能，而且推动建立以票据为基础资产的供应链金融业务，产融结合，有利于产业生态圈和票据市场的良性发展。20 世纪 90 年代，人民银行会同有关部门在“五行业、四品种”（煤炭、电力、冶金、

化工、铁道和棉花、生猪、食糖、烟叶）的购销环节推广使用商业汇票，上述行业拥有成熟的用票客群和习惯，因此可以借鉴“军工票”的经验，选择重点行业继续探索推出符合自身产业链特点、覆盖产业核心企业及上下游企业的“电力票”“有色票”“交通票”“化工票”，通过打造更多的票据基本盘，示范带动更多行业和链条的用票习惯。

第二，支持打造供应链票据重点平台，通过“鲶鱼效应”带动电子债权凭证平台加速向供应链票据转型。2018 年 8 月，中国国新控股有限责任公司携手中核集团、航天科技等共计 51 家央企发起设立央企商业承兑汇票互认联盟，“企票通”正式上线运营；2022 年 6 月，“企票通”平台接入上海票据交易所供应链票据平台。对于票据市场而言，“企票通”的重要意义在于它基于票据而非电子债权凭证，旨在利用平台的信用互认和增信机制，丰富央企之间的支付手段，实现彼此商票互认，满足央企之间的用“票”意愿，这将是票据供给侧结构性改革的又一重大事件；在集传统票据和供应链票据于一体后，“企票通”的壮大也将对其他电子债权凭证平台的转型带来更大的驱动力。

第三，通过多维度、多层次支持鼓励政策，加强票据用户引导和市场培育。例如，山东省围绕推动应付账款票据化、引导核心企业开具商业汇票替代应付账款以及发展供应链票据等目标，针对核心企业、上下游企业、金融机构，采取财政奖励和再贴现支持等多种手段，全流程多点发力，政策体系呈现系统化、立体化特点，近年来成效较为显著。

参考文献

［1］闫东，陈旭．浅谈票与信［EB］．［2019-01-28］．http：//www.baidu.com.

［2］孔燕．协同推动应收账款票据化［J］．中国金融，2020（6）：48-50.

［3］吴晓灵．监管理念转变是金融稳定的基石——解析机构监管、功能监管与行为监管［EB/OL］．［2017-07-18］．http：//www.eeo.com.cn.

［4］闫东，胡晓．电子票据粒子化支付应用的设想［A］．上海票据交易所“中国票据市场改革与发展”获奖论文集［C］．2017.

新时代票据风险研究

肖小和　蔡振祥[①]

票据是一种历史悠久的金融产品，票据风险管理也是自票据产生之初就始终与之相伴的必要行为，追溯到古代，清朝票号采用特制纸张、专人书写汇票并加盖特殊印章、暗书核对、一式多联的方式防范假票风险。到了现代，2016年上海票据交易所成立是我国票据发展历史中的里程碑事件，标志着票据市场发展进入了新时代。自上海票据交易所成立后，其推动了市场交易、登记托管、清算结算机制创新变革，大力实施了纸电融合项目，促使电票大规模普及，并以此为基础推动金融科技在票据市场中更广泛应用以及票据产品不断推陈出新，深刻地改变了票据市场生态，促进了票据市场更快地摆脱萧条阶段，迎来了新时代稳步发展的曙光。不过，新时代有新的进步，自然也伴随着新的问题，新时代票据市场传统风险得到了有效管控，但也产生了一些新的风险形式，需要引起关注及防范。本文将详细梳理上海票据交易所成立后票据风险管理相关成绩，结合社会经济环境及票据市场发展情况分析新时代票据市场所面临的风险形势，对如何更好地防范风险提出自己的思考。

一、新时代票据风险管理成绩

（一）电票普及有效管控道德风险和操作风险

2009年由人民银行批准建立的电子商业汇票系统投入运行，标志着我国票据业务进入了电子化时代，对票据市场发展产生了深远影响。对企业来说，电子商业汇票不仅具有纸质票据的所有功能，更重要的是企业在使用过程中交易资金在途时间大大缩短，资金周转效率明显提高，且收到伪造变造票据的概率大大降低。对商业银行来说，电子商业汇票系统的建成不但使电子票据能够实现实时、跨地区流通使用，而且节省了纸质票据业务的人工成本，节约票据印制成本，降低票据识别及保管成本，规避票据

---

① 蔡振祥所在单位为九江银行企业金融部。

遗失、造假、损坏风险，增强了业务的安全性，加快了结算速度，从而能够有效提高银行的金融服务效率。2016 年 8 月《关于规范和促进电子商业汇票业务发展的通知》的发布及同年 12 月上海票据交易所成立后开展的纸电票据融合、票据交易系统直连与线上票据清算系统等大型系统项目进一步推动了电票的普及，短时间内电票覆盖率大幅提升，长期以来困扰票据市场的道德风险和操作风险也随之得到了大幅规避。

（二）商业汇票信息披露制度有效管控票据信用风险

2020 年 1 月 15 日，上海票据交易所发布了《关于商业汇票信息披露平台试运行有关事项的通知》，指导试点机构参与商业汇票信息披露，这是该制度首次向公众发布。2020 年 6 月 5 日，人民银行发布《关于规范商业汇票信息披露的公告（征求意见稿）》；同年 6 月 7 日，上海票据交易所发布了《商业汇票信息披露操作细则（征求意见稿）》，该制度进入了面向社会公众征求意见的阶段。2020 年 12 月 23 日，人民银行发布公告（中国人民银行公告〔2020〕第 19 号），专门对商业承兑汇票信息披露制度进行了明确，并对信息披露做出强制要求，定于 2021 年 8 月 1 日起正式施行。同年 12 月 30 日，上海票据交易所发布了《商业承兑汇票信息披露操作细则》，该细则是人民银行公告的配套制度，提供了信息披露制度具体操作说明。2022 年 11 月 11 日，人民银行发布修订后的《商业汇票承兑、贴现与再贴现管理办法》，进一步明确了商业承兑汇票、财务公司承兑汇票、银行承兑汇票承兑人均需进行信息披露。同年 11 月 18 日，上海票据交易所发布了《商业汇票信息披露操作细则》，为信息披露具体工作提供操作指引，定于 2023 年 1 月 1 日起正式施行。

根据《商业汇票承兑、贴现与再贴现管理办法》，商业承兑汇票和财务公司承兑汇票承兑人需在平台上披露票据的主要要素及信用信息，银行承兑汇票承兑人需披露承兑人的信用信息。通过披露承兑人相关信息，持票企业及金融机构可以更好地防范假票风险，更准确地识别承兑人信用状况及评估票据信用风险。

（三）票据账户主动管理服务有效管控伪假票据风险

2020 年 10 月 30 日，上海票据交易所发布关于开通票据账户主动管理服务的通知，票据账户主动管理服务是指上海票据交易所提供的，由客户（金融机构以外的法人及其他组织）委托一个具有电票功能的结算账户的开户机构（开户银行或所属集团财务公司）在上海票据交易所相关系统登记该客户所有可办理电票业务的结算账户信息的服务。开通票据账户主动管理服务的客户可委托其开户机构以法人为单位登记所有可办理电票业务的结算账户，登记的结算账户可以办理电票业务，未登记的结算账户不能办理电票业务。

票据账户主动管理服务是在前期出现多起央国企被冒名开立账户并开票案件的背景下推出的，结算账户只有通过企业登记才可以办理票据业务，保证了冒名账户即使开立成功也无法正常开票，从而有效防范了伪假票据流入市场，保障了持票人的利益。

（四）大数据监测有效管控票据全生命链条风险

中国票据交易系统是由上海票据交易所建设并管理的，向交易成员提供询价、报价、成交及登记、托管、清算、无纸化托收等其他交易辅助服务的计算机业务处理系统和数据通信网络，是票据转贴现的全国统一交易平台。该系统于 2016 年 12 月 8 日即上海票据交易所成立当日开始试运行。该系统的建立有效压缩了转贴现交易中中介参与的空间，有利于交易双方规避风险，从而促进市场健康发展。2017 年 3 月，为了进一步推进建设全国统一的票据市场，人民银行印发《关于实施电子商业汇票系统移交切换工作的通知》，决定将 ECDS 移交上海票据交易所运营。2022 年，新一代票据业务系统投产上线，它改变了 ECDS 和 CPES 分割管理的状态，形成了一个可以统一处理票据全生命周期业务的平台，并且还可以实现票据等分化签发和拆包流转。依托以上系统，上海票据交易所可以广泛地收集全市场数据信息，从而能够搭建风险量化管理模型，建立监测预警指标体系与票据风险案例库，上线大数据智能化票据风险监测预警平台，对新时代票据风险做到有效识别、科学计量、实时监测。

（五）妥善处理包商银行等风险事件严肃市场纪律

2019 年 5 月，包商银行因出现严重的信用风险而被中国人民银行、中国银保监会联合接管；2020 年 4 月，蒙商银行正式成立并开业。同日，包商银行接管组发布公告，包商银行将相关业务、资产及负债，分别转让至蒙商银行和徽商银行（为 4 家区外分行）；2020 年 8 月，包商银行因严重资不抵债而提出破产申请；2020 年 11 月，中国银保监会“原则同意包商银行进入破产程序”。在票据保障安排方面，最后实施的保障方案是对同一持票人持有合法承兑汇票合计金额在 5000 万元（含）以下的，按原合同及交易规则正常流转和到期付款，存保公司对承兑金额全额保障；对同一持票人持有合法承兑汇票合计金额在5000万元以上的，由存保公司对承兑金额提供80%的保障；未获保障的剩余20%票据权利，包商银行应协助持票人依法追索。在处置过程中，监管当局坚持市场化、法治化的原则，既切实保障了大多数客户尤其是人民群众及中小微企业的利益，守住了不发生系统性金融风险的底线，也严肃了市场纪律，坚决打破刚性兑付，破除金融牌照信仰，为市场明确发展导向，促进市场主体形成正确预期。总的来说，包商银行风险处置取得了比较理想的效果，兼顾了保障原则及市场导向，将持票人的信用风险尽可能降到最低，并且未使信用风险传导到其他金融机构，引发更大的动荡，同时也明确了市场纪律，促进了金融市场信用分层，促使金融机构在日后的投资中更加重视风险研究及识别体系的建设，有利于金融市场风险管理能力的提升及长期稳健可持续发展。此外，近年来恒丰银行、锦州银行、辽宁城商行等中小金融机构的风险也得到了成功化解，阻断了风险的扩散和传染，提振了市场信心。

（六）监管部门出台专项制度整治市场乱象

上海票据交易所成立后，风险管理更加得到重视，监管部门出台了一系列管理办法及制度要求，加强监管，整治乱象。2017年3月至4月，银监会陆续发布了《关于开展银行业“违法、违规、违章”行为专项治理的通知》《关于开展银行业“不当创新、不当交易、不当激励、不当收费”专项治理工作的通知》《关于开展银行业“监管套利、空转套利、关联套利”专项治理工作的通知》，涉及票据业务的检查要点包含了之前提出的几乎所有问题。2018年5月，银保监会发布《关于规范银行业金融机构跨省票据业务的通知》，提出银行业金融机构开展跨省承兑、贴现业务需建立好相应的异地授信内部管理制度，实行严格的授权管理，并要求银行业金融机构尽快接入人民银行ECDS和上海票据交易所中国票据交易系统，不断提高电子票据在转贴现、买入返售（卖出回购）等票据交易业务中的占比。各级监管部门要密切监测并加大现场检查力度。2022年11月，人民银行、银保监会共同发布了《商业汇票承兑、贴现与再贴现管理办法》，要求金融机构建立健全票据业务管理制度和内部控制制度，认真审核商业汇票承兑人与贴现人的经营状况和财务状况，最近两年内不得发生票据持续逾期或者未按规定披露信息的行为，并且承兑人应及时按照人民银行相关规定披露信息。这一管理办法是适应新时代票据市场发展要求的基础性文件，将助力票据市场进一步管控风险，并且将对票据市场未来改革发展起到引领作用。

二、新时代票据市场发展环境及具体风险

（一）新时代票据市场发展环境

2023年第一季度，我国经济运行开局良好，疫情防控较快平稳转段，生产需求企稳回升，消费市场逐步回暖，就业物价总体平稳，居民收入持续增加，市场预期明显改善。初步核算，第一季度国内生产总值为284997亿元，按不变价格计算，同比增长4.5%，相比上年第四季度环比增长2.2%。第一季度，服务业明显提升，特别是接触型服务业增长较快，增加值同比增长5.4%，相比上年第四季度加快3.1个百分点。其中，住宿和餐饮业增速达到13.6%。此外，市场销售恢复较快，第一季度，社会消费品零售总额为114922亿元，同比增长5.8%。此外，货物出口表现较好，出口总额为56484亿元，同比增长8.4%。但同时也存在表现不太理想的部分。1月至3月，全国规模以上工业企业实现利润总额15167.4亿元，同比下降21.4%，利润下滑显示实体经济创利能力不足，工业恢复增长内生动力还不强。此外，进入3月，消费、投资、工业等指标环比增速均出现了一定程度的下滑，表明经济重新恢复较快增长仍然面临不少困难。

新时代，我国经济所面临的内外部环境更加复杂严峻，从内部来看，国内需求仍然不足，内在增长动力不强，重点领域风险化解程度还不够，经济转型升级仍面临不少阻力；从外部来看，随着硅谷银行、签名银行、第一共和银行相继宣布倒闭，美国经济环境恶化使得全球市场不稳定性明显上升。在日益复杂严峻的经济环境下，票据信息披露制度有待完善，票据评级制度尚未建立，票据信用风险需要高度关注，尤其是房地产、政府平台、中小银行等机构风险需要加强评估识别，特别是要破除刚性兑付信仰。未来，经济及金融市场发展预测难度会进一步加大，票据转贴现利率受到市场资金状况、银行信贷规模、货币市场相关利率水平等多方面因素影响，市场竞争日益加剧，利差空间逐步压缩，甚至会出现票据利率回报低于负债成本的现象，今后的市场操作越来越考验机构的专业化水平，过度的期限错配和不合理的资产结构都会使机构面临严重的市场风险。此外，随着金融监管力度的持续加大以及国家金融监督管理总局的组建设立，未来监管空白及重复监管领域会得到调整优化，从而更好地实现统一监管、功能监管及穿透性监管，因此机构应更加重视业务的合规性，避免合规风险。在道德风险和操作风险方面，由于电票已实现普及，纸票时代突出的伪造变造票、一票多卖、票据调包等问题已得到解决，但同时也产生了冒用身份开票、代理接入后恶意记载、票据背飞等新问题。此外，新时代票据还面临支付功能弱化、创新发展须协调、信息系统漏洞、监管存在空白及重复交叉、类票据债权凭证发展过快难以监管等风险。下文将对新时代票据市场面临的具体风险种类做详细介绍。

（二）新时代票据市场具体风险

1. 信用风险

这里的信用风险是指票据承兑人或票据融资业务交易对手的信用出现问题，造成票据迟付或拒付，从而产生损失的风险。

2. 市场风险

市场风险包括利率风险和流动性风险。利率风险是指商业银行在办理票据融资业务时由于市场价格（如贴现利率或转贴现利率等）的变动而对银行的资金损益产生影响的风险。流动性风险是指商业银行无法及时获得充足资金支付到期票据（如卖出回购到期）债务的风险，或因买入票据的变现能力不足而产生的经营性风险。

3. 操作风险

票据业务的操作风险是指由不完善或有问题的内部程序、员工、信息科技系统以及外部事件造成损失的风险，包括法律风险，但不包括战略风险和声誉风险。

4. 合规风险

票据业务的合规风险是指商业银行因没有遵循法律、规则和相关制度规定而可能遭受法律制裁、监管处罚、重大财务损失和声誉损失的风险。

5. 道德风险

道德风险是指企业对银行的诈骗行为和银行内部从业人员道德丧失导致的票据业务风险。

6. 信息系统风险

ECDS 开启了票据市场电子化的序幕，参与主体对接系统现已运行多年，参与主体与之对接系统开发和对接各自系统的科技人员变换了岗位，加上没有设计记录存档，原来的设计逻辑、规则等继任者说不清楚，有些漏洞难以发现，现在还要根据需求不断更新，各行参与主体尤其是中小金融机构科技实力不足，网银系统票据模块承兑人等要素系统校验等功能可能存在漏洞，加上不法分子通过签发小额票据等方式，试探参与者系统、网银等，可能会加大系统漏洞出现的可能性。

7. 监管风险

随着票据全生命周期产品及业务环节的不断丰富，风险发生时查不清责任部门或同一环节重复监管的现象也出现了。主要体现为在管理职责方面，各部门各管一段，从自身管控角度考虑较多，监管制度上缺乏全产品、全链条统筹与考量；在流程运行方面，流程之间相对割裂，难以无缝衔接全覆盖；在培训方面，部门之间基本上各自为政，市场培训五花八门、鱼龙混杂。

8. 功能弱化新风险

票据信用是核心，支付功能为关键，近年来在支付、背书环节，由于可替代品增多（如信用证、类票据债权凭证等），再加上中介平台的介入，虽然从数据上看票据背书规模有所增长，但剔除民间平台等因素的影响，总体规模是有限的，票据支付功能有弱化趋势，如果今后成为常态，将不利于票据市场的可持续发展。

9. 创新发展新风险

由于《票据法》的滞后，加上参与主体和监管部门之间的协调问题，票据产品创新中隐含着一些新风险，如标准化票据，有利于市场、银行和企业等，但在推进过程中遇到了问题（如标准化资产认定、票据经纪机构认定、存托机构管理等）。此外，供应链票据、票付通、贴现通等需要参与主体共同推进，否则会损失投入成本。

10. 类票据风险

当前类票据产品发展较快，由于没有指定的监管机构，对整个市场类票据的发行量、每个发行平台的运作情况了解有限，类票据产品与票据监管要求不一致，存在明显的套利空间，为了避免产生重大风险隐患及规范市场发展，急需明确类票据平台监管制度，将类票据产品纳入统一票据市场。

三、切实加强票据市场风险管理的思考

（一）牢固树立风险防控意识是根本

金融业务牵涉主体众多，覆盖面极广，因此，金融领域发生的巨大风险往往会对整个经济造成严重冲击，防范化解金融风险至关重要。票据市场作为金融市场的重要组成部分，自改革开放以来总体发展稳健，但在特定阶段仍然有一些重大票据风险事件发生，给相关参与者造成了严重损失，增加了票据市场的不稳定性。无论未来票据市场发展到什么程度，做

好风险防控都是始终要坚持的根本原则，无论是监管部门还是市场中的各参与主体都要牢固树立风险防控意识，善于认识票据风险新变化，掌握风险新规律，处理好风险与创新的关系，善于运用科技力量，在风险可控的前提下追求创新，在创新的过程中积累风险防控和处理的经验，对有益的经验要形成制度及时推广，从而保证市场健康稳定发展。

（二）宏观上构建风险监管框架体系是基础

一是根据新时代票据全生命周期业务特点，梳理好各监管部门的监管职责，探索协调监管机制，特别是在票据创新产品领域，避免重复监管及监管空白现象。二是在现有商业汇票信息披露制度的基础上，进一步加强票据风险信息披露及整合，包括风险票据、票据案件及其他可能导致票据风险的信息，建立票据风险信息平台，运用科学模型建立宏观经济预警、区域监测评价等系统，实现对票据数据信息的多层次、精细化分析，并加强票据逾期信息与人民银行征信系统的互联互通，对企业可能发生的票据逾期行为产生更强的约束力。三是推动建立票据信用评级制度，由第三方机构对票据出票人、承兑人开展信用评级，从而帮助市场交易主体更好地识别票据信用风险，有利于规范我国商业信用的发展。四是建议上海票据交易所在掌握市场海量数据的基础上，运用金融科技手段加强风险监测及预警机制，及时跟踪、分析市场参与者的行为，及时预警异常情况，并强化风险工具创新，探索研究票据市场利率风险、信用风险衍生产品，为市场参与者提供多样化的避险工具。五是建议进一步加强供应链票据推广，丰富完善票据支付产品体系建设，强化系统支持，防范票据支付功能弱化风险。六是针对类票据产品快速发展问题，建议首先摸清底数，评估综合风险，其次应尽快调整管理制度，将类票据产品与一般票据业务按照同一标准进行监管，防止政策套利，最后要将类票据平台逐步通过系统改造等方式纳入统一票据市场，与上海票据交易所系统全面对接。

（三）微观上各参与主体加强风险管理能力建设是关键

一是各参与主体应建立票据业务全面风险管理框架，将票据融资业务严格纳入统一授信管理，并做好授信业务岗位分离制度建设，运用多视角、多维度的票据业务客户管理模式，优化客户评级体系，并加强贷后管理。二是探索性地开展信用风险限额管理、多维度结构组合分析、利率风险与收益综合分析、或有负债风险监测，提升信息化大数据风险监测分析水平，并保持流动性警惕，提高市场风险经营能力。三是加强信息系统人才队伍建设，加大相关资金投入，建设具有强大处理能力及风险处置能力的信息系统，为业务发展及风险管控提供坚实的基础。四是加强机构内部票据业务培训，及时组织员工开展行业最新监管政策、机构票据业务制度及其他专业知识学习，注重员工异常行为管理，定期开展培训考试及行为排查，尽早掌握风险情况，严防合规风险、道德风险及操作风险进一步滋生蔓延。

中国票据市场风险指数的构建与测算

肖小和　章　彤[①]　李紫薇

摘　要： 票据市场作为服务实体经济的重要金融市场，为广大中小企业融资提供了便利，因此监控票据市场的整体风险至关重要。本文综合考虑了票据市场的利率风险、流动性风险以及信用风险，选取了具有代表性的指标，采用综合评价方法构建了能够刻画中国票据市场整体风险状况的指数。基于近年的数据，本文对中国票据市场风险指数进行了测算，为票据市场风险防控提供参考。研究表明，利率风险是票据风险的主要影响因素，单一业务品种流动性风险不高，但市场整体流动性对票据风险影响较大。此外，尽管当前信用风险对票据市场风险影响较小，但承兑主体的信用状况值得关注。

关键词： 票据市场　风险指数　信用风险

一、引言

2016年，票据风险案件集中爆发，敲响了市场风险防控的警钟。监管机构频繁出台相关政策，坚决整治市场乱象，规范票据业务发展。同年，上海票据交易所成立，带来了票据市场革命性变革。上海票据交易所自成立以来，持续推进票据市场风险防控中心建设，制度与举措双向发力，市场透明度大幅提升，生态环境得到改善，票据市场重新回归理性发展。然而，随着包商银行被接管，商业银行刚性兑付被打破。恒大商票事件再一次将票据市场推上风口浪尖，如何防范化解风险成为市场主体争先探讨的话题。

上海票据交易所成立后，电子票据全面推行，传统纸质票据风险得到了有效管控。但是票据风险并没有消除，而是随着介质的变化呈现出新的特征。尤其是《商业汇票承兑、贴现与再贴现管理办法》颁布以来，票据支付功能被强化，商票、供应链票据的优势逐步显现，防范化解信用风险、

① 章彤所在单位为江西财经大学金融学院。

增强票据兑付能力成为进一步提升票据市场接受度的关键。除此之外，《商业汇票承兑、贴现与再贴现管理办法》将票据期限缩短至最长 6 个月，对交易端的发展提出了更高的要求，由此带来的利率风险和流动性风险同样不容忽视。然而，目前学术界和业界对于票据风险的研究主要集中在基础理论及微观主体层面，并未涉及对市场整体风险的定量测度。本文在现有研究的基础上，运用综合评价方法构建票据风险指数模型，衡量和反映票据风险状况及其变化情况，为票据市场风险防控提供参考。

二、文献综述

（一）关于票据风险的相关研究

随着我国经济进入新常态，经济结构调整对金融市场的资金配置能力提出了新的要求。票据作为服务实体经济的重要金融产品，其业务的创新与发展面临着机遇和挑战（李伟和李海霞，2016）。新常态带来的挑战主要体现在票据市场所面临的风险日益多元化，具体包括信用风险、利率风险、流动性风险、合规风险和操作风险等（肖小和，2017）。

近年来随着业界对票据风险越来越关注，许多相关研究也接踵而至。徐枫和郭楠（2017）从信用风险、操作风险、市场风险、流动性风险和法律风险五个维度系统分析了票据业务风险，认为票据市场风险主要体现为利率风险，而流动性风险则主要集中于银行表外业务，这两种风险常常同时出现、相互交织。肖小和等（2015）对新常态下票据市场全面风险趋势进行了分析，认为目前票据市场所面临的信用风险、利率风险、合规风险均应引起高度重视，风险管理手段应具有针对性。吴京辉（2023）探讨了票据市场信用风险的防范，并指出了目前我国票据市场信用风险治理规则的缺陷，如票据信用评级制度尚未建立、票据违约治理规范不健全等。王红霞等（2014）在研究票据市场利率风险时，采用转贴现买断报价利率的 VaR 进行量化分析。在信用风险方面，他们采用承兑余额与存款余额的比例来刻画银行承兑汇票的信用风险情况。

大多数现有研究是从理论或案例的角度对票据市场的各类风险进行分析，很少有研究能够将这些风险进行量化并进行比较分析。

（二）关于金融风险指数的相关研究

由于目前关于票据风险指数的研究极少，因此本文对金融风险指数的相关研究进行综述，并适当参考用于票据风险指数的构建。肖小和和王亮（2016）采用主成分分析法构建了中国票据市场发展指数，并测算出了

2006—2014 年中国各区域的票据市场发展指数。郭峰等（2020）编制了中国数字普惠金融发展指数，他们将数字普惠金融指标体系分为三级维度，共计 33 个具体指标，并通过层次分析法最终确定了各指标的权重。李书和解瑶姝（2022）在国际货币基金组织金融稳健性指标体系的基础上，运用 TVP-FAVAR 模型构建了我国金融稳定指数，量化我国金融稳定水平。曹颢等（2011）选取科技金融资源、科技金融经费、科技金融产出、科技金融贷款共 4 个维度 10 个指标构建了中国科技金融发展指数，并采用算术平均法设立了各指标的权重，最后对各地区的科技金融发展指数进行聚类分析。陈三毛和钱晓萍（2014）采用网点数量、人均存款与人均收入比率等 4 个指标构建了我国各省的金融包容性指数，并分析了各地区的差异性。

总体上看，关于金融风险指数的研究并没有固定的范式，使用的赋权方式也各不相同，大多数研究并未给出具体的权重确定方法。

三、票据风险指数的构建

（一）构建原则

本文旨在构建一个能够全面刻画票据市场风险的指数，从而帮助市场参与者和监管机构识别与防范票据市场整体风险。此票据风险指数应该符合下述原则。

1. 风险构成的多元化

票据风险包括信用风险、利率风险、流动性风险、操作风险、合规风险等，因此，票据风险指数应涵盖多种风险，从而能够较为全面地反映整个票据市场的情况。

2. 数据可获得性

为了进行跨期比较，票据风险指数应该能够反映一段时间内票据风险的变化情况，并且能够在未来沿用。因此，构成票据风险指数的指标应该是可获得的，且数据披露具有较强的延续性，这样才能够支持票据风险指数长期稳定地发布。

3. 计算便捷性

由于票据风险指数应具有延续性，因此，其计算方法应当尽量简单便捷，从而确保指数计算的可重复性和指数发布的及时性。

基于上述三个原则，本文构建了票据风险指数，具体过程如下。

(二)指标选取

本文将票据风险分为利率风险、流动性风险和信用风险，并用表1中的18个指标来刻画这三类风险，具体指标的含义见下文。

表1 票据风险指数的指标体系

类型	指标	影响	符号	类型	指标	影响	符号
利率风险 C_1	1个月期利率变异系数	正向	X_1	流动性风险 C_2	承兑率	负向	X_{10}
	3个月期利率变异系数	正向	X_2		贴现率	负向	X_{11}
	6个月期利率变异系数	正向	X_3		交易率	负向	X_{12}
	1个月期利率偏度绝对值	正向	X_4		回购换手率	负向	X_{13}
	3个月期利率偏度绝对值	正向	X_5		银票交易成本	正向	X_{14}
	6个月期利率偏度绝对值	正向	X_6		商票交易成本	正向	X_{15}
	1个月期利率峰度	正向	X_7	信用风险 C_3	持续逾期率	正向	X_{16}
	3个月期利率峰度	正向	X_8		新增逾期发生额占比	正向	X_{17}
	6个月期利率峰度	正向	X_9		逾期余额占比	正向	X_{18}

1. 利率风险

票据市场的利率风险是指由于利率变动而使贴现人成本变动，或使票据交易主体遭受损失的风险。本文分别选取利率的变异系数、偏度的绝对值以及峰度对利率的变动情况进行刻画，因而这些指标也能用来描述票据市场的利率风险。

本文选取1个月期、3个月期和6个月期共3种国股银票转贴现利率，每种利率均有3个风险指标，因此本文共采用9个指标对票据市场的利率风险进行评价，分别对应表1中的 X_1 至 X_9。

(1) 变异系数

N 代表当月的交易日个数，即市场利率的个数，r_i 代表第 i 个市场利率的数值，$\bar{r}$ 代表当月平均市场利率，则当月市场利率的变异系数 c 可以表示为

$$c = \frac{\sqrt{\frac{1}{N-1}\sum_{i=1}^{N}(r_i - \bar{r})^2}}{\bar{r}} \tag{1}$$

变异系数 c 实际上是市场利率的标准差与均值的比值，表示当月市场利率的波动情况。变异系数的数值越大表示利率波动性越强，因此能够用来刻画当月票据市场的利率风险。

（2）偏度的绝对值

$$s = \left| \frac{\frac{1}{N}\sum_{i=1}^{N}(r_i - \bar{r})^3}{\left(\frac{1}{N}\sum_{i=1}^{N}(r_i - \bar{r})^2\right)^{3/2}} \right| \tag{2}$$

式（2）中的符号意义与式（1）相同。式（2）表示当月利率的偏度，是利率3阶中心矩和标准差3次方比值的绝对值，表示利率数值分布偏离中心对称性的情况。偏度的绝对值越大表明利率分布偏离正态分布得越多，极值较多，则利率风险较大；反之，利率的极值较少，利率风险较小。因此，偏度的绝对值能够作为描绘当月利率风险的指标。

（3）峰度

$$k = \frac{\frac{1}{N}\sum_{i=1}^{N}(r_i - \bar{r})^4}{\left(\frac{1}{N}\sum_{i=1}^{N}(r_i - \bar{r})^2\right)^2} \tag{3}$$

式（3）中的符号意义同上。式（3）表示当月利率的峰度，是利率4阶中心矩和标准差4次方的比值。峰度越大表明利率分布越陡峭，意味着极端值越多，即风险越大；反之，极端值越小，风险越小。因此，峰度也能够作为描绘当月利率风险的指标。

2. 流动性风险

王凌飞等（2018）使用转贴现交易换手率来衡量单张票据的流动性。本文借鉴其指标选取原则，选取了交易率、回购换手率指标来反映票据二级市场流动性状况，并增加承兑率、贴现率，综合衡量票据一级市场流动性。另外，考虑到交易成本对票据流动性可能产生的影响，构建了交易成本指标来从反方向刻画市场的流动性。

（1）承兑率

承兑率=承兑发生额/承兑余额，即承兑率是承兑发生额与承兑余额的比值。承兑率越大，票据一级市场供给量越多，企业间流转的票据越多，流动性越强；反之，票据一级市场供给量越少，流动性越弱。因此，能够使用承兑率反映票据市场的流动性。

（2）贴现率

贴现率=贴现发生额/贴现余额，即贴现率是贴现发生额与贴现余额的比值。贴现率越大，票据二级市场供给量越多，金融机构间用于交易的票据越多，流动性越强；反之，票据二级市场供给量越少，流动性越弱。因

此，能够使用贴现率反映票据市场的流动性。

（3）交易率

交易率=（贴现发生额+转贴现交易量）/票据融资余额，即交易率是贴现发生额与转贴现交易量之和同票据融资余额的比值。交易率越大，企业票据融资或金融机构交易越频繁，流动性越强；反之，企业票据融资或金融机构交易越不频繁，流动性越弱。因此，交易率能够反映票据市场的流动性。

（4）回购换手率

回购换手率=回购交易量/回购余额，即回购换手率是回购交易量同回购余额的比值。回购换手率越高，表明金融机构间票据回购业务越频繁，流动性越强；反之，金融机构间票据回购业务越不频繁，流动性越弱。因此，回购换手率能够反映票据市场的流动性。

（5）交易成本

交易成本=贴现利率-转贴现利率，即交易成本是贴现利率与转贴现利率之差。交易成本是买入价和卖出价的价差，其中可以用贴现利率表示买入价，用转贴现利率表示卖出价。在票据市场中，交易成本越高，票据交易的流动性就越弱，流动性风险越高，因此，交易成本可以作为刻画票据市场流动性风险的指标。

由于票据市场中交易的票据主要分为银行承兑汇票（财务公司承兑汇票纳入银行承兑汇票统计范畴）和商业承兑汇票两类，因此，本文共构建了两个交易成本指标 X_{14} 和 X_{15}，分别用来反映银票交易成本和商票交易成本。

3. 信用风险

信用风险，即票据相关主体因信用状况出现问题而产生延迟兑付或者拒绝兑付行为，从而给持票人带来损失的风险。为了揭示票据市场信用风险，上海票据交易所定期在票据信息披露平台上披露持续逾期名单。本文在充分借鉴该名单的基础上，构建了持续逾期率、新增逾期发生额占比、逾期余额占比这 3 个指标，反映整个票据市场中票据逾期事件发生的情况。

（1）持续逾期率

持续逾期率=持续逾期企业数量/累计注册企业数量，即持续逾期率是持续逾期企业数量与累计注册企业数量的比值。根据上海票据交易所的规则，6 个月内发生 3 次以上票据逾期，且月末有逾期余额或当月有逾期行为发生的构成承兑人逾期。6 个月内发生 3 次以上承兑人逾期的，构成持续逾期。持续逾期企业数量越多，持续逾期率越高，表明票据到期不能及时兑付的风险越高，即信用风险越大，因此，持续逾期率可以用来刻画票据市场整体的信用风险。

（2）新增逾期发生额占比

新增逾期发生额占比=新增逾期发生额/票据市场承兑发生额，即新增逾期发生额占比是新增逾期发生额与票据市场承兑发生额的比值。上海票据交易所累计逾期发生额的统计规则为承兑人近5年内发生过逾期的商业汇票总金额。本文使用已披露承兑信用信息的持续逾期承兑人当月累计逾期发生额与该承兑人上月累计逾期发生额的差值来衡量逾期发生额增量，不考虑增量为负的情况。新增逾期发生额占比越高表明信用风险越大，因此，新增逾期发生额占比能够用来刻画票据市场整体的信用风险。

（3）逾期余额占比

逾期余额占比=逾期余额/承兑余额，即逾期余额占比是逾期余额与承兑余额的比值。其中，逾期余额是指发生逾期且未结清的商业汇票总金额。逾期余额占比越大表明企业未结清的逾期票据越多，信用风险越大，因此，逾期余额占比能够用来刻画票据市场整体的信用风险。

综上所述，本文共选取了18个指标来构建票据风险指数，这些指标覆盖了利率风险、流动性风险和信用风险三个方面，能够比较全面地刻画票据市场的整体风险情况。

（三）数据标准化

由于本文共使用了18个指标来构建票据风险指数，而指标的数据量纲各不相同，因此，在对指标进行赋权构建票据风险指数之前，需要对数据进行标准化处理，使得数据均落在边界为0和1的闭区间内。下面是分别针对正向指标和负向指标的标准化方法。

1. 正向指标标准化

正向指标，即数值越大反映风险程度越高的指标，如本文的利率变异系数、峰度、交易成本等，具体见表1。正向指标采用式（4）进行标准化。

设 x_{it} 表示第 i 个指标在 t 时刻的标准化结果，X_{it} 表示第 i 个指标在 t 时刻的原始数据，T 表示单个指标的数据量，即覆盖的时间长度，则正向指标的标准化结果 X_{it} 可以表示为

$$x_{it} = \frac{X_{it} - \min\limits_{0 \leqslant t \leqslant T}(X_{it})}{\max\limits_{0 \leqslant t \leqslant T}(X_{it}) - \min\limits_{0 \leqslant t \leqslant T}(X_{it})} \tag{4}$$

2. 负向指标标准化

负向指标，即数值越小反映风险程度越高的指标，本文仅有 4 个负向指标，均用来刻画流动性风险，具体见表 1。负向指标采用式（5）进行标准化，符号含义同上。

$$x_{it} = \frac{\max\limits_{0 \leqslant t \leqslant T}(X_{it}) - X_{it}}{\max\limits_{0 \leqslant t \leqslant T}(X_{it}) - \min\limits_{0 \leqslant t \leqslant T}(X_{it})} \tag{5}$$

（四）基于熵权法的指标赋权

本文采用熵权法对指标的标准化数据进行加权，构建票据风险指数。熵权法根据每个指标的熵值对其进行赋权，熵值越小说明指标包含的信息越多，则构建指数时贡献越大，因此应该赋予更大的权重。

1. 熵值计算

设 p_{it} 表示 t 时刻第 i 个指标数据占 i 个指标数据之和的比重，x_{it} 表示第 i 个指标在 t 时刻的标准化数据，T 表示单个指标的数据量，即覆盖的时间长度，e_i 表示第 i 个指标的熵值。

$$p_{it} = \frac{x_{it}}{\sum\limits_{t=1}^{T} x_{it}} \tag{6}$$

$$e_i = -\frac{\sum\limits_{t=1}^{T} p_{it} \ln p_{it}}{\ln T} \tag{7}$$

对于式（7），若 $p_{it} = 1/T$，其中 $t = 1, 2, 3, \cdots, T$，即一个指标中每个数据均相等，此时熵取得最大值，即 $e_{max} = 1$。因此，熵值的取值范围是 0 到 1 的闭区间。熵值越大，说明第 i 个指标数据的差异性越小，即这个指标的信息含量较小；反之，熵值越小，第 i 个指标的信息含量越大。

2. 熵权计算

设 w_i 表示第 i 个指标在指数中所占的权重。m 表示指标总数，本文共使用 18 个指标。

$$w_i = \frac{1 - e_i}{\sum\limits_{i=1}^{m}(1 - e_i)} \tag{8}$$

熵值越小，指标的信息含量越大，因此应该赋予更大的权重。熵值的取值范围是 0 至 1，要使得权重之和为 1，需采用式（8）将熵值转化为权重。

3. 指数构建

设 D_t 表示 t 时刻的票据市场综合指数，则其可以表示为

$$D_t = 1000 \sum_{i=1}^{m} w_i x_{it} \tag{9}$$

将 t 时刻所有指标的标准化数据进行加权，即可得到票据市场综合指数。为了使指数在数值上具有显著差异性，将指数数值乘以 1000。

四、指数的测算

（一）数据来源和选取

1. 数据来源

利率风险指标计算过程中使用的利率来源于上海票据交易所“票信宝”。

流动性风险指标计算过程中使用的票据融资余额选取自中国人民银行《金融机构本外币信贷收支表》，其余数据来源于上海票据交易所“票信宝”。

信用风险指标计算过程中使用的票据市场承兑发生额、票据市场承兑余额数据选取自上海票据交易所“票信宝”，其余逾期数据均获取自上海票据交易所票据信息披露平台。由于 2023 年以前，上海票据交易所未对信息披露采取强制管控措施，存在一部分承兑人未按照规定披露相关信息的情况，因此，本文用于计算信用风险指标的新增逾期发生额、逾期余额数据，仅统计自当月已披露相关信息的持续逾期承兑人。

2. 票据市场利率的选取

在刻画利率风险时，需要使用利率数据来构造指标，因此，合适的利率选取非常关键。一直以来，票据市场将国股银票转贴现收益率曲线作为定价基准，其他票据利率在其基础上通过加点差等方式形成。国股银票转贴现利率可以近似反映票据的内在价值，其变动能够揭示票据市场利率的波动信息（江西财经大学九银票据研究院，2021），因此，本文选其作为市场利率的代表。

本文用于计算利率风险指标的数据来源于上海票据交易所“票信宝”。国股银票转贴现利率分为 1 天、7 天、1 个月、2 个月、3 个月、4 个月、5 个月、6 个月、7 个月、8 个月、9 个月、10 个月、11 个月和 1 年共 14 种期限。考虑到 2023 年《商业汇票承兑、贴现与再贴现管理办法》正式施行后票据期限最长不得超过 6 个月，为了保证模型的一致性，本文分别选取 1 个月期、3 个月期、6 个月期国股银票转贴现利率来衡量票据市场短期、中期、

长期的利率状况，不考虑6个月以上期限票据利率的变化情况。

3. 时间范围的选择

由于可获得的衡量利率风险及流动性风险的原始数据时间范围为2020年1月至2022年12月，同时，票据信息披露平台自2021年8月开始正式对外披露，信用风险数据样本区间为2021年8月至2022年12月。

受限于数据可得性，本文选取的数据时间范围是2021年8月至2022年12月，且均为月度数据。其中，刻画利率风险的指标是基于一个月内的日度数据计算得到的月度值。

（二）测算结果与分析

根据上述数据和熵权法进行计算，本文得到了如表2所示的权重分布。

表2　票据风险指数的权重分布

类型	指标	符号	指标权重	权重排序	风险权重
利率风险 C_1	1个月期利率变异系数	w_1	0.0795	2	0.6435
	3个月期利率变异系数	w_2	0.0732	6	
	6个月期利率变异系数	w_3	0.0575	8	
	1个月期利率偏度绝对值	w_4	0.0408	14	
	3个月期利率偏度绝对值	w_5	0.0508	9	
	6个月期利率偏度绝对值	w_6	0.0746	5	
	1个月期利率峰度	w_7	0.0764	3	
	3个月期利率峰度	w_8	0.0761	4	
	6个月期利率峰度	w_9	0.1147	1	
流动性风险 C_2	承兑率	w_{10}	0.0256	18	0.2081
	贴现率	w_{11}	0.0315	16	
	交易率	w_{12}	0.0312	17	
	回购换手率	w_{13}	0.0341	15	
	银票交易成本	w_{14}	0.0417	13	
	商票交易成本	w_{15}	0.0441	11	
信用风险 C_3	持续逾期率	w_{16}	0.0588	7	0.1484
	新增逾期发生额占比	w_{17}	0.0457	10	
	逾期余额占比	w_{18}	0.0438	12	

总体来看，利率风险累计贡献率最大，达到了64.35%，其次是流动性风险20.81%，最后是信用风险14.84%。

分指标来看，前 6 大影响指标均为利率风险相关指标，综合贡献度达到 49.45%。其中，6 个月期利率峰度对票据风险指数影响最大，单一指标贡献率达到 11.47%。其次是 1 个月期利率变异系数、1 个月期利率峰度、3 个月期利率峰度、6 个月期利率偏度绝对值以及 3 个月期利率变异系数。表明现阶段票据风险主要表现为利率风险，票据利率变动情况值得重点关注。在前 10 大影响指标中，利率风险指标占比为 80%，信用风险占比为 20%。在信用风险指标中，持续逾期率贡献度达到 5.88%；其次是新增逾期发生额占比，贡献度达到 4.57%，二者综合贡献度达到 10.45%。表明尽管信用风险目前不是票据市场风险的主要成因，但是承兑人持续逾期所造成的影响仍然不容忽视。值得注意的是，虽然单一流动性指标风险贡献度均低于 5%，但是票据市场流动性风险整体贡献度达到 20.81%，流动性风险仍然值得关注。

根据表 2 的权重，结合式（9），最终得到了 2021 年 8 月至 2022 年 12 月的票据风险指数，具体数值如表 3 所示，对应的指数如图 1 所示。

表 3　票据风险指数测算结果

时间	利率风险指数	流动性风险指数	信用风险指数	票据风险指数
2021 年 8 月	62.0057	85.39912	9.27253	156.6564
2021 年 9 月	216.1155	87.35662	14.79798	318.2115
2021 年 10 月	26.7869	129.6693	19.27901	175.7071
2021 年 11 月	103.7232	114.474	22.29104	240.4421
2021 年 12 月	352.9698	75.19021	23.53417	451.5651
2022 年 1 月	184.3629	43.47753	39.70752	267.5192
2022 年 2 月	219.0709	131.4204	34.41952	384.8807
2022 年 3 月	69.6782	54.34638	50.2828	174.3117
2022 年 4 月	230.6084	86.31023	60.72432	377.6220
2022 年 5 月	213.3022	97.4575	82.59386	393.3212
2022 年 6 月	51.0933	118.5268	73.19813	242.8106
2022 年 7 月	421.5035	108.1753	91.71143	621.3351
2022 年 8 月	225.0843	112.2063	122.3437	459.6194
2022 年 9 月	37.8734	135.7267	122.8343	296.4551
2022 年 10 月	302.2065	147.3172	142.0573	591.5555
2022 年 11 月	54.7418	140.5639	148.3000	343.6207
2022 年 12 月	319.8318	122.5113	108.5542	550.8011

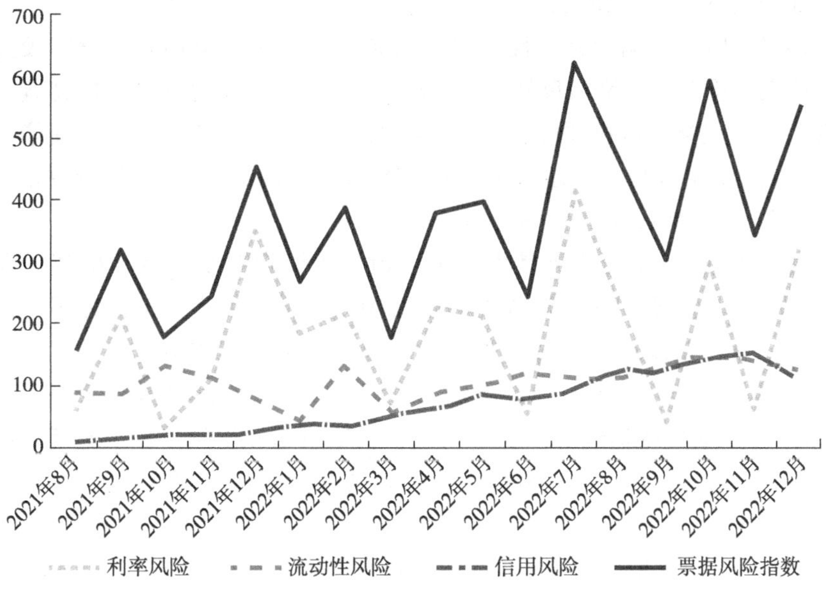

图 1 票据风险指数变化情况

图 1 展示了根据综合评价方法测算出的票据风险指数。经过无量纲处理后的指数范围为 0~1000，而 2021 年 8 月至 2022 年 12 月，票据风险指数在 200~600 点范围内波动，反映出票据市场整体风险程度较低。票据风险指数整体呈现上升并趋于稳定的态势，主要原因在于随着商业汇票信息披露的稳步推进，承兑人信息披露意识有所提升，并开始在票据信息披露平台上披露相关信息，票据逾期情况逐渐暴露，信用风险被揭示并反映出来。

票据风险指数的变化是利率风险、流动性风险、信用风险综合影响的结果。

具体来看，2021 年 12 月，票据风险指数波动主要受利率风险影响。该月票据市场资金整体宽裕，信贷投放不及预期，叠加房地产需求疲软影响，融资需求不足，市场交易主体通过买入票据来填充规模，带动票据利率一路下跌至历史最低点。随着各商业银行信贷规模调整到位，票据利率在月末最后一天急速反弹，3 个月期限的国股银票转贴现利率当日涨幅超过 300%，表现为票据风险指数快速上升至 451. 5651。

2022 年 7 月，受房地产市场悲观情绪、疫情反复，以及 6 月信贷集中释放等因素影响，该月信贷、社融数据快速回落。叠加监管政策明确禁止通过票据虚增贷款规模，以及月末商业银行信贷规模调整等因素，票据利率再度探底，票据风险指数上升至 621. 3351。

2022年8月，受供给走弱、市场预期不明朗、社融数据、公开市场降息等因素影响，票据价格一路走低。月末卖盘抛售，市场恐慌情绪较为浓郁，推动票据利率上涨后反转下行。8月，上海票据交易所披露的持续逾期企业数量首次突破4000户，其中新增持续逾期企业达到1244户，新增逾期发生额占比超过120%，信用风险逐步暴露。尽管8月票据风险指数较7月有所回落，但仍然达到了459.6194。

2022年10月疫情多点散发，中上旬受监管趋严及9月社融超预期影响，市场较为谨慎，下旬信贷投放不及预期，票据利率月末快速下行。10月票据承兑、贴现环比下降，带动承兑率、贴现率同步下行，贴现、转贴现利差拓宽，推动银票、商票交易成本进一步增大。该月持续逾期企业达到4685户，逾期率达到7.46%的高位，新增逾期发生额占比、逾期余额占比分别达到145.17%、32.20%，逾期情况更为严峻，票据风险指数上升至591.5555。

2022年12月是《商业汇票承兑、贴现与再贴现管理办法》正式施行前的最后一个月，受票据期限缩短影响，12月票据市场出现“冲量”现象，单月承兑量达到3.1万亿元，为近年来高点。承兑率、贴现率出现不同程度的提升。受疫情防控政策全面放开和房地产政策放松影响，中上旬票据价格区间内震荡，月末出现报复性反弹。不同期限票据价格差异较大，导致银票、商票贴现、转贴现利差进一步扩大，票据风险指数上升至550.8011。

五、结论与启示

本文旨在探讨票据风险指数构建方法，以及用指数衡量票据市场风险的可行性。本文在综合考虑利率风险、流动性风险、信用风险的基础上，使用综合评价方法构建票据风险指数模型，并通过票据市场实际变化检验实证数据变化趋势的准确性。结果表明：第一，票据市场总体风险程度不高；第二，利率风险是票据风险的主要影响因素；第三，单一业务品种流动性风险不高，但市场整体流动性风险值得关注；第四，当前信用风险对票据市场影响较小，但承兑主体逾期状况不容忽视。

基于上述结论，本章提出以下政策建议。

第一，提升票据市场综合研判能力。研判票据利率变化方向，提前做好期限配置，是提升票据交易盈利能力的重要渠道。尤其是在《商业汇票承兑、贴现与再贴现管理办法》发布的背景下，票据期限、市场交易频度

等发生了重大改变，对于交易端研判能力提出了更高的要求。虽然目前学术界和业界有不少学者通过多种量化方式建立了票据利率预测模型，但由于票据兼具资金属性与信贷属性，时常被用作商业银行信贷调控工具，且票据市场情绪主导因素较为严重，对模型预测精准度提出了更高的要求。当然，如果能使转贴现业务像再贴现业务一样，不与信贷规模挂钩，只解决资金问题，将更有利于提升模型预测精准度，也更有利于还原票据本来面目，发挥支付、贴现服务实体经济和转贴现、交易服务金融短期流动性的本质作用。

第二，推动票据市场业务产品创新。作为货币市场的重要组成部分，票据市场具有融资便利、灵活性高等特点。近年来，受部分主体风险案件影响，信用等级较低的票据二级市场流通性较差。为了改善这一状况，部分银行推出票据保证、票据保贴等增信业务，为提升票据流动性提供了很好的途径。在票据交易方面，也可以积极开发票据远期、互换、期货、期权等衍生品种，以达到进一步拓展票据市场参与主体、提升市场活跃程度、加速票据流转等目的。

第三，完善票据市场信用评级体系。《中华人民共和国票据法》赋予票据追索权，使得票据在流转过程中具有信用叠加的特性。票据涉及主体众多，任一手流转都可能会对评级结果造成影响。尽管《票据交易主协议》要求加入上海票据交易所系统的持票人放弃对其前手背书人的追索权，但是对于出票人、承兑人、贴现人、保证人及贴现人前一手背书人的追索权仍然保留。因此，在建立票据信用评级体系时应充分考虑这些主体信用状况变化对评级结果可能造成的影响，并在此基础上合理设置信用评估指标，建立全方位、动态化的票据信用评级与追踪体系。

第四，健全票据市场风险防控措施。建立健全票据市场风险监测体系，加强风险识别、分析与评估能力是防范票据风险的首要步骤。市场参与主体应该进一步完善风险监测指标，优化风险监测模型，强化监测结果的运用。市场参与主体还可以充分借助科技手段，实现票据全生命周期的风险监测与管理，建立事前、事中、事后全方位的风险应急处置机制，综合提升票据风险防治能力。

参考文献

[1] 曹颢，尤建新，卢锐，等. 我国科技金融发展指数实证研究 [J]. 中国管理科学，2011，19（3）：134-140.

[2] 陈三毛，钱晓萍．中国各省金融包容性指数及其测算［J］．金融论坛，2014，19（9）：3-8.

[3] 陈垠帆，黄叶苨，温梦瑶．应收账款票据化能缓解企业融资约束吗［J］．上海金融，2022（7）：41-56.

[4] 郭峰，王靖一，王芳，等．测度中国数字普惠金融发展：指数编制与空间特征［J］．经济学（季刊），2020，19（4）：1401-1418.

[5] 江西财经大学九银票据研究院．票据学［M］．北京：中国金融出版社，2021.

[6] 李书，解瑶姝．中国金融稳定指数的构建与调节效应检验［J］．统计与决策，2022，38（22）：124-129.

[7] 李伟，李海霞．新常态下加强商业银行票据风险管理的思考［J］．宏观经济研究，2016（12）：145-150.

[8] 肖小和．新时代中国票据业务发展创新的探索与展望［J］．金融与经济，2017（12）：4-13.

[9] 肖小和，王亮．中国票据市场发展指数的构建与省市应用分析［J］．金融论坛，2016，21（3）：72-80.

[10] 肖小和，张蕾，王亮．新常态下票据业务全面风险发展趋势与管理［J］．上海金融，2015（6）：89-92.

[11] 王凌飞，唐磊，程锦，苏智欣．票据流动性影响因素实证研究［J］．浙江金融，2018（7）：62-67.

[12] 吴京辉．票据信用风险的共治规则研究——以区块链应用为视角［J］．法商研究，2023，40（1）：104-116.

[13] 徐枫，郭楠．银行票据业务风险成因及对策［J］．农村金融研究，2017（8）：48-52.

第四篇

采访与发言

我与《金融言行》的故事

肖小和

时光荏苒，岁月如梭，一晃中国工商银行已经成立40年了，《金融言行》（原《杭州金融研修学院学报》）是工商银行重要的自办刊物，已伴随工商银行走过了39年的风雨历程。在此，向《金融言行》表示由衷的祝贺。

作为一名金融战线的“老兵”，我最初在人民银行工作，1984年我国商业银行改革启动，中国工商银行从人民银行分离出来，我随之进入工商银行从事综合计划、资金运营、资产负债、金融研究以及票据业务等工作，与《金融言行》相遇、相交、相识已30余年。

一、结缘《金融言行》

（一）相遇《金融言行》

我与《金融言行》相遇于1991年。那年，我参加了总行在杭州金融研修学院举办的“全行计划处长培训班”，培训期间我发现在这所规模不大的学院里有一份质量很高的学报——《杭州金融研修学院学报》（《金融言行》的前身），其中刊登了很多专家学者的真知灼见。回到江西省分行后，我开始订阅《杭州金融研修学院学报》，并尝试投稿，分享自己对银行发展与创新的观点与经验。由于时间久远，一些文章已难以查到。

1995年我主持省分行综合计划处工作后，开始牵头负责江西省分行的中间业务。当时商业银行经营以存贷业务为主，中间业务的业务量较小，利润贡献度偏低，业务发展存在观念、制度、考核等方面的障碍，而我认为中间业务是商业银行未来发展的重点，为此积极组织推动这项业务的定制度、立考核、抓执行等工作。经过几年的努力，工商银行中间业务排名全国前十位。于是，2001年我专门写了《商业银行加快发展中间业务的思考》并发表于《杭州金融研修学院学报》，建议商业银行加强对中间业务的重视，增强自身综合实力，业界反映较好。

（二）相交《金融言行》

票据市场是我国金融市场的重要子市场，中国工商银行票据营业部是我国第一家总行级票据专营机构，将其比喻为“中国票据市场的拓荒者”再合适不过了。2004年，总行安排我赴票据营业部工作，先后分管综合、内控、风险、信管及科技工作。当时的票据市场还不成熟，参与者较少，后来随着票据市场的不断扩容，以及电子商业汇票的发展，票据市场迎来了高速发展的黄金十年，业务量连年大幅增长，参与者遍布银行业金融机构，但我却陷入了深深的思考。一是在利率市场化不断加快的环境中，如何提高工商银行票据业务管理水平，提升盈利能力，加强市场创新；二是票据市场在快速发展中应居安思危，强化信用风险、操作风险及合规风险管理，以不断适应宏观经济调整中出现的新情况、新问题。在此期间，我和《金融言行》联系更加密切，我和同事们不断总结工作中的新思路、新办法，共同撰写了《新形势下进一步加强票据业务风险管理》《研究和把握票据利率规律努力提高票据经营水平》《适应新常态变化　加强票据业务全面风险管理》等文章，努力为票据市场探索新的管理思路与风控手段。这些文章都在《金融言行》发表了。

（三）相知《金融言行》

2016年是中国票据市场的转折之年，票据市场大案要案频发，市场处于岌岌可危的状态。我虽然在2015年底正式退休，但仍然关注着票据市场，我认为票据市场过去十年的高速发展，掩盖了市场管理粗放、信息不透明、交易中介化、风险管控疏漏、技术落后等诸多矛盾，未来票据市场必须建立全国统一、规范的基础设施。为此，我频繁建言人民银行等监管机构，广泛调研市场参与者，密切联系院校媒体，尽自己所能助力票据市场寻求规范发展之路。“功夫不负有心人”，在人民银行等机构的共同努力下，2016年底票据市场基础设施——上海票据交易所正式成立，同年票据市场理论研究非官方平台——江西财经大学九银票据研究院成立，票据市场自此翻开了新的一页，进入规范发展的新阶段。

自2016年以来，《金融言行》已成为我学术研究中的好伙伴，陆续刊发了我的多篇文章。一是在票据市场分析方面发表了《票据市场2021年回顾及2022年展望》，定期分析票据市场的发展状况，并对市场后续发展提出建议；二是在推进业务产品发展方面发表了《票据转贴现有利于提升票据资产流动性》《积极推进电子商业承兑汇票业务是有效服务中小企业的法宝》等文章，建议积极推动基础性票据产品发展，夯实票据市场根基；三是在服务实体经济方面发表了《适应长三角发展战略，推动长三角制造业票据业务发展》《从近现代我国票据市场发展简史思考进一步发挥票据功能作用》等文章，建议票据市场回归本源，推动实体经济发展；四是在票据数字化方面发表了《发展数字票据的新思考》，建议票据市场抓住数字化机遇，全面提升市场内涵；五是在风险管理方面发表了《银行平台的类票据发展研究》，建议重视类票据风险，保障票据市场规范运行。这些文章的发表在业界具有积极的影响，同时也为出版票据系列八部曲奠定了基础。

二、期待《金融言行》的明天会更好

（一）期待加强对金融市场的引导

“金融是实体经济的血脉”，《金融言行》已成为我国金融领域的重要期刊，期待未来能进一步强化金融理论研究的广度与深度，全面贯彻习近平新时代中国特色社会主义经济思想，准确落实新发展理念，深刻揭示金融发展的内在特点及规律，高标准、严要求进一步提升刊物的理论水平，建设成为高质量的金融理论研究平台，培养一批理论研究人员，聚焦经济金融理论对金融市场的引导作用。

（二）期待增加对细分市场的关注

细分金融市场是金融市场的“毛细血管”，票据等细分金融市场的发展状况关系到金融市场健康状况。近年来，我在《金融言行》上发表的文章大多涉及票据市场，涵盖票据经营管理、风险管理、数字化发展等领域。期待《金融言行》未来能继续深耕细分金融市场，鼓励市场参与者积极参与各类研究课题，搭建细分金融市场研究平台，持续推动细分金融市场的规范化、数字化进程，促进金融市场健康有序发展。

（三）期待强化对金融实践的关注

“实践是检验真理的唯一标准”，理论研究好不好关键看实效，金融工作需要“扑下身子干实事、谋实招、求实效”，期待《金融言行》持续强化对金融实践的关注，多研究金融的本质与规律，多分析破解难题的办法与路径，多刊发在实践中检验过的好文章、好思路和好办法，使得《金融言行》成为金融工作者的好助手、好工具、好智囊，将纷繁复杂的金融理论转化为推进工作的有效工具。

（四）期待聚焦金融数字化创新

当前，世界已经进入互联网、大数据、人工智能和实体经济深度融合的阶段，数字经济加速变革传统经济已成为主要经济形态。金融作为现代经济的核心，金融数字化已是大势所趋，数字化金融将有利于促进资源合理配置，全面提升金融行业的服务水平与管理水平，推动我国金融业高质量发展。期待《金融言行》加强对金融数字化的关注，及时跟踪并发布相关理论研究或实践成果，构建数字化金融创新研究平台，以推动金融产品与服务模式创新，增强金融机构服务实体经济的能力，促进金融与科技深度融合。

最后，非常感谢《金融言行》的记者、编辑多年来对我的文章的指导和发文的支持，以及对我写作的帮助。我期待贵刊“百尺竿头，更进一步”，越办越好。同时，我也期盼未来能与《金融言行》有更多的交流、更多的合作。

我与工商银行的四十年

肖小和

时光荏苒，岁月如梭，弹指一挥间，我与工商银行已经一起度过了40个春秋。在1984年工商银行成立之初，我就从人民银行分配到工商银行，至今已有40个年头，我亲身见证了工商银行由专业性银行转变为商业银行再发展为上市银行的全过程。同时，我也经历了从在省分行工作到在总行票据营业部工作，从一般员工成长为业务骨干，并走上部门管理岗位，从一名学生成长为高级经济师和副研究员，工作内容以及兴趣涵盖了综合计划、资金营运、资产负债、金融研究、编辑记者、票据等诸多业务，在省分行分管过资金营运、资产负债、票据业务、对公存款、信息管理、学校、后勤、个人金融、消费信贷等工作，在票据营业部分管过综合、信管、内控、风险、科技等工作，2001年在国内率先倡导和探索了银行业资金集中管理和配置改革，累计参与、组织编写和公开出版书籍30余本，公开发表文章200多篇，推动了国内首家票据研究院成立以及在大学金融学院首先培养票据方向研究生。工商银行的平台、理念、环境、群体、市场地位为我们这些工行人的茁壮成长奠定了基础、搭建了舞台、提供了有力支持。

一、前言

1977年，我有幸成为恢复高考后的首届大学生，毕业后进入人民银行江西省分行工作，主要从事综合计划类工作。由于当时我国实施的是集中统一的金融体制，即人民银行汇集中央银行与商业银行功能于一身，是当时全国唯一的银行，我从事的工作既涉及人民银行的金融管理职能，又涉及商业银行储蓄、信贷相关工作，这为我以后进入工商银行从事专业的银行业务奠定了基础。1979年，我国金融业开始全面改革开放，恢复了农业银行，建设银行从财政部独立出来，中国银行从人民银行分设出来。工商银行直到1984年才从人民银行分离出来，是四大国有银行中成立最晚的，但规模却是最大的，被称为“宇宙行”，主要原因是其承接了原来由人民银行办理的工商信贷和储蓄等商业银行业务。随着工商银行的成立，我也随之从人民银行进入工商银行，先后从事综合计划、资金运营、资产负债、金融研究、票据业务等商业银行工作。随后就是我与工商银行共同成长的40年。

二、参与和推动资金经营管理工作

（一）20世纪80年代建立同业资金拆借机制：支持和促进资金融通，加强资金管理，努力平衡资金供求矛盾

当时我进入的是工商银行江西省分行，而江西省是存贷差比较大的省份，存款少、贷款多，资金缺口大。为了平衡资金供求矛盾，1987年我代省分行草拟了《工商银行江西省分行资金拆借管理暂行办法》，帮助省分行建立了资金拆借机制。这一办法的实施，对支持江西省大力筹措、融通资金起到了极大的推动作用，仅推行后的前六个月全省融通资金就占到贷款发放新增额的27%，大大缓解了资金供求矛盾。

1992年，随着改革步伐的加快，江西省资金供求矛盾进一步加剧。为了更多地融通资金，我作为副处长负责组织制定了《工商银行江西省分行同业资金拆借管理试行办法》，就拆借的目的、用途、原则、借款手续等进行了明确和优化。在实际执行过程中，我指导各地市行积极融通资金，而且在行动上支持地市行之间、省分行之间和跨省跨行在政策允许范围内融通资金。当时每年通过地市行和省分行融通资金的额度达40亿~50亿元，全省余额一般保持在6亿~8亿元，占各项存款余额的3%~4%，对支持江西经济发展起到了拾遗补阙的作用。

根据前几年资金管理机制改革的实践，为了解决全省资金超负荷经营的问题，1994年5月我根据行里要求组织拟定了《工商银行江西省分行资金管理暂行实施细则》，完善了资金管理和平衡机制。针对全行内部资金占用较多、影响资金使用效益的情况，我们通过利率手段压缩内部资金占用，省分行按季度核定各地市行内部资金占用最高限额，超过最高限额的，相应收回等额低利率借款；低于最高限额的，相应降低等额借款利率。这一细则出台后，仅一个季度全行压缩内部资金占用2.8亿元，较好地缓和了资金供求矛盾。

1996年江西省分行资金市场中心合并到综合计划处，为了发挥原资金市场中心人员融通资金的长处，针对江西省贴现业务发展较快、地市行之间资金不平衡的状况，我主动提出并组织大家开办票据转贴现业务，同时

组织制定《工商银行江西省分行转贴现暂行办法》，派员到山东等地学习，通过大家的努力，半年多累计办理93笔业务，金额1.35亿元，并积极争取人民银行再贴现支持，对缓和地市行的资金供求矛盾、调剂资金余缺、开拓新业务，服务经济起到了积极作用，并受到总行的肯定。为了进一步规范管理和防范风险，1997年初我又提出并组织制定了《工商银行江西省分行资金管理委员会工作规则》，推进资金集体决策机制，进一步健全资金调控体系。

（二）20世纪90年代探索创建系统内借款机制：理顺资金关系，规范资金管理，率先在全国实行系统内借款限额管理

当时，工商银行已经建立了统借统还体制，各地融资渠道逐步缩小，资金余缺主要靠系统内借款来调节，因此确定各地市行合理的借款额度尤为重要。1995年，经过反复算账和认真研究，我组织处里率先在全国推行系统内借款限额管理，创造性地将借款限额根据资金自给水平高低划分为最高限额和最低限额，在限额内又将借款划分为年度性借款和临时借款。年度性借款根据各地市行资金自给水平高低实行两个档次利率，即高于全省资金自给平均水平的，限额内年度性借款给足，利率从优；低于全省资金自给平均水平的，限额内年度性借款同样给足，利率则相对较高，主要是通过差别利率调节各地市行的资金关系和利益关系。

同时，加强对系统内借款的规范性管理，实行系统内借款与借款信用度、向人民银行借款、缴存准备金、购买债券、压缩内部资金占用“五挂钩”，并建立相应的惩罚性措施。这一办法的实行，基本理顺了各地市行的资金关系，既增加了借款透明度，各地市行只要按项目上报测算，就能知道应该借多少款，如何进行调度，发挥了利率杠杆的调控作用，通过差别利率，解决了资金余缺的效益矛盾，调动了各地市行组织资金的积极性。这一办法受到了总行的高度重视并给予了充分肯定，随后总行对各省分行也实行了系统内借款限额管理。

（三）21世纪头10年推动资金集中改革：实施资金集中管理，优化资金配置，改革成果在工商银行普遍推广

2001年，为了改善省分行资金自给率过低的状况，增强资金实力，调整资金结构，优化资金配置，我根据行里要求，倡导、设计并组织大家成功推动资金管理体制改革，在全国工商银行系统内率先实施一级分行资金集中管理，将各地市行组织的各项存款、同业存款所形成的全部资金集中

缴存到省分行管理，各地市行的资金需求由省分行通过系统内借款全额配套解决，按日全额集中全行资金，实行统存统借，推行资金横向计价买卖。通过实行资金差别利率，加强资金运作，完善资金调度考核体系，充分调动二级行增存、开拓优质信贷资源、压缩内部资金占用和降低不良贷款的积极性，资金营运效益和质量显著提高。此后四年里，省分行各项存款年均增长 14.65%，存款利率下降 1.15 个百分点，资金自给率上升 9.81 个百分点，向总行借款累计减少 84.82 亿元，筹资成本下降 1.51 个百分点，全行资金包袱明显减轻，资金运营形势持续好转。改革成果得到了总行领导高度认可，2002 年全国工商银行资金会由我介绍经验并在中国工商银行系统内普遍推广与使用。同时，资金集中管理与配置的改革思路和方案在部分中央企业及大型企业集团借鉴采用，取得了明显的效果，为银行业 FTP 管理奠定了扎实的基础。

（四）21 世纪 10 年代研究同业资金管理：返回本质，加强同业业务监督与风险管理

为了应对 2008 年国际金融危机，市场资金量快速增长，银行间资金流转需求也随之增加，同业业务取得了较快发展。同业业务在提升资金使用效益、满足流动性调整需要、主动资产负债管理等方面发挥了积极作用，但同时也出现了增长失衡、脱实向虚、加剧金融泡沫化、流动性风险激增、逃避监管等问题。针对相关问题，基于我之前长期在资金部门工作的经验，2013 年我组织人员研究并多次提出规范同业业务、返回本质、强化总量控制和结构调整、加强规范和监管的建议，同时在许多媒体上发表。2014 年监管机构针对同业业务专门出台了《关于规范金融机构同业业务的通知》（银发〔2014〕127 号）和《关于规范商业银行同业业务治理的通知》（银监办发〔2014〕140 号），治理思路与我们此前的研究成果基本一致，同业业务自此告别了粗放式发展的模式。2015 年，针对同业业务过度注重盈利、链条拉长、风险管理弱化等问题，我们通过研究认为同业业务应定位于服务流动性与实体经济，同时完善监管统计指标体系，加强比例及流动性、风险管理。2017 年监管机构制定了关于风险防控工作的指导意见，2018 年又发布了《商业银行流动性风险管理办法》，新增了三项流动性风险监管指标，同年人民银行也将同业存单纳入 MPA 考核，此后国家层面提出金融回归本源、避免系统性风险的政策方针，这些都是一脉相承的。

三、负责信贷计划管理与调控工作

（一）统一信贷计划管理归口，严格控制总量，确保不超计划

20世纪90年代以来，在信贷计划总量的控制和分配上，我们始终坚持以资金来源制约资金运用的原则。无论在什么情况下，都严守总行下达的总规模和固定资产规模，月度、季度、年度执行结果从没有突破总量。采取的主要措施包括以下几个方面：一是坚持分配，瞻前顾后，统筹安排，留有余地；二是每逢考核期主动组织计划部门与各地市行核对规模账，年末不但核对增量，还要核对上年末余额和本年末最高余额；三是坚持规模管理统一由计划部门负责，所有涉及规模的调整、调剂及有关文件、办法下达，均通过计划部门会签，把关守口。

（二）用活信贷规模，推行“期中鼓肚、期末控量”，提高信贷规模的使用效率

1992年邓小平同志南方谈话之后，江西省经济迎来了加快发展的机遇，这也对信贷投放提出了更高的要求。当年，总行对省分行信贷规模管理采取的措施是“总量控制，按季分配考核”，因此我开始反复琢磨如何利用规模上的时间差、地区差、项目差提高使用效率，参加总行相关会议后，根据会议精神，我向省分行领导做了汇报，并建议省分行在季末、年末不超总行分配的规模前提下允许各地市行超一定限额放款（“有控制地涨肚子”）。经过省分行领导同意，我组织处里对信贷规模允许“有控制地涨肚子”做了详细布置，并提出了具体意见：（1）时点规模不可突破。省分行下达给各地市行的贷款规模是季末、年末时点上的贷款增加最高限额，不能突破，谁突破、谁负责。（2）“期中鼓肚”必须可控。地市行对确有把握季末能收回的临时性需要，在季度内各月度之间允许超限额放款。（3）“期中鼓肚”有限额。超限额放款幅度控制在各地市行上年末流动资金贷款（不含粮食贷款）余额的1%以内，放款权集中在地市行，由计划部门统一管理。（4）各地市行对超限额放款要把握时间和投向。放款一般在各季度的头一两个月，贷款只能用于临时性、周转性、有效益的、确能收回的物资流通企业和生产周期短的大中型企业。在具体操作过程中，实施月度监测以防季末、年末突破总量。经过组织实践，据全省不完全统计，仅此项措施，全行累计发放临时贷款10多亿元，既解决了各地市行因贷款计划限额有限而难以安排的临时性资金需要，又加速了资金周转，对支持全省经济当年增长24.9%起了较大作用，受到省内各级政府的肯定。

（三）增强省分行信贷调控能力，增加临时规模，提高信贷调控的灵活度和精细度

省分行综合计划部门是全省信贷规模调控的重要环节，以往信贷规模全部下达到地市行后，省分行就没有调剂余地了，遇到救灾等紧急信贷需要时只能向总行求助，自己无法调剂。1993 年，我根据行里要求，提出加大省分行信贷调控力度，加重省分行对地市行下达临时规模的分量，发挥省分行在系统调控中的中心作用。在具体措施上，我们主要采用了以下方法：（1）省分行在分配信贷规模时，有意识地增加临时规模的分量。（2）在戴帽、点贷规模下达时，根据用款的实际需要，以季节性生产和物资供销企业周转性贷款等下达部分临时规模。（3）在下达专项规模时，主动搞好项目之间以及时间上的衔接，下达部分临时规模。如烟叶收购 7 月开始投入贷款，10 月开始回收贷款，甘蔗收购 10 月开始陆续投入贷款，年底和次年年初开始回收贷款，这样，我们在 10 月回收烟叶的贷款规模时，就下达甘蔗收购的临时规模。（4）所有临时规模均实行期限管理，到期主动注销，省分行收回信贷规模。通过以上措施，一方面，加速了信贷规模的周转使用，优化了信贷结构，提高了规模利用率。当时省分行每月少则有 1 亿~2 亿元、有时 2 亿~3 亿元的信贷规模可以用来周转使用，调剂余缺，大大增强了省分行的调控功能。另一方面，对于特殊情况下的紧急需求，省分行在任何时候都能及时安排。例如，1994 年 6 月，江西灾情严重，抗洪救灾急需一批资金投入，我请示省分行领导后，主动从临时规模中调剂 4500 万元支持救灾。为此，受到省政府表扬。（5）加强信贷规模灵活调度，提高信贷规模使用效益。仅 1995 年、1996 年，省分行就为全省安排了 8 亿元左右的临时规模，产生的效益达 8000 万元左右。又如 1997 年 3 月，国家计委要求江西省储备 8500 万吨糖，因信贷规模紧张，我主动提出收回糖厂调糖信贷规模，调给省副食品公司用于储备糖的贷款规模。这样调度后既解决信贷规模问题，又保证了食糖的储备。

（四）把握信贷投向，优先保证重点急需，支持经济加快发展

在行内信贷规模分配上，我们坚持信贷规模分配“四挂钩”，即信贷规模分配与存款、效益、贷款质量、汇差挂钩。近年来，由于坚持信贷规模分配“四挂钩”，体现了信贷规模分配重点向资金宽松、效益好、资产质量高的行倾斜，调动了各地市行组织存款的积极性。1996 年，全行终于实现了提出多年的存款增长略高于贷款增长的目标。

在信贷投向上，我们始终坚持按国家产业政策和信贷政策办事，重点支持效益好、有市场、不欠息的大中型企业。1995 年，根据省分行信贷投向政策，信贷规模重点向“二块三线三十个点”倾斜，即向“高效低险”改革试验区，军工、电子、医药三个行业和全省 30 户年新增利润 400 万元以上的企业倾斜。尽管全省信贷规模紧张，农副产品和以贷引存等业务的需求量较大，但通过集中管理、合理调度、重点倾斜，确保了全省经济快速健康发展的资金需要，得到了总行和省政府的首肯。1996 年，根据省分行的要求，将信贷规模向“1115 工程”重点倾斜，即支持 100 户效益好的工业企业、10 户“低效转化”企业、10 个“高效低险”改革试验区和 50 户达产达标的技改项目所需。当年由于农副产品、以贷引存等方面所需信贷规模较多，在总量控制的前提下，通过加大余缺调剂力度、盘活和收回临时规模，基本保证了“1115”工程的贷款所需，对支持全省经济发展起到了积极作用。

四、推动客户管理和产品创新工作

（一）建立重点客户营销体系，增强对公存款营销效益

针对江西省机构存款竞争日益激烈的严峻形势，2000 年开始我衔接建立了省分行领导领衔的首席客户经理制度和机构客户经理制度，建立重点机构客户档案，组织大家并多次上门对省财政、省社保、省交通、省新闻出版和省教委等重点客户进行走访、谈判和营销。为了加大在财政系统的营销力度，我组织成立了省分行财政国库集中支付工作领导小组和项目小组，多次召开项目协调会议，及时对项目实施过程中遇到的问题进行协调和研究，通过不懈努力，争取到了代理资格。2003 年，在财政国库集中支付代理行资格的竞争中，工商银行在 79 家试点单位中营销到了 33 家，占 42%。

对金融机构客户实行捆绑式营销，拓宽同业合作领域。2002 年，与南昌市商业银行、招商银行、省信用联社、瑞奇期货等一批金融机构客户及省内 9 家保险公司签订了全面合作协议，合作范围涵盖代收代付、保险服务、电子商务、银行卡、存款、融资、资金清算、资产管理、资金融通、投资银行、基金业务、债券买卖与回购等内容，使工商银行与金融机构的合作进入了一个崭新的发展阶段。在我分管期间，对公存款余额和同业存款余额、存款增量均创历史新高，超计划完成任务。

（二）加速产品创新，指导组织推动中间业务迅猛发展

为了使全行中间业务持续发展，2002年，我作为省分行分管领导，指导省分行中间业务牵头部门突出以职能部门和支行为主体，积极营造中间业务发展氛围，以现场咨询、召开客户座谈会与产品推介会等形式，组织推动各类中间业务营销活动；强化对部门、二级分行、支行的考核，争取绩效挂钩的奖励政策，推进全行中间业务飞跃发展。我还大力组织推动有关部门积极发展银行保险业务，加强银保合作，先后与9家保险公司签订了全面合作协议，合作范围涉及代理销售、代理收费、代理支付等九大项目，组织、协调与中国人寿保险股份有限公司江西省分公司建立战略伙伴关系，并建立银保双方联席制度，疏通了银保双向信息传递渠道。同时，我多次召开工商银行与各保险公司的合作会议，以推动会、交流会等形式促进银保合作，加快业务发展。江西省分行中间业务实现了跨越式发展，当年中间业务收入计划完成率排名全国第三，取得了历史性突破。

我根据总行要求，率先在全国推出金融机构法人账户透支业务，改变了江西省分行同业融资业务品种单一的局面，开创了同业融资业务在赚取利差收益的同时获取手续费收入的先河。总行推出债市通业务后，我组织分管部门深入开展客户营销，并策划召开了大型推介会，深受客户欢迎，同时积极发展委托资产托管业务，在全省首家推出集合性理财资产托管业务。

（三）大力发展票据融资业务，实现信贷调控与效益增长双丰收

2003年，在我的协调下，省分行票据中心与总行票据营业部签订了合作协议，组织开展了全省票据业务100天专项营销活动，使江西省分行的票据业务步入了快速发展阶段。在国家实施宏观经济调控的背景下，作为信贷业务的补充，江西省分行采取减少对投资过热行业的票据融资供给，大力发展符合国家产业政策的行业的票据融资的办法，有效地发挥了对信贷结构的调整作用。在票据业务运作中，我注重发挥资金集中管理调节的优势，充分运用利率杠杆，对各地市行资金配置给予优惠，根据市场行情按照总行指导价，灵活调整转贴现利率，在转卖利率较低时，坚持微利经营，在转卖利率较高时，实行让利经营，并针对个别行试行了累进利率制，有效地降低了各地市行的资金成本，增强了市场竞争力，推动了全行贴现业务的增长。同时，根据筹资成本变化情况，适时调整票据经营策略，在筹资成本较高时，要求全行加快票据周转，提高票据周转率，赚取

利差；在筹资成本较低时，相对持票，获取直贴收益，从而促进了江西省分行资金、信贷规模使用效益的提高，防范了票据业务风险。

(四）严格管理，加强内控制度建设

2003 年，我协助省分行行长管理内控条线后，坚持“内控优先”原则，重点抓好内控制度建设，坚持依法合规经营，切实防范经营风险，有力地推动了分管部门业务的开展和目标任务的完成，督促分管部门不断建立健全内控制度，完善岗位职责，加强资金业务、票据融资业务、中间业务、融资授权、信息管理、后勤和金融培训学校等管理工作，制定了《中国工商银行江西省分行资金集中管理暂行办法》等 28 项制度、办法。这些制度、办法和措施的实施，为江西省分行实现规范化经营、科学化管理和制度化监控，以及防范风险起到了重要作用，奠定了扎实的基础。一是建立票据业务经营机构市场准入管理制度，开展票据业务从业人员资格认证工作，设置票据业务管理限额，组织全省票据业务自查和交叉检查工作，加强票据业务利率指导，建立了票据业务每周分析和定期通报制度，未发现一笔风险票据。二是加强融资授权管理，有效控制同业融资业务风险，完善省分行资金集中管理办法并规范业务操作，制定江西省分行人民币资金交易室管理职责，业务办理设立台账，做到业务流程合理、岗位职责分明、台账准确无误。三是加强中间业务管理，组织制定下发了一系列中间业务管理办法，规范了全省中间业务的操作和管理，定期或不定期地采取现场检查和非现场检查方法进行抽查，确保收入合规性和账务规范性。

五、深入调查和开展研究、著书工作

(一）围绕经济、金融、票据改革过程中遇到的新情况和新问题，理论联系实际，勇于思考探索

进入工商银行以来，我围绕宏观调控、计划经济与市场调节、完善信贷资金管理体制、调整信贷结构、搞活大中型企业、金融改革、系统调控与资金短缺、票据市场发展与创新、票据风险与管理、票据交易中心建设等多个反映比较强烈及市场需要讨论的专题先后撰写了 100 多万字近 300 篇理论研究文章（部分与他人合作），在《中国城市金融》《当代财经》《企业经济》《银行与企业》《金融与经济》《河北城市金融》《浙江城市金融》《上海金融》《当代金融家》《上海证券报》《中国证券报》《国际金融报》《证券时报》《金融时报》《货币市场》等几十家媒体上公开发表，其中在

省部级报纸杂志上发表200多篇。有数十篇文章被省经济学会、金融学会、中国城市金融学会、经济论坛、全国金融改革研讨会、中国银行业协会、中国票据研究中心等评为一等奖、二等奖、三等奖，有不少文章被中国人民大学书报资料中心全文复印或复印目录，有数十篇文章被推荐参加全国、总行、华东六省一市及全省召开的学术研讨会，有些文章在研讨会上反映效果良好，被选入论文集出版。

（二）根据工商银行改革和业务实践中出现的热点、难点、重点问题，加强调查研究和综合分析

1991年任副处长以后，加强调查研究和综合分析，努力提高研究能力和研究水平，增强工作的主动性、预测性，是我多年来倾尽心力的工作之一。针对全行改革和信贷资金管理实践中出现的新情况和新变化，我组织进行了大量的调查研究和综合分析工作，为综合部门较好地进行宏观管理、为领导提供决策依据起到了积极作用。其中重点调查研究的课题有烟叶收购、消费基金增长、企业三项资金占用、货款拖欠、专项贷款效益、资金营运情况、银行内部资金占用和银行承兑汇票管理情况等近20个专题，同时对“江西省资金超负荷经营如何逐步消化”“如何强化省地二级行系统调控能力”“如何强化资金计划部门对资金、信贷规模的集中管理、统一调度”“如何加强汇差资金管理”等多个难点问题组织资金计划系统干部进行了专题分析研究，均取得了一批各方面反映较好的调研成果。例如，1994年3月我组织起草的《企业货款拖欠的调查报告》，被省政府办公厅呈报省长阅批示，总行计划部以“内部情况反映”简报总行张肖等行长。1995年我组织进行的甘蔗收购情况专题调查报省政府后，引起了领导的高度重视，朱副省长批示并召开银行等多家单位负责同志参加的会议，专门研究解决甘蔗收购资金问题，同时省政府增刊全文刊登了我们的调研报告。

（三）适应经济、金融改革和票据市场发展的需要，积极参与图书编书，向社会各界传播现代管理知识

进入工商银行以来，为了适应经济、金融改革和票据市场发展的需要，我先后参加过《江西40年·金融卷》《企业、资金、银行》《工商银行业务教程》《当代金融词析》《现代企业管理大全》《利率指南》《经济金融新观察》《我国商业银行业务管理新规程》《商业银行筹资导论》《当代中国金融计划资金管理概论》《现代银行商业汇票经营管理》《中国票据市场发展报告》《中国票据市场发展研究》《中国票据市场框架体系研究》《中

国票据市场创新研究》《新时代票据市场研究》《票据基础理论与业务创新》《票据史》《票据学》《中国票据简史》等30余部书籍的编写。这些书均在中国财政经济出版社、经济管理出版社、厦门大学出版社、江西人民出版社、上海财经大学出版社、中国金融出版社等出版发行。其中，经我主编、总纂、撰写的书稿近1000万字。这些书籍主要涉及知识类、工具类、理论探讨、经营和管理类及工作指导类，为改革开放以来经济金融发展、商业银行经营、资金信贷管理、票据市场发展等方面提供了理论上和实践上的借鉴和指导，社会反映效果良好。

六、投入票据管理与研究工作

（一）推进票据经营专业化、管理精细化、风险标杆化，打造具有业内影响力的工商银行票据营业部品牌

2004年，我从工商银行江西省分行行领导位置调至总行票据营业部任副总经理，有幸见证、参与和推动工商银行票据营业部业务以及中国票据市场的发展。我先后分管过票据风险、综合、信息、科技、内控、研究等条线，在任职期间搭建了票据信息管理架构和科技管理架构，完善了风险防控和内控体系，推动并实现了综合条线票据管理营业终了零库存，推动并实现了分管条线管理扁平化、规范化、制度化，提出并力推打造专营机构一流的信息管理、IT管理、风险防控及内控管理平台和标准，为票据经营和业界服务。一是努力构建在票据业界具有较大影响力、适应票据营业部发展需要和票据业务产品特点的风险管理体系，持续保持票据资产损失率和不良率双为零，实现了“经营不出风险，管理不出案件”的风险防控目标。二是信息管理工作目标定位于牢固树立信息创造价值和信息提升价值的理念，推进信息采集发布中心、分析预测中心和研究发展中心建设，将信息管理条线打造成为我国票据业界一流的信息中心，同时参与组织出版了工商银行票据营业部第一本部史和中国票据业界第一本、第二本发展报告——《2008年中国票据市场发展报告》和《新世纪中国票据市场发展报告（2000—2011）》，提高了工商银行票据营业部在票据行业的“话语权”和影响力。三是推进内控合规体系建设，提升内控合规工作对业务发展的保障、支持和服务职能，将内控合规条线打造成业界具有品牌效应的内控合规管理标杆和制度流程标准，其中质量管理体系获得了监管机构的好评。四是推动科技标准化建设进程，优化科技管理架构，将信息科技条线打造成为业界一流的IT票据专营机构。

（二）退休后致力于票据研究，组建了国内首家票据研究院，为上海票据交易所的成立和票据市场的发展提供智慧

2015 年退休后，我仍持续关注和推动票据市场研究。我较早地意识到需要建设全国统一的票据业务平台，在工商银行票据营业部工作的 10 余年间，我亲身经历了票据市场的自然和无序发展，愈发觉得建立全国统一票据业务平台的必要性，在 2015 年 4 月 11 日就公开发表文章探讨建立票据市场信息领域的全国统一平台，此后分别就票据市场基础设施的概念、功能、实施路径、建设方案以及选在上海建设等进行了深入研究并公开发表文章，获得了业界以及管理机构的关注。2016 年 3 月人民银行表示正在抓紧推动建设全国统一的票据市场；2016 年 12 月 8 日，上海票据交易所正式成立并特别邀请我出席开业仪式，随后我在《上海证券报》上发表了近万字的采访文章。我牵头组织的建设上海票据中心、建设上海国际票据中心课题均被上海市分管市长批示。

2016 年 11 月，我牵头推动江西财经大学、九江银行组建了国内首家票据研究院，持续聘请国内知名金融界学者 80 余名，围绕票据市场重点问题，撰写并发表文章百余篇，累计通过微信公众号推送研究文章 300 余篇，有数十篇文章获得外部各种奖项，其中部分课题成果获省市级政府领导批示，充分发挥票据智库作用。目前已编著出版票据专业书籍九本，包括票据基础理论四部曲和票据研究四部曲以及征文集，探索票据市场发展规律，为政策制定者、市场从业者、研究人员、在校学生等提供系统性、实操性、理论性的参考和学习资料。共举办六期征文活动，获得了社会各界人士的热烈关注和响应，总共收到 440 余篇投稿，动员业界开展票据研究效果良好。

2017 年，在我的倡导和推动下九江银行与江西财经大学合作建设了全国首个票据方向研究生点，目前已合作培养 5 批共 42 名票据方向研究生，现已进入人民银行、财政局、商业银行、证券公司、财务公司、政府、大学等就职。同时，我在大学开设票据理论与实务课程，为江西财经大学、上海财经大学、江西师范大学硕士研究生讲授票据专业课程近十年，致力于票据领域专业化人才的培养，为票据市场创新和发展提供源源不断的新生力量。

我持续组织搭建票据交流研讨平台，2018 年成立“中国票据论坛”，2020 年在中国金融信息中心（上海）挂牌成立中国商票研究中心，先后举

办全国交流会、研讨会等 20 余场，从市场热点出发，为票据市场准确把脉，联合学界、业界的力量与智慧，建立广泛的合作交流机制，服务票据市场、服务实体经济。针对中小银行发起“中国中小银行票据协同发展论坛”，签署《中小银行票据经营自律宣言》，通过论坛平台加强中小银行沟通协作，建立信息互通与共享机制，互帮互助合作共赢。为央企、国企、银行、大学进行票据讲座几十场，多次深入企业、银行进行调研与咨询，多次参加监管部门交流与座谈会，多次接受各大媒体关于票据市场的相关热点采访，并积极为票据市场发展进行宣传。

历经 40 年的发展，我感谢工商银行组织对我的长期培养，是工商银行给予了我成长的平台和展示的舞台。同时，我也要感谢工商银行的领导和同事们一直以来对我的支持、帮助和关照。今后，我将继续关注工商银行的发展壮大，关注工商银行转型和可持续发展之路。最后，我衷心祝愿工商银行的未来更加美好。

资本新规“搅动”票据市场：票据融资价格失衡有望缓解

肖小和

◎记者　张欣然

近期，金融监管总局正式发布《商业银行资本管理办法》（以下简称资本新规）。资本新规关于风险资产权重计量的变化将给票据市场带来直接影响。

目前，商业银行风险资产计量涉及的票据业务主要有票据承兑、贴现和转贴现业务。其中，贴现和转贴现后持有的票据属于表内资产，而票据承兑在银行属于表外业务，应乘以信用转换系数才能得到等值的表内资产。

多位市场人士表示，与现行票据业务风险资产计提方法相比，银票承兑业务的风险权重出现结构性下降，票据贴现与转贴现业务的风险权重有所上升，这将对未来银行开展票据业务产生重要影响。

或利于解决票据融资价格失衡

资本新规下，不同档次的银行执行不同的风险资产计量标准，不同档次的银行票据风险权重有所不同。

据上海证券报记者查询，对于第一档银行来说，一是银票承兑和商票直贴业务的风险权重出现结构性下降，特别是中小企业、投资级公司相关业务的票据风险权重降低；二是对于绝大多数的银票直贴和票据转贴现业务，原始期限在三个月以上的票据风险权重由25%上升至40%。

对于第二档银行来说，一是银票承兑和商票直贴业务的风险权重出现结构性下降，其中降低了中小企业相关业务的票据风险权重；二是对于银票直贴和票据转贴现业务，原始期限在三个月以上的票据风险权重由25%上升至40%。

对于第三档银行来说，一是银票承兑和商票直贴业务的风险权重出现结构性变化，异地公司相关业务的票据风险权重上升至150%；二是对于银票直贴和票据转贴现业务，不对票据原始期限做区分，风险权重一律提高

至30%。

江西财经大学九银票据研究院执行院长肖小和认为，与现行票据业务风险资产计提方法相比，总体来讲，资本新规整体有利于承兑市场的发展，对票据贴现和转贴现业务会有所调整。资本新规在一定程度上鼓励中小微企业、投资级公司办理银行承兑汇票业务，鼓励扩大票据承兑供给，以缓解中小微企业及投资级公司的资金支付矛盾。

当前，票据市场供求关系不平衡的问题比较突出：需求持续性大于供给，票据利率远低于其内在的资产价格。对此，一位银行同业部从业者表示，资本新规一方面结构性地降低了银票承兑业务的风险权重，鼓励银行为中小微企业、投资级公司办理银票承兑业务，扩大供给；另一方面也结构性地提升了银票贴现和转贴现业务的风险权重，由此增加银行以票充贷的成本，减少需求。这样的监管导向意在让票据市场供求关系恢复平衡。

“此外，资本新规在银行商票直贴业务风险资产计提方面也有较大变化。在现有的市场环境下，中小微企业很难依靠自己的信用签发商票，银行也不愿意贴现。资本新规的调整对第一档银行为投资级公司的商票提供贴现服务有一定鼓励作用。”上述人士说。

票据流转业务风险资产计提存疑

资本新规对于相关票据业务的规定也引起了市场的争论。

此前市场预期的票据流转型业务——转贴现票据卖断未到期，将按照20%的信用转换系数计提风险资产，在正式发布的资本新规中并未提及。

对于票据转贴现过手方是否需要计提风险资产，即票据转贴现卖出之后，转贴现买入计提的风险资产能否释放的问题，目前市场上同时存在需要计提与不计提两种理解。

一位资深市场人士介绍，目前市场对该业务的风险资产计量有两种观点。一是资本新规没有提及就表明不计提。票据流转型仍按照现在的要求执行，这将利好票据转贴现交易活跃的机构，特别是风险资产比较紧张的中小银行。

二是资本新规没有提及，是因为转贴现票据卖断将被纳入表外项目信用风险转换系数表中的“信用风险仍在银行的资产销售与购买协议”，采用100%信用转换系数。目前，国有银行及部分股份制商业银行的该类型业务即按该尺度执行，转贴现卖断票据根据期限按照20%或者25%计提风险资产。若照此执行，转贴现活跃的股份制商业银行、城市商业银行和农村金融机构将面临额外的风险资产计提要求，票据市场将出现明显萎缩。

票据业务或承压

随着资本新规的出台，银行将开始重新审视各项业务。业内人士表示，信用证业务相较于票据业务的资本占用下降，银行或许会减少票据业务规模而增加信用证业务的规模。

据记者查询，资本新规对国内信用证的信用转换系数进行了较大调整，按照货物或者服务贸易、期限两个维度进行区分。与贸易直接相关的短期或有项目，信用转换系数为 20%，其中基于服务贸易的国内信用证的信用转换系数为 50%；一年期以上的国内信用证，信用转换系数为 100%。上述调整利好国内信用证业务，尤其是服务短期货物贸易占比较大的银行。

据了解，银行承兑汇票和国内信用证在经济支付活动中存在一定的相互替代关系。银行承兑汇票是由出票人签发的、由银行承兑的，委托付款人在指定日期无条件支付确定金额给收款人或持票人的票据。国内信用证是开证行依照申请人的申请开出的，凭符合国内信用证条款的单据支付的书面承诺，是中国人民银行为了适应国内贸易活动的需要，于 1997 年正式推出的，用于国内企业之间商品交易的又一项支付结算工具。

一位业内人士表示，基于货物贸易的国内信用证当前占主流，资本新规调整之后，国内信用证与票据相比优势会比较明显：风险资产占用低，期限长，二级市场收益率尚可，转卖之后转出行无须考虑风险资产计提。可以预期，部分银行承兑汇票场景需求将被国内信用证所替代。

积极采取措施　防止银行承兑汇票逾期现象

肖小和

商业汇票是集支付、结算、融资、交易、投资、调控等功能于一体的信用工具，对服务经济发展尤其是服务中小微企业具有积极的作用。无论是从签发企业、签票金额还是贴现企业、贴现金额来看，中小微企业占比均达60%以上。银行承兑汇票占商业汇票的比例达到85%左右，足见银行承兑汇票在服务经济中的地位。

一、认真分析银行承兑汇票逾期的原因

票据信息披露是商业汇票信用体系建设的重要一环，有利于完善市场化约束机制，保障善意持票人的合法权益，促进票据市场规范化发展。近几个月以来，上海票据交易所票据信息披露平台发布的《承兑人逾期名单》及《持续逾期名单》中多家商业银行分支机构出现了银票承兑逾期的情况。据分析，银行作为票据承兑人，出现逾期主要有以下原因。

首先是由于外部经济因素影响，一些出票企业到期无法筹措资金到账，对商业银行造成了一定困扰。

其次是银行内部系统因素，少部分商业银行系统的设计思路仍然停留在纸票时代，系统功能自动化程度相对较低，容易出现人工操作失误；另有少部分商业银行刚刚接入上海票据交易所的新一代票据业务系统，仍然处于磨合期，对于个别字段或报文的处理仍需改进。

再次是内部管理因素，少部分商业银行可能存在“重前台，轻后台”“重营销，轻运营”等现象，银行后台到期处理流程比较复杂，自动化程度较低，一些交易需要人工手动处理，一旦到期票据数量剧增，容易出现业务量过大超出网点人工处理能力的情况。

最后需要考虑的是内部考核因素，少部分商业银行要求只要出现垫款就纳入不良考核范畴。因此，在银票到期日如果出票人账户资金不足，个别网点为了满足考核要求，宁愿逾期也不愿意垫款支付。

综上所述，我们认为这一现象产生的根源在于，一方面受大环境影

响，另一方面是少部分商业银行内部管理仍较为粗放，且内部考核缺乏一定的弹性。

二、银行承兑人逾期会对银行产生声誉、社会、内部等影响

（一）声誉影响

银票逾期会对商业银行的声誉造成一定影响，虽然逾期是由某个网点造成的，但一旦披露，就会对该银行的声誉造成一定影响。

（二）社会影响

银票逾期会造成社会影响，尤其是在网络信息较为发达的当下，可能会引发公众产生对逾期银行的风险管理、流动性管理及信用管理的质疑。

（三）内部影响

商业银行总行对银票逾期事件不太重视或处理不当，可能会在内部产生不良影响。无论是上述哪种影响，相关银行务必要高度重视。

三、银行应采取积极措施，防止逾期现象

一是高度重视银票发展对实体经济的作用，尤其是其对中小微企业、民营经济具有支付、融资和银行信用保障的功能，需要上下一致，按照票据管理办法和信息披露规定，积极稳健持续发展好票据业务。同时，应加强与监管部门的沟通，规范推进票据业务可持续发展。

二是积极改善内部管理，改进银票到期处理流程，减少手工操作，提升系统批量化、自动化业务处理效率。

三是适当调整内部考核政策，考虑因出票人临时资金周转而产生的垫款问题；强化考核落地，对于为了满足考核要求而随意逾期，导致全行声誉受损的行为应该尽快处理。

四是优化系统功能，更好地提升业务处理能力。

五是开展银票承兑业务，应当做好尽职调查，票据到期前应充分了解出票企业的资金状况。同时，要积极与企业协调沟通好逾期承兑预案，确保银行承兑汇票的信用性。

票据市场基础设施的建设将会推进票据市场进一步发展

肖小和

根据上海票据交易所年前关于电子商业汇票系统（ECDS）各项业务将切换至中国票据业务系统（新系统）办理的业务提示，中国票据业务系统属于票据市场基础设施。票据市场基础设施是指票据市场运行的硬件设施和制度安排，具体包括系统、规则、法律、信用等方面。系统设施是票据市场业务开展的前提，是基础设施的核心。下面就中国票据市场基础设施建设的几个阶段、系统设施2.0的特点以及对未来中国票据市场发展的影响展开讨论。

一、系统设施的发展阶段

上海票据交易所自2016年成立以来一直致力于提升票据市场各类基础设施，为票据市场提供了优质、高效的发展环境。票据市场系统设施经过多年的不断开发与迭代，已成为票据市场业务拓展、风险防控、创新发展的有力支撑。票据市场系统设施已由1.0发展到2.0，为下一步发展到3.0（笔者定义）奠定了扎实的基础。

系统设施1.0即“纸电融合”，自上海票据交易所成立就已实现了“纸电融合”（“纸电融合”是指将纸质票据电子化，且纸质票据与电子票据在同一系统中进行交易），这是一个具有划时代意义的阶段，标志着电子化票据市场正式形成，票据市场交易效率、清算效率、风险防控以及服务实体经济的能力显著增强。

系统设施2.0即“电交融合”（电子票据系统与中国票据交易系统融合），这也是当前系统设施所处的阶段，大部分系统参与者已经完成系统对接工作。此前，电子票据系统主要负责交易前的相关业务行为，中国票据交易系统负责交易相关业务行为，两个系统同为票据市场重要系统平台，但在业务数据、业务协调、创新发展等方面存在诸多不便。融合后，系统平台子设施已成为涵盖全介质、全业务品种、全市场的业务系统平台，有利于支持票据市场进一步深入发展。

系统设施 3.0 即“数字票据”，这也是系统设施的未来发展目标。数字票据作为数字金融的重要组成部分，是数字货币的重要应用场景之一，未来将随着数字经济的发展不断充实完善，也将推动票据市场为实体经济提供更加便捷高效的服务。

二、系统设施 2.0 的特点

系统设施 2.0 与此前的 1.0 相比，其特点主要体现在以下三个方面。

一是实现了“票据拆分”。票据可以根据企业的支付及资金要求进行拆分，可以较好地满足实体经济的日常经营需求。

二是优化了票据托收与兑付。系统设施 2.0 优化了票据托收与兑付的系统规则，票据到期时系统可以自动发出付款提示，其中银票可以实现票款的自动兑付，极大地提升了票据到期处理的效率，避免出现“未提示”“未应答”等纠纷隐患，进一步规范了票据市场秩序。

三是强化了风险防控。系统设施 2.0 强化了对企业信息备案的要求，通过系统对企业基本信息的校验，结合账户主动管理等功能，可以防范“冒用企业开票”等业务风险，最大限度地维护票据市场秩序。

三、票据市场系统设施建设将会促进票据市场实现三个“进一步”

一是进一步有序发展。系统设施可以进一步强化风险管理相关功能模块，帮助系统参与者管控票据业务风险，及时防堵风险漏洞，防止风险案件发生，促进票据市场更加有序发展。

二是进一步快速发展。系统设施可以进一步持续优化系统规则，提升业务处理效率，加强与周边系统的交互，保障票据业务进一步提质增效，促进经济高质量发展。

三是进一步加快创新发展。系统设施可以强化对创新的支持，一方面推动票据创新产品尽快落地，优先推动票据在先进制造业的发展、推动绿色票据发展、推动普惠票据发展、推动应收账款票据化、推动民营企业票据发展，并最终实现数字票据；另一方面，进一步加快推动票据国际化进程，未来随着市场对中国票据国际交易中心建设需求的增加，一旦成功建立，将提升票据跨境交易的稳定性与安全性，吸引更多境外机构、境外资金参与票据市场，为国内国际双循环提供金融支持。

开启票据应用理论研究之道 探索票据服务实体经济之路

肖小和　秦书卷　李紫微

2024 年 11 月 6 日，正值江西财经大学九银票据研究院成立八周年，现将 8 年来的发展情况做一回顾。

一、打造核心团队，做实票据业务新研究

江西财经大学九银票据研究院作为国内首家票据研究院，不断扩充研究团队，打造高端票据智库。八年来，持续聘请国内知名金融界学者，包括中国社会科学院、中国人民大学、复旦大学、同济大学、华东政法大学、上海财经大学、江西财经大学、江西师范大学等高校的专家教授，国家机关、监管机构、国有银行、股份制商业银行、城市商业银行、农村商业银行等总行机构、证券公司票据负责人与业务骨干以及律师为智库专家。目前研究院聘任首席研究员 1 人、资深研究员 6 人、高级研究员 46 人、研究员 26 人。研究院设院长、执行院长各 1 名，顾问 3 名，副院长 3 名，秘书长 1 名，副秘书长 1 名。研究院本着应用理论研究的原则，不断加大研究力度，力求研究内容变丰富、研究成果提质量、研究水平上台阶。在研究院所有研究员的共同努力下，研究院的学术成果势头向好，自成立以来，部分研究员围绕票据市场重点问题，撰写并发表文章数百篇，其中有数十篇文章获外部各种奖项，累计通过微信公众号推送研究文章 300 余篇，在《金融时报》《上海证券报》《中国证券报》《证券时报》《当代银行家》《货币市场》《国际金融报》《中国金融信息》、中国经济网、第一财经等国家和省部级报刊、网站上，发表《建设中国票据市场框架体系的研究》《发挥票据价格指数作用　正确引导票据市场发展》《以科技为抓手建设上海国际票据交易中心》《落实国家长三角一体化发展战略在长三角建立商票平台的研究》《红色票据发展的六大启示》等近百篇研究成果，部分研究成果的浏览量达 160 万次以上。其中，在票据历史方面，发布百年票据历史、新中国成立 70 年票据历史、改革开放四十年票据历史以及 1981 年以后票据发展

等文章；在票据市场建设方面，发布中国式现代化票据发展之路、中国票据市场统一建设以及票据市场现状、问题与发展研究等文章；在服务实体经济方面，发布票据与普惠金融业务研究、新时代票据业务服务实体经济高质量发展等文章；在票据创新方面，发布绿色票据、标准化票据、中国票据发展指数、类票据、票据与金融科技、票据业务发展与创新思考等文章；在商业承兑汇票方面，发布双循环格局下商票发展、商票服务实体经济、利用商票撬动中小企业疫情后复苏等文章；在供应链金融方面，发布发挥票据作用推动供应链金融发展、票据在钢铁行业供应链金融中的应用、票据保证在供应链金融中功能作用的研究等文章；在票据风险方面，发布新时代票据风险、票据罚单中外露的风险特征、票据市场发展新趋势与风险新特点等文章；在行业研究方面，发布制造业、批发和零售业票据业务发展等文章；除此之外，每年发布上海票据交易所周年庆文章。2016 年上海票据交易所成立，作为国内唯一的票据研究院，江西财经大学九银票据研究院被邀出席开业仪式，执行院长肖小和当天在《上海证券报》上发表了《上海票据交易所成立是中国票据史上里程碑事件》并在会上接受了上海证券报记者的采访，形成了《票交所将来可发展为货币市场交易所》的采访稿；之后，发表《上海票据交易所成立三年成绩斐然》等上海票据交易所周年庆文章。在自主研究的同时，研究院也积极参与业内其他研究活动。2017 年，在上海票据交易所主办的“中国票据市场改革与发展”征文活动中，研究院同时斩获一等奖与三等奖；2018 年，在中国银行业协会主办的“中国票据市场与小微企业融资”主题征文活动中，研究院再获一等奖；2019 年，在中国票据研究中心主办的“票据市场高质量发展”主题征文活动以及江西省金融学会组织的“票据市场发展与创新”征文活动中，研究院均同时斩获一二三等奖；2020 年，在江西省金融学会票据专业委员会组织的“新时期票据业务经营转型研究”征文活动中，研究院斩获一等奖，同时，在中国票据研究中心主办的 2020 年度征文活动中获得二等奖；2021 年，在江西省金融学会票据专业委员会举办的“‘十四五’时期票据业务创新发展研究”征文活动中，研究院有 4 篇文章获得二等奖；2022 年，在江西省金融学会票据专业委员会举办的“新时期票据业务经营转型研究”征文活动中，研究院同时斩获一二三等奖；2022 年，在中国票据研究中心举办的“票据市场深化改革与高质量发展”征文活动中，研究院有 3 篇文章获奖。另外，研究院充分发挥智库力量，积极参与票据书籍编写及课题研究。2018 年，参与编写了上海票据交易所主导的《中国票据市场：

历史回顾与未来展望》一书；同年，研究院出版了国内首部票据研究生教材——《票据基础理论与业务创新》；2019 年，部分研究员编写了《中国票据市场创新研究》一书；2020 年，研究院出版了第一部票据历史著作《票据史》，完整勾勒了中外票据历史轮廓；同年 12 月，该书成功入选中国经济学教育科研网“2020 年度经济学图书（100 种）”，属 12 部入选经济史图书之一；2021 年出版《票据学》一书，对票据基础理论与知识、票据运作与机理、票据发展与规律进行探讨；2022 年出版《新时代中国票据市场研究》一书，总结票据市场发展规律，探讨新时代票据市场发展机遇；同年，研究院在《票据史》的基础上，重新梳理写作思路，搜集写作资料，聚焦中国票据发展历史，结合市场发展前沿，编写完成《中国票据简史》一书；2023 年出版《中国式现代化票据市场研究》，探索票据市场服务中国式现代化、助力经济高质量发展的路径。自成立以来，研究院完成了票据基础理论五部曲、票据研究四部曲和票据优秀论文集等著作的撰写与出版。2019 年，研究院部分研究员参与研究的“依托科技中心，在上海建设国际票据交易中心”重大课题正式通过由复旦大学、上海财经大学和上海交通大学共同建设的高水平学术机构与高端智库论证结项，课题成果得到了上海市政府分管市长批示。2022 年，研究院积极组织开展广东省票据发展课题、类票据课程、票据数字化课题研究，并顺利结项中国票据研究中心“绿色票据认定标准及发展路径研究”课题。未来，研究院将继续组织票据经营管理方向研究生进行票据市场分析。

二、搭建学术平台，促进票据市场新发展

自成立以来，研究院有针对性、有目标性、有层次性地举办了 20 余场学术会议，围绕票据市场的新变化、新趋势，分享对票据市场发展的新思考。研究院联合江西省金融学会在南昌举办了中国票据市场“票据业务服务高质量经济发展”学术交流会、票据服务产业链供应链发展研讨会；联合上海金融与发展实验室在上海举办了商业汇票发展与创新研讨会；联合江西省高级人民法院民事审判第二庭分别在南昌、共青城举办了“中国票据市场与票据纠纷案件裁判规则”专题研讨会、《票据纠纷案件裁判规则（初稿）》修改研讨会；联合华东政法大学、江西财经大学等高校分别于上海、南昌等地举办了中国票据论坛“票据法律法规”研讨会、标准化票据与后疫情时代票据市场发展研讨会暨《票据史》首发式、商票服务实体经济发展研讨会暨《票据学》首发式、新规对票据市场影响与策略研讨会等

会议；联合华兴银行在广州举办了中国票据论坛“商票业务发展及其表外风险资产计提”闭门会议；联合嘉兴银行举办了中国式现代化与中小银行票据发展研讨会暨《中国式现代化票据市场研究》首发式；联合邮储银行、浙商银行、九江银行、汉口银行、郑州银行、柳州银行、华兴银行、厦门农村商业银行等分别于北京、杭州、武汉、郑州、柳州、广州、厦门等地举办了新时代票据业务发展与创新研讨会、中国票据论坛暨“改革开放四十年票据市场回顾与再出发”研讨会、票据市场高质量发展与经营转型研讨会、中国中小银行票据协同发展论坛“不忘初心　牢记使命　中小银行票据服务实体经济发展”会议、中国中小银行票据协同发展论坛“中小银行票据经营转型与风险管理”研讨会、中国中小银行票据协同发展论坛“新时代中小银行票据发展”研讨会、中国中小银行票据协同发展论坛“纸电融合后中小银行票据业务的机遇与挑战”研讨会等。论坛现场气氛活跃、交锋激烈、干货满满，论坛形成的会议材料得到了中国金融信息中心、《上海证券报》等媒体的及时报道，在社会上形成了广泛影响力，为票据业务更好地服务实体经济和中小微企业提供了可操作性的思路和方案。

三、服务票据市场，助力实体经济新局面

研究院不仅专注于学术研究，也注重服务票据市场、服务实体经济。成立“中国票据论坛”，从市场热点出发，为票据市场准确把脉，联合学界、业界的力量与智慧，建立广泛的合作交流机制，为推动票据市场创新转型聚集高端人才，为推动票据市场高质量发展贡献智慧，为推动票据市场更好地服务实体经济贡献力量。2020 年 8 月 29 日，研究院在中国金融信息中心（上海）挂牌成立中国商票研究中心，旨在广泛集结各方力量和智慧，积极开展研究与讨论，充分发挥票据智库的作用，加快研究成果产出，培养专业人才，进一步拓展票据市场服务实体经济的广度与深度。2021 年 9 月 23 日，在中国商票研究中心成立一周年之际，研究院在中国金融信息中心举办了商票服务实体经济发展研讨会。研究院针对中小银行发起了“中国中小银行票据协同发展论坛”，该论坛以“资源共享、发展共赢”为宗旨，倡导各成员单位达成《中小银行票据经营自律宣言》，共同推进票据业务发展。研究院坚持推动产学研一体化，优先为中小银行成员单位提供智库支持，把研究成果优先应用于中小银行，各成员单位间主动优先开展票据同业授信工作，通过论坛平台加强沟通协作，建立信息互通与共享机制，互帮互助合作共赢。同时，研究院根据市场需要，积极为中国财务公

司协会、中国银行业协会、中国支付清算协会等机构提供票据讲课和咨询服务，为央企、国企、银行、大学举办票据讲座几十场。多次深入企业、银行进行调研与咨询，多次参加监管部门交流与座谈会，多次接受各大媒体关于票据市场相关热点的采访，并积极为票据市场发展进行宣传。

四、站稳三尺讲台，培育票据市场新人才

研究院与江西财经大学、九江银行共同建设全国首个票据方向研究生点，依托江西财经大学的教学实力，连续多年为江西财经大学金融学院票据经营管理方向硕士研究生开设票据理论与实务课程，进行理论学习，同时聘请票据专家作为校外导师，以江西财经大学九银票据研究院作为实践基地，理论与实践相结合，取得了良好的社会反响，获得了学校、学生们的一致好评。目前研究院已合作培养 7 批共 55 名票据方向研究生，致力于票据领域专业人才的培养，为票据市场创新和发展提供源源不断的新生力量。现在第一批票据方向研究生已经在人民银行、商业银行、财务公司工作，第二批、第三批、第四批、第五批、第六批票据方向研究生也走上了财政局、银行、证券公司、大学等工作岗位，第七批正处于学习阶段。与此同时，研究院积极为江西财经大学、上海财经大学、江西师范大学硕士研究生讲授票据专业课程。在成立五周年之际，研究院向上海市银行博物馆、江西财经大学图书馆、江西师范大学图书馆捐赠了票据研究三部曲、票据基础理论三部曲等票据专业书籍。在注重培养高校学生的同时，研究院也在培养社会专业人才方面积极作为。研究院分别于 2018 年 11 月和 2020 年 11 月各举办一期金融机构票据业务经营与管理研修班，邀请多位国内知名专家授课，通过专题讲座、参观游学、互动交流等多种方式带领来自全国的近 140 名高级管理人员、票据业务人员开展多角度、全方位的学习。

五、举办征文活动，动员业界开展票据研究

江西财经大学九银票据研究院联合《上海立信会计金融学院学报》编辑部、当代财经杂志社等定期面向社会举办票据征文活动，至今已进行了八期，获得了社会各界人士的热烈关注和响应。自 2016 年 11 月 6 日首次登出征文启事到 2023 年 9 月 30 日第七期征文活动截止，总共收到了将近 500 篇投稿。文章作者来自大专院校、银行和非银行金融机构等社会各界。根据研究院的征文要求，作者们结合自身工作经验，基于对当下票据市场的

认识，展示了对票据行业的憧憬和期待。在对所有来稿作品进行集中整理的基础上，研究院邀请来自中国人民银行、商业银行的专业人士，以及高校教授和业界专家组成评委团，以匿名打分的方式对稿件进行评审，按照综合分数高低，前六期征文活动共评选出特等奖 6 名、一等奖 15 名、二等奖 34 名、三等奖 64 名、鼓励奖 87 名，第八期票据征文活动也已进入征稿阶段。

面向未来，再作努力。未来，江西财经大学九银票据研究院将基于中国式现代化发展目标，按照办院宗旨和定位，继续加强票据基础理论、应用理论研究，为提升票据学研究的水平、推动票据市场创新等应用研究做出应有的贡献。